El reflejo de nuestras emociones

Descodificación Biológica

El reflejo de nuestras emociones

La descodificación de los sentimientos a través del cine

ÁNGELES WOLDER HELLING

Descargo de responsabilidad

El contenido de este libro tiene una finalidad meramente divulgativa. La información aquí expuesta no debe sustituir en ningún caso al consejo médico profesional ni ser utilizada para diagnosticar, tratar o curar enfermedades, trastornos o dolencias. Por consiguiente, la editorial no se hace responsable de los daños o pérdidas causados, o supuestamente causados, de forma directa o indirecta por el uso, la aplicación o la interpretación de la información aquí contenida.

Título original: *El reflejo de nuestras emociones*

Diseño de cubierta: Paloma Arias Holguín-Veras
Fotografía de Ángeles Wolder: Pablo Nizawa

© 2018, Ángeles Wolder Helling
Publicado por acuerdo con la autora

De la presente edición en castellano:
© Gaia Ediciones, 2018
 Alquimia, 6 - 28933 Móstoles (Madrid) - España
 Tels.: 91 614 53 46 - 91 614 58 49
 www.alfaomega.es - E-mail: alfaomega@alfaomega.es

Primera edición: febrero de 2019

Depósito legal: M. 1.791-2019
I.S.B.N.: 978-84-8445-788-6

Impreso en España por: Artes Gráficas COFÁS, S.A. - Móstoles (Madrid)

Cualquier forma de reproducción, distribución, comunicación pública o transformación de esta obra solo puede ser realizada con la autorización de sus titulares, salvo excepción prevista por la ley. Diríjase a CEDRO (Centro Español de Derechos Reprográficos, www.cedro.org) si necesita fotocopiar o escanear algún fragmento de esta obra.

Índice

Agradecimientos 11
Prólogo: Una imagen vale más que mil palabras 13
Introducción 19

1. El cine: una herramienta para la Descodificación
   Biológica Original 25
2. Cuando los problemas se convierten en conflictos
   biológicos 39
3. Una revolución interior: la cascada que va
   del pensamiento a las sensaciones corporales 51
4. Cuando vivimos un conflicto biológico y no lo podemos
   expresar 67
5. Nuestras reacciones viscerales ante el peligro 75
6. Cuando falta amor hacia uno mismo o hacia
   los demás 87
7. Los programas iniciales biográficos o prebiográficos:
   las heridas del alma 93
8. Cuando la experiencia vital temprana deja heridas
   abiertas. Distintas situaciones programantes 109
9. El resultado de un choque biológico: el síntoma como
   solución 133
10. Cuando los miedos pilotan la vida 157

11. La programación heredada de ancestros y antepasados .. 169
12. La muerte: un traspaso 187
13. El cine revela los dramas (conflictos) que hay detrás de un resultado (síntoma) 191
14. Cuando la enfermedad grita lo que el alma sufre: enfermedades cancerígenas 209
15. Cuando el diagnóstico genera un conflicto 227
16. Una trampa: la percepción o el error de nuestra interpretación del mundo 237
17. Atención, ¡*spoiler!* Destripemos juntos una película y el libro 245
18. Objetivo: la felicidad 251

Bibliografía 257
Listado de películas 261
Emocionario 283

Dedicado a todas las almas que quieren seguir conociéndose a sí mismas para dejar un mundo mejor de lo que lo hemos encontrado.

Agradecimientos

Un libro es un proyecto que se inicia y algún día se dice: ¡ya está! En el transcurso entre ese principio y el final muchas personas me han regalado el compartirlo, y por eso a todas ellas les tengo que agradecer la experiencia de vida.

Quiero dar las gracias a todos los alumnos de Descodificación Biológica Original, que se han entregado en cuerpo y alma a encontrar sus fotogramas perdidos. A las personas que por su salud o sus problemas anhelaban un cambio y se han acercado para ser acompañados. Todos han sido muy valientes y se han entregado para probar una nueva manera de vivir.

Agradecer a todo el equipo del Instituto Ángeles Wolder, los que estuvieron y los que están, porque cada uno aportó su amor por el trabajo bien hecho.

A mis colegas, por ser motores de reflexión sobre la Descodificación Biológica Original y amantes de la responsabilidad de nuestra existencia. Nada afuera que no sea reflejo de un adentro dolido.

Una atención muy especial a correctores por su acompañar suave, paciencia y sus maravillosas enseñanzas. Inés y Paloma: ¡gracias, y seguimos!

Agradecida a la editorial, que quiere seguir compartiendo proyectos.

Les doy las gracias a mis padres, Pedro y Edith, por regalarme la oportunidad de experimentar el don de la vida. Me siento honrada de esta existencia gracias a vuestro encuentro y a todos los miles de encuentros de nuestros ancestros. A mis hermanos, con los que aprendo cada día sin interferencia de la distancia. Un lugar especial para Ana por su amor de hermana.

Me siento premiada por la vida porque me ha regalado un compartir camino con una familia maravillosa. Unas gracias inmensas a Carles, Aran, Inés y Christian por construir cada día con amor.

Y un ¡gracias a la vida, que me ha dado tanto!

Prólogo:
Una imagen vale más que mil palabras

En su primer libro sobre Descodificación Biológica Original, Ángeles Wolder nos contaba a través de la historia de su protagonista, María, cómo las vivencias no resueltas en el pasado están en el origen de los síntomas. En esta ocasión tomará prestados los escenarios de múltiples cineastas y las vivencias de sus personajes para mostrarnos cómo respondemos con el cuerpo, la mente y las emociones a esas vivencias dolorosas que, unos más que otros, guardamos en nuestro interior, fuera de sitio, expresándolas en forma de síntoma.

La Descodificación Biológica traduce lo vivido en síntomas; el cine traduce lo vivido en imágenes.

Cine y descodificación. En este libro, Ángeles tiende un puente entre estos dos territorios, hasta ahora separados y sin embargo tan compatibles. Se trata de un viaje de ida y vuelta por un carril reversible: de la palabra a la imagen, de la imagen al síntoma. Detrás de cada síntoma se esconde el guion de nuestra vida. El cine puede ser una brújula con la que podamos rastrear la lógica de nuestras enfermedades y de este modo revisar nuestra forma de vivir.

Descodificar es revisar aquello que quedó congelado en nuestras vidas, una serie de fotogramas caídos que hay que rescatar y volver a poner en movimiento. Desde esta óptica, Ángeles transforma el cine en una inmensa galería en la que la teoría se convierte en práctica; la palabra, en imagen; la imagen, en comprensión; la comprensión, en cambio, en movimiento. Y el movimiento, en acción. ¡Acción! Era la primera vez que escuchaba esa palabra en un set de rodaje. A partir de ese momento, silencio. Una gran cantidad de profesionales inmóviles en torno a un punto, conteniendo la respiración. Todo queda suspendido, todo lo que se ha preparado durante meses y meses de trabajo previo ahora se actúa. El tiempo se detiene un instante para avanzar al ritmo de la escena, no existe nada más, solo el movimiento de la cámara siguiendo a los actores, el ayudante de cámara recogiendo el cable, el silencio que acompaña la secuencia y que la sostiene en un mundo irreal... ¡Corten! Y todos vuelven a respirar y lo que un momento antes era quietud se convierte en un torrente de actividad para ajustar lo que hay que volver a colocar en su sitio, retocar maquillajes, cambiar ópticas, revisar textos, fijar movimientos, cambiar planos. Todavía quedarán horas de trabajo por delante hasta conseguir que lo que se ha rodado llegue a la pantalla. Si es que llega.

¿Y si en nuestra vida sucediera lo mismo? ¿Y si pudiéramos contemplarla como una proyección en la que lo que experimentamos como algo real estuviera guionizado y dirigido? ¿Podríamos responder a estas preguntas desde la biología? La respuesta a todas estas preguntas es sí, ya que todos vivimos nuestras propias proyecciones. A través de la mirada de la Descodificación Biológica, Ángeles nos invita a descubrir cómo se escribe, se dirige y se monta la película de nuestra vida para recobrar los fotogramas censurados, los momentos dolorosos a los que no queremos regresar, revisarlos y colocarlos con un nuevo sentido allí donde pertenecen.

Gracias a este libro comprenderemos cómo se arma nuestro guion, girando en torno a un mismo punto: lo que importa no es el hecho, sino el significado que le damos. El pasado que tan nítidamente creemos recordar es en realidad un trazo grueso, apenas unas pocas coordenadas espacio-temporales que cobran significado gracias al sentido que le damos a todas nuestras experiencias. En realidad, nuestro pasado es un montaje. Cualquier profesional del cine sabe que en una sala de montaje se puede arreglar o estropear una película.

En la sala de montaje de nuestras experiencias, el sentido que le damos a lo que vivimos es lo que hará que sea una buena o una mala película. O traducido al lenguaje de la Descodificación Biológica: que lo vivido se convierta en un recurso o en una limitación.

En una conferencia en Madrid, dirigida a nuevos directores cinematográficos, David Lynch hablaba de lo que para él, después de una extensa trayectoria profesional, era lo más importante como director: tener el montaje final. A veces en el cine, este montaje no pertenece al director de la película, sino a los criterios comerciales, ideológicos, entre tantos otros, que los productores imponen.

En nosotros, sucede algo parecido. Nuestras experiencias traumáticas crean un montaje de nuestra vida. Se convierten en fotogramas congelados que guionizan nuestra existencia a partir de una limitación, de un dolor enterrado. Nuestra vida se convierte en un interminable día de la marmota, al repetir una vivencia una y otra vez sin poder hacer un cambio. Hasta que no llegue el cambio, entregaremos el montaje final de nuestra vida a estos aprendizajes automáticos, estos productores arcaicos que una y otra vez nos hacen toparnos con el mismo plano, la misma escena, la misma secuencia, el mismo dolor... Nos convertimos en espectadores pasivos de la peor saga de nosotros mismos. De la peor no, diría Ángeles, de la única que fue posible en aquel momento, lo único que se pudo hacer. La paradoja que mantiene la repetición gira en torno a sí misma: lo que dolió, me salvó la vida.

En *Cinema Paradiso*, Totó, un niño amante del cine, colecciona los fotogramas censurados de las películas que Alfredo, el encargado de las proyecciones del cine del pueblo, le regala. Después de la proyección Alfredo debería volver a colocar estos fotogramas en el rollo al que pertenecen, pero no lo hará y estos nunca volverán a su sitio y la película no tendrá sentido. Como la vida misma.

En algún momento tendremos que volver a por esos fragmentos de nuestra historia, localizar el rollo al que pertenecen y colocarlos, dándoles un nuevo sentido, y hacer que la película avance. En algún momento habrá que iniciar el camino de vuelta, incluir el pasado en nuestras vidas en vez de arrastrarlo de una mudanza a otra, en la que siempre quedan cajas sin abrir, y conseguir que el montaje final nos pertenezca.

En *El tiempo amarillo*, un libro autobiográfico de Fernando Fernán Gómez, le preguntaba a un amigo de infancia: «¿Tú crees que llegaré a ser el protagonista de mi vida o seré el secundario de la vida de otro?». Somos secundarios de nuestra vida cuando nos quedamos en la queja, en la dependencia, cuando nos negamos a encontrar aquello que aprendimos en las situaciones de dolor porque perdimos nuestra capacidad de acción.

Acción, de nuevo. Podemos unir fácilmente cine y Descodificación Biológica, porque son homónimos. Porque los dos nos permiten poner en movimiento lo que quedó congelado y fuera de su sitio. La maravilla de sentarse en una sala de cine es que todos compartimos el mismo espacio y sin embargo cada uno vemos una película distinta: la nuestra. Gracias al cine nuestra historia se escenifica, llevándonos cómodamente allí donde se necesita revisión, nos llevará a remasterizarnos.

En este libro, Ángeles hilvana a través de las películas el porqué de nuestros síntomas, de nuestros miedos, de las repeticiones, del funcionamiento de nuestra biología, del alcance de las vivencias de nuestros ancestros en nuestra vida, las heridas de la infancia, la importancia de la vida emocional, la comprensión del cáncer... Y nos propone ejercicios prácticos con los que poder empezar a reescribir nuestro guion en un lenguaje para todos los públicos.

Einstein decía que sabes física cuando puedes explicársela a tu abuela. Desde luego Ángeles sabe de Descodificación Biológica y, lo que es aún mejor, sabe de forma clara traducir películas en síntomas, síntomas en historias de vida.

Acomódense. Las luces se apagan. Les deseo un feliz viaje. Nos veremos a la salida.

Mariola Jiménez Ruiz

Introducción

Sin saberlo, mi vocación de servicio se puso en movimiento gracias a las experiencias vividas en la infancia: ya por ese entonces empecé a indagar en los sentimientos, las emociones y las sensaciones internas, de forma natural, algo que me acompañaría de ahí en adelante.

Durante mi infancia viví en una ciudad tranquila, segura, con todo por descubrir, siempre ventosa: Necochea, la ciudad que me vio nacer y en la que crecí. El verano comenzaba en noviembre y acababa en abril y por esa época del año la ocupación mayor era disfrutar del mar, mientras que el invierno tenía otra gran riqueza: los sábados eran un regocijo cuando íbamos al cine.

Con mi hermana mayor, Edith, mi amiga Gladys y quien se quisiera sumar a la aventura, entrábamos con luz y salíamos habiendo visto nada más ni nada menos que tres películas, cuando ya había oscurecido. Tardes de cine las llamaban, y por lo general la sala era el Cine Teatro París, donde, entre películas de Leonardo Favio, Palito Ortega, Sandro, Tita Merello, Sandrini, Libertad Lamarque, Ricardo Bauleo, Julio de Grazia o Isabel Sarli, comíamos facturas (tortas negras, medialunas o vigilantes) mientras hablábamos de lo que más miedo, rabia, enojo, tristeza o alegría nos había dado de la película (o que nos había regalado, pienso ahora). Risas, llanto, miedo y otra vez risas, llanto y miedo. Sin darnos cuenta, hablábamos de emociones y de vivencias, y aunque en apariencia la película no tuviera nada que ver con lo que estaba ocurriendo en nuestras vidas, las emociones se activaban y eran compartidas. Ese ir y venir desde los personajes al espectador o desde las escenas a la vida misma que nos mueven los recuerdos y sentimientos.

Poco tiempo después, con mi amiga conseguimos un pequeño proyector y el comedor de mi casa pasó a ser la sala de cine. Previo pago de una entrada y de los complementos (bebidas, caramelos, facturas o helados), los chicos del barrio entraban a ver la película que hubiéramos conseguido. Cuando todos se habían marchado, yo seguía reviviendo, en mi cuerpo y en mi espíritu, las historias de los personajes que habíamos visto proyectadas en la pared, y a mí se me movía algo por dentro, aunque no siempre pudiera ponerle palabras. La zona de proyección quedó grabada en mi memoria como el espacio contenedor de muchas ficciones que ayudaron a hacer crecer mi imaginación. La vida está llena de momentos extraordinarios, y estos ligados a esa sala donde surgían historias maravillosas, para mí han sido algunos de ellos.

Imágenes, palabras, diálogos, sonidos, músicas, héroes y villanos, ganadores y perdedores, luces y sombras, acción y reacción, vida y muerte, llantos y risas disponibles para levantarnos de la silla, movernos las ideas, sacudirnos la estructura y llevarnos a la reflexión mientras la fibra interior se despierta y reconecta con su propia historia provocando una excitación de muchas tonalidades. El cine es una maravillosa fábrica de situaciones tan diversas que alguna toca los filamentos sensibles, lo que despierta sentimientos y emociones, y casi seguro que hay películas que han tenido un fuerte impacto y han quedado grabadas en la biografía. Además, y aparte de la clasificación que hayamos hecho de la película, ya sea buena o mala, divertida o aburrida, emocionante o insensible, esta es una creación por medio de la cual se expresan unos hechos proyectados de forma real. Para el inconsciente de los humanos, que lo que vemos sea real, imaginario o virtual es lo mismo, por lo que al ver en pantalla una imagen similar a

EL REFLEJO DE NUESTRAS EMOCIONES

alguna vivencia propia que haya tenido carga emocional es como si se reanimaran los recuerdos guardados, ya sean de tonalidad positiva o negativa. El espacio de nuestro sistema nervioso donde se han guardado esos recuerdos con carga emocional es el hipocampo (sistema límbico), que, al igual que la amígdala cerebral, tiene como función ayudarnos a sobrevivir a los peligros. Para ello activan las emociones, como también lo hace una proyección en una pantalla. Por esta razón creo en la utilidad de tomar prestadas escenas de películas para explicar la Descodificación Biológica Original, ya que esta se basa en comprender que siempre antes de la aparición de un síntoma —sea físico o un problema en nuestra existencia— la persona ha vivido un conflicto biológico. Este se define como una situación vivida en soledad, inesperada, dramática, sin solución y sin expresión, que tiene una carga emocional. En las películas continuamente hay instantes de distintas tonalidades que movilizan las memorias.

Descodificar es darse cuenta de lo que pasa en el cuerpo cuando contactamos con una memoria dolorosa en lugar de escapar. Es desactivar la manera de haber vivido un evento traumático, un problema, un fuerte estrés. Si no lo hacemos, este queda latente y busca una salida, por lo que la consecuencia será un síntoma. Descodificar es bucear en el inconsciente para descubrir y sacar a la superficie el malestar enquistado, soltarlo y olvidarnos de ello, porque, por lo general, cuando sufrimos o vivimos un fuerte trauma no somos capaces de tener una mirada integral de lo que está sucediendo debido al estrés. Nos cuesta distanciarnos para ver desde otra perspectiva lo que nos ha ocurrido; nos sentimos confusos; vivimos alrededor del problema como si fuera lo único que existe y nos escapamos del tiempo presente por estar atascados en el dolor del pasado. En estas circunstancias es muy difícil metabolizar la experiencia para poder integrarla en nuestra vida y que en un tiempo prudencial sea solo un recuerdo. Por el contrario, lo que se resiste, persiste, y esos momentos quedan como pequeños cristales rotos en nuestro inconsciente.

¿Cuál es el papel de una película? El cine actúa de espejo, hace una devolución. ¿Y qué nos refleja? Que algo de lo que hay en la pantalla pudo haber ocurrido en nuestra vida y, al verlo, moviliza nuestras emociones. Delante de nosotros se suceden historias con alguna similitud a nuestras experiencias y es entonces que nuestras impresiones estancadas pueden activarse, por ejemplo, con un diálogo, una frase, una canción, una imagen, una parte del decorado, un evento concreto, una reunión, etc. El cine proporciona numerosos estímulos que activan los fragmentos de recuerdos, algunos de ellos dolorosos, pero eficazmente guardados. Un filme es un agitador de la propia historia en el momento en que nos acerca y contacta con partes que tienen un tono similar a lo vivido. Pongamos por caso que en una escena vemos a un padre gritándole a un niño. Según nuestras experiencias, es posible que sintamos el pánico que nos provocaba que nuestro padre hiciera algo similar. Otra imagen en la que muere un abuelo, puede ser que nos recuerde que nosotros no pudimos ver al nuestro antes de morir y que siempre nos quedó una desazón o una culpa activa. Si un fragmento de una película muestra la injusticia o el maltrato en el seno de una familia, aunque no hayamos vivido algo similar en nuestras carnes, es posible que se ponga en marcha cierto mecanismo y no podamos parar de llorar o temblar sin saber por qué. La empatía nos hace conmovernos por el dolor ajeno. A menudo, uno siente algo, sin poder ponerle palabras, y es porque el entorno nos recuerda algo vivido con carga emocional en el pasado. El cuerpo graba todo y lo recuerda como mecanismo de supervivencia. Es una forma de anticipación a los peligros.

Descodificar viendo películas nos permite tomar distancia de las historias personales y comprenderlas desde una nueva perspectiva. El cine, además, facilita la construcción y reconstrucción de una nueva historia, ayuda a dotar de un nuevo significado a lo vivido y estimula el espíritu crítico para ser más fuertes. Es como un viaje de ida y vuelta, desde nosotros a la pantalla y desde la pantalla a nosotros, que nos muestra, como lo haría un espejo, un capítulo de nuestra vida.

EL REFLEJO DE NUESTRAS EMOCIONES

Mi pretensión con este libro es triple. La primera parte busca ilustrar cómo los problemas en la vida son una fuente de enfermedades, bloqueos o síntomas en base al paradigma de vida que es la Descodificación Biológica Original. En la segunda parte expongo cómo cada conflicto, según la tonalidad específica o la manera de ser vivido, va a hacer diana en un órgano específico del cuerpo en el que va a exteriorizarse, ya que todo estrés necesita una salida. Las patologías y las limitaciones de vida son factores de aprendizaje y elementos que nos permiten comprender nuestras propias reacciones. Conocernos es un paso de gigante en la evolución humana. Para la Descodificación Biológica, el cuerpo está de nuestra parte y nos avisa mediante bloqueos o síntomas. Solo hay que practicar su escucha, además de apropiarse de la idea de que los problemas están para ser resueltos y no para ser sufridos.

Descodificar es, en realidad, aprender a hablar el idioma del cuerpo, entender que cada síntoma proviene de la forma de vivir un conflicto. En esta segunda parte desgrano las muchas posibilidades de sufrimiento, como el abandono, el rechazo, la separación, la hostilidad, la contrariedad indigesta, la ira o los bloqueos en los movimientos. Esas heridas que siguen pegadas a nuestro yo se han conformado en distintas etapas biográficas y hay que reconocer cuándo se produjeron para poder vaciar el dolor de los instantes olvidados o reprimidos. Superar las dificultades, muchas de ellas muy antiguas, nos ofrece la posibilidad de vivir en libertad. Nos hace humanos y facilita la mejora de la vida en este planeta.

Y ¿cómo salir del enredo de nuestra historia? ¿Cómo escapar de las repeticiones inútiles? Lo descubrirás hacia el final del libro.

La propuesta de este libro es que puedas usar las películas que se presentan en los distintos capítulos, y que encontrarás referenciadas en el apéndice, para ser un observador de tu existencia, en la que seguramente hubo momentos de dolor y también otros de alegría. Unos representaron *shocks* con carga de estrés y otros fueron recursos valiosos para tu vida. Quizás al ver las películas encuentres que alguna te afecta especialmente, te moviliza algo dentro de ti o te provoca incomodidad, y es entonces cuando mejor podrás hacer tu propio trabajo personal. No es casualidad que una película te sacuda la fibra sensible y otra no te diga nada. Por eso te invito a descubrirlo y te advierto, a la vez, que esta lectura conllevará un trabajo de desarrollo personal. Para ello te propongo que localices los datos de la película correspondiente en el apéndice, la visualices y te dejes atravesar por el fotograma o instante de acceso a sentimientos, siempre guiado por las sensaciones corporales que van a aparecer al activarse tus emociones. Bienvenido al maravilloso mundo de la fantasía, que te transportará a la realidad brindándote nuevas herramientas para vivir mejor cada día.

1
El cine: una herramienta para la Descodificación Biológica Original

> «Ningún arte traspasa nuestra consciencia y toca directamente nuestras emociones, profundizando en los oscuros habitáculos de nuestras almas, como lo hace el cine».
>
> INGMAR BERGMAN

La Descodificación Biológica Original, además de ser un acompañamiento terapéutico, también es una forma de pensar sobre el origen de lo que nos disgusta en la vida o lo que nos enferma. A menudo creemos que la causa de los males está en factores externos: en la genética, en la mala suerte o en los otros, y depositamos en el exterior lo que nos hace daño o nos molesta. Otorgamos así la culpa de lo que nos pasa en el interior a los eventos externos, como si nosotros no tuviéramos ninguna responsabilidad sobre lo que nos ocurre.

Esta nueva relación con los síntomas vira la mirada hacia el interior y nos dice que, para que un síntoma se manifieste, la persona tiene que haber atravesado un conflicto biológico que no se ha podido descargar. Es una vivencia estresante, inesperada, dramática, sin solución y sin expresión lo que nos obliga a reaccionar de alguna forma para hacer frente al peligro. Es así como vamos viajando por la vida sumando conflictos biológicos que al fin y al cabo nos construyen. A cada conflicto, una acomodación. Acción y reacción adaptativa.

Para llegar a ser la persona que somos hoy, hemos anexado cada evento o conflicto biológico de nuestra existencia. No dejamos nada de lado ya que todo sirve, tanto lo que consideramos bueno como lo malo. De todo se aprende y en cada proceso escogemos la respuesta más adecuada para sobrevivir. Pasamos por eventos que causan heridas y por otros que nos enriquecen. Agradable o desagradable, todo estuvo y todo estará, ya que nuestras vivencias perduran en nuestros descendientes igual que nosotros transportamos memorias ancestrales.

La vida está llena tanto de momentos difíciles como de momentos maravillosos. Todo lo vivido queda en nuestro cuerpo, el cual actúa como un reservorio de instantes con alguna nota emocional, y es precisamente la activación del cuerpo, donde se guardan emociones y sensaciones, lo que permite descodificar. Es una vía directa a la sanación y el crecimiento personal.

Cine y descodificación

Reímos, sufrimos, lloramos y nos emocionamos por lo que les sucede a los protagonistas. Les comprendemos o empatizamos con ellos y a la vez removemos las vivencias propias, lo que facilita el otorgarles un nuevo sentido. Sin embargo, a pesar de que no estamos dentro de la película, el impacto que tiene sobre nuestro cerebro es similar a vivir nosotros mismos la experiencia, ya que real, imaginario, virtual o simbólico, para el inconsciente es lo mismo.

Con la Descodificación Biológica damos sentido no solo a lo que experimentamos cuando vemos una imagen que nos impacta, sino que comprendemos por qué nos remueve, lo que nos da la posibilidad de revisar nuestros conflictos emocionales. Comprendemos la lógica de las vivencias y el porqué de las reacciones, resultados y desenlaces de cada una de ellas para no tropezar dos veces con la misma piedra. Esta comprensión nos permite evolucionar y externalizar nuestras tensiones para evitar repeticiones inútiles que ya no nos llevan a ningún aprendizaje y solo nos anclan en el pasado.

La premisa básica para comprender qué es descodificar es la llamada Primera Ley Biológica, que nos dice que, antes de la aparición de un síntoma, la persona ha vivido un *shock*, un trauma o un conflicto. Por ello, la Descodificación Biológica Original tiene como objetivo principal acompañarla para que lo reviva y, a partir de ahí, se desprenda de las sensaciones corporales y elimine el estrés. Cuando se pueden descargar las tensiones acumuladas en el cuerpo y el alma, se encuentra el anhelado equilibrio. Para ello, recurre a distintas herramientas.

En este libro, la herramienta es el cine, un buen recurso que nos ayuda a evocar y conectar con la propia historia. Las películas funcionan como activadoras de sentimientos, emociones y sensaciones corporales y sirven tanto para entender el proceso vivido como para realizar un trabajo personal. Son caminos hacia el mundo interno que nos permiten abrir la puerta del alma para soltar los dolores agolpados o reforzarse a través de experiencias positivas.

El cine es arte y el arte tiene algo o mucho de terapéutico. Por ello, la Descodificación Biológica Original usa esta herramienta para poder hacer realidad el cambio.

La palabra *cinematógrafo* es un neologismo que etimológicamente proviene de las palabras griegas κινή (*kiné*), cuyo significado es «movimiento», y γραφός (*grafós*) o imagen y que describen lo que se produce en la pantalla, es decir, una «imagen en movimiento». Y eso es lo que busca la Descodificación Biológica Original, poner en movimiento las imágenes cosificadas y calcificadas para despejar el camino a la sanación. Todos queremos sentirnos felices y para ello es importante conocernos, trabajar nuestros bloqueos y asumir que tenemos los recursos dentro de nosotros para conseguirlo.

A menudo, en clase de Descodificación Biológica Original o en consulta, suelo recordar alguna película relacionada con el tema que se está trabajando, y lo hago al asociar que lo que le preocupa a la persona hoy suele estar muy bien reflejado en alguna creación artística. Puede ser un libro, un cuadro, una música, una escultura o una película. En ocasiones, es tan fiel el retrato que me pregunto si detrás de la obra hay terapeutas, descodificadores biológicos o psicoterapeutas como guionistas. Cuando me pregunto por qué la reunión causa-efecto o síntoma-conflicto es tan clara a ojos de un descodificador, la respuesta llega inmediatamente: es que las tramas y argumentos reflejan la realidad presentándonos la vida tal cual es, e incluso, y aunque se trate de ciencia ficción, solo se puede reflejar lo que llevamos dentro. La diferencia está en que cada persona puede interpretar lo que ve en función de sus propias gafas y por eso cada uno hará una apropiación según lo que se mueve en su interior. La película es la misma para todos los que la ven, pero cada uno reacciona o se conmueve de una manera diferente. Lo mismo sucede con los eventos en la vida. Son los que son y solo la manera de interpretarlos de cada uno hará que nos carguemos de estrés o vayamos más ligeros por la vida.

Las imágenes, los sonidos y las historias que contienen las películas presuponen y nos llevan hacia una reflexión sobre nosotros, sobre los otros y sobre el mundo. ¿Quién no ha visto una película como *La vida es bella* (1997) y se ha preguntado sobre la posibilidad de ofrecer a nuestros hijos un mundo mejor? Si habéis visto la saga de *El Padrino* (1972-1974-1990) en algún momento, ¿no os habéis preguntado acerca de la fuerza de los mandatos familiares? Si os ha tocado escuchar en *Buscando a Nemo* (2003) a Marlin, el padre viudo de Nemo, hablando con su hijo de que la aleta hipotrófica con la que ha nacido es un símbolo de buena suerte y a su vez hablando con el futuro profesor de su hijo, el Sr. Ray, advirtiéndole de las serias dificultades que tiene su hijo por su anatomía, puede ser que hayáis tenido un segundo de confusión ante un doble discurso evidente. Las reflexiones posteriores que ocurren al ver una película se pueden considerar, igual que la Descodificación Biológica Original, herramientas curativas, preventivas, sanadoras, motivadoras, balsámicas. Podemos hacer que nos acompañen en la evolución de nuestra conciencia de vida, nos hagan replantearnos creencias y movilicen estructuras mentales.

Cuando olvidar nos ayuda a sobrevivir

Ante una situación de estrés, no solo hay una reacción psicológica, sino que se producen cambios biológicos en el cuerpo. Los estudios recientes de neurociencia nos muestran el circuito que siguen las emociones dentro del cerebro y del cuerpo. Por ejemplo, se pueden producir descargas emocionales asociadas a cambios y modificaciones físicas debido a la presencia de ciertos componentes hormonales y neurotransmisores, que se vierten en la sangre con el objetivo de preparar el cuerpo para la supervivencia. Ante un peligro, o lo que nuestro inconsciente entiende que es peligroso o de vida o muerte, esos componentes preparan a la persona y la predisponen a enfrentarse al conflicto, a luchar o escapar, o hacerse el muerto.

A partir de ese momento, el episodio empieza a formar parte del inconsciente y el recuerdo se reprime como mecanismo de prevención. Un único instante fuerte o muchos pequeños momentos de estrés dan un mismo resultado. El cuerpo no lo olvida, sino que lo constriñe en el inconsciente y, gracias a que está guardado, podemos recuperarlo y agotarlo en otro momento. En suma, todo lo que vivimos queda registrado mediante emociones que tienen unos componentes químicos y unas sensaciones corporales asociadas. Es el momento clave para la Descodificación Biológica Original, ya que la búsqueda se centra en disminuir o eliminar la tensión vivida.

Para poder integrar una historia fragmentada es necesario que la persona reviva el instante preciso, lo agote y suelte la carga emocional y las sensaciones que estén asociadas. Es decir, que mientras que nuestra psique o nuestras partes racionales intentan contarnos la película de muchas maneras para convencernos de que hemos pasado página de la situación traumática, nuestro cuerpo no nos engaña. Este mecanismo es biológico y forma parte de la sabiduría de la naturaleza.

La conducta de todos los seres vivos usa dos patrones para ayudarnos a vivir mejor: alejarse de lo negativo y acercarse a lo positivo.

En el momento del impacto viene a nosotros una etiqueta o pensamiento, que nos permite clasificar la secuencia vivida como, por ejemplo, entre otros casos: *viví un accidente, quedé en ridículo, insultó a mi madre, me juzgaron, desapareció mi gato, me/le diagnosticaron de X, mi hermano enfermó, siento miedo, cuando discuten mis padres escapo, sufro si me insultan, mis amigos no me invitaron al paseo, me obligaron a comer algo asqueroso, pasé mucha vergüenza,* etc.

Es el caso de Adam, de la película *Ejecutivo agresivo* (2003), cuya asociación inconsciente de peligro es que besar a una chica puede tener graves consecuencias. Adam acarrea desde la infancia una fobia que finalmente le limita. Sufre estrés en las relaciones y, como prevención, su inconsciente le alerta cada vez que intenta acercarse a los labios de una mujer. Para él, la salvación está en dedicarse a otras cosas que no sean las chicas. En lugar de resolverlo y descartarlo, el pensamiento le transmite de manera equivocada: «¡Huye del sufrimiento!».

Cuando las vivencias duelen y sentirlas desestabiliza

Puede ocurrir que el dolor de la historia vivida sea tan fuerte que se encapsule y repliegue en nuestro inconsciente, que permanezca encerrado e incomunicado y provoque en la persona la necesidad de colocarse a un lado de su propia historia; la necesidad de disociarse y desplazar el recuerdo, consciente a cada instante de algo que ya no quiere sentir.

Sin duda, cuando la realidad exterior está en concordancia con lo que necesitamos, la vida emocional va sobre ruedas. Por el contrario, cuando exterior e interior no consiguen ir a la par, sufrimos y surgen reacciones y resultados a los que les pondremos el nombre de enfermedad, bloqueo, dolor, malvivir, etc.

Ver una reproducción en la pantalla ayuda a despertar esos bloques dormidos, gracias al sistema de almacenamiento de la información, como si algo en el interior hiciera clic y ya no pudiera estar inmovilizado. Por consiguiente, eso que está oculto tiende a aparecer y reaparecer hasta que se va diluyendo y se sana.

El cine: una herramienta para la sanación

El arte refleja la cultura, los valores, la historia, y funciona como un ritual o una experiencia mágica o religiosa. Nos muestra una visión del mundo a través de los recursos disponibles o los que elija cada artista. No solo cambian los recursos, también cambian las maneras de expresar. Por ejemplo, por un lado, las pinturas rupestres nos legaron información acerca de cómo se vivía en la prehistoria y, por el otro, el cine en 3D nos permite sentirnos protagonistas en un nivel sensorial mayor que en 2D. En la época clásica grecorromana se consideraba que el arte era una habilidad o destreza del ser humano que servía para reflexionar sobre un tema. En aquella época, solo seis distintas expresiones entraban en la lista de lo que se consideraba arte: la arquitectura, la danza, la escultura, la literatura, la música y la pintura.

Hacia finales del siglo XIX, en plena época industrial, se desarrollaron muchos inventos. Los inventores estaban animados por encontrar otras formas de hacer las cosas y, sobre todo, de mostrarlas. Querían reproducir lo que pasaba en la realidad. Es así como entre 1890 y 1895 se inscribieron varias patentes de productos similares que intentaban mostrar las imágenes en movimiento, unas imágenes que contaban historias. Se busca una manera de narrar la vida, las historias y los acontecimientos para que puedan ser proyectados en una pantalla y así hacerlo accesible para más gente. Los alemanes Max y Emil Skladanowski, los estadounidenses Charles F. Jenkins, Thomas Armat y Thomas Alva Edison, y los franceses Auguste Marie y Louis Jean Lumière son algunos de los pioneros.

El cine se difunde a partir de la primera proyección pública realizada en París el 28 de diciembre de 1895 por los hermanos Lumière (Hernández, 2015), quienes dirigieron la primera película de la historia del cine, *Salida de los obreros de la fábrica* (1895), en la que filmaron a sus propios empleados al final de la jornada. Interesante Síndrome de Aniversario o repetición en una fecha concreta para una servidora amante del cine, ya que nací el mismo día y mes, pero unos cuantos años más tarde.

Hoy, Instagram, los *selfies* y la necesidad de compartir las imágenes, ya sean fotos o vídeos, es tan corriente que se nos hace difícil imaginar hasta qué punto una pareja de hermanos cambió para siempre nuestro modo de contemplar y retratar el mundo.

Los hermanos Lumière no se imaginaron que aquellas imágenes proyectadas en la pantalla tendrían tanto impacto en los espectadores. En ocasiones, la conmoción era tan fuerte que la gente salía corriendo para evitar ser atropellada por un tren, devorada por un león o mojada por la lluvia. Estas primeras cintas provocaron mucha agitación. Desde la pantalla, despertaban emociones muy intensas y generaban reacciones en las personas que las veían. Hoy, muchos años después, el cine sigue siendo un activador de emociones ocultas. Ese es el efecto que buscamos encontrar con las películas que se proponen en este libro: reflejar vivencias; encontrar la relación entre lo que hay en la pantalla y lo que guardamos en el corazón; mover y poner en acción el dolor para que no quede anquilosado; y aprender a observar con ojos de descodificadores la relación causa-efecto. Dicho de otra manera, se busca aprender a ver cuál es el origen del conflicto, síntoma o resultado.

En este sentido, una imagen puede contener un universo de emociones, que cada espectador recibe y lo traduce en su propio cuerpo.

Al respecto, Thierry Frémaux, director del Festival de Cannes, realizó en 2016 en Francia un documental sobre la vida de los hermanos Lumière, titulado *¡Lumière! Comienza la aventura* (2006), en el que se recogen ciento ocho tramos de películas rodadas por sus creadores. Quizá la más conmovedora de las imágenes recopiladas sea la última, filmada en un rincón remoto de Vietnam, en la que unos niños corren tras la cámara, que se aleja y abandona la aldea, mientras el objetivo enfoca la sonrisa de una niña que, con cara de sorpresa y tristeza, asume el adiós.

El cine pasó por distintas etapas, desde el visionado único a la exposición pública, del blanco y negro al color, del cine mudo a la incorporación del sonido en el cine sonoro, de la imagen plana al 3D, del cine real al cine digital, y lo que puede continuar. En todos los casos el cine ha tratado de organizar la información para explicar realidades, contar historias, llevarnos a una apertura de espíritu crítico, crear nuevas posibilidades a través de la imaginación e introducir lo inimaginable mediante la ciencia ficción. Realidad y ficción han estado de la mano en todas las artes. El cine no es una excepción.

Ricciotto Canudo, escritor italiano y crítico de cine, escribió en 1911 un ensayo llamado *El manifiesto de las siete artes* y acuñó el término de «séptimo arte», considerando que el cine reunía las otras seis artes. Este autor dijo: «El cine es una unión de arte e industria, por ello es en sí un "producto", pero que, si es de calidad, es una obra de arte».

Descodificar ante el impacto particular de una película, o cuál es la importancia del cine para la descodificación

Puesto que todo lo que no se ha expresado queda registrado, vamos acumulando una falsa riqueza de hechos vividos, que solo romperán el silencio acordado o serán piedras en el camino si nuestro timón interior nos lleva a repetir o a compensar.

Los hechos negativos acaban obstruyendo el camino natural hacia la paz interior y el bienestar, y hay películas que nos ayudan a encontrar las resonancias internas que conectan con los dolores vividos.

¿Has visto películas como *El niño con el pijama de rayas* (2008), *Casablanca* (1942), *Salvar al soldado Ryan* (1998), *El indomable Bill Hunting* (1997), *La sonrisa de Mona Lisa* (2003), *Alicia en el País de las Maravillas* (2010), *Descubriendo Nunca Jamás* (2004) o cualquier otra que se te pueda ocurrir y, al verlas, has sentido que algo se ponía en movimiento, provocándote llanto, tristeza, miedo, alegría, ira o una gran ternura? ¿Alguna película te ha despertado cierta inquietud, te ha llevado a una reflexión o a un pensamiento clave en tu vida? Sea lo que sea, la cultura siempre cambia algo en nuestro interior. Como dijo Alejandro Jodorowsky, «el arte solo es arte si es terapéutico».

Las historias plasmadas en una pantalla, sus imágenes, los sonidos o la letra de una canción son formas que, a través de los divertidos juegos de las relaciones que hacemos dentro de la cabeza o los paralelismos que crea nuestro inconsciente, nos aproximan a lo vivido y lo guardan en mochilas que cargan con nuestro pasado, los recuerdos del nacimiento, del embarazo, de la concepción y de la vida de los que nos antecedieron en el camino, como los antepasados y los ancestros. Las películas nos ayudan a revivir eventos pasados activando las sensaciones olvidadas, cosa que inicia un movimiento interno que nos acerca al anhelado alivio.

Más allá de los géneros (películas que comparten ciertas similitudes en su realización y/o en sus temáticas), la imagen nos acerca a la vida misma, ya que, para el inconsciente, real, imaginario, simbólico o virtual significan lo mismo. Para el cerebro arcaico tiene el mismo peso que comamos algo indigesto (real), que vivamos una situación indigesta (imaginario) o que en la pantalla (virtual) se proyecte una situación que interpretamos como indigesta. Podemos ver a alguien vomitar y sentir un profundo asco que nos lleva a vomitar.

EL REFLEJO DE NUESTRAS EMOCIONES

Pienso que, al margen de la calidad de la película, cada imagen vale más que mil palabras, y cada una de ellas ayuda a reconectar con alguna parcela desterrada. La clave radica en observar las películas como campanillas activadoras de recuerdos olvidados o reprimidos y usarlas como picaportes que permiten abrir la puerta para que puedan comenzar a salir, a liberarse. En resumen, nos ayudan a sanar al pasado visitando el presente. Jung dijo: «Creo sencillamente que alguna parte del yo o del alma humana no está sujeta a las leyes del espacio y del tiempo». Viajar en el tiempo y reconstruirnos para volver al presente con alegría.

Dijo Pau Casals: «La música ha de servir a un propósito; ha de ser parte de alguna cosa más grande, una parte de la humanidad». Creo que es lo que hace el cine: nos sorprende, nos cautiva, revela los dramas y conflictos con los que nos podemos identificar o no, permite que se unan en la mente las emociones que circulan por el cuerpo. Es un escenario de emociones que puede funcionar como un acto catártico, como un refugio y como un procurador de puro placer. Cada uno lo usa como desea. Esa es la libertad de la pantalla.

El cine muestra la realidad en la que se ven los conflictos de los protagonistas y los síntomas asociados. El siguiente paso es relacionar el origen del conflicto a través del síntoma, es decir, descodificar. Eso facilita una transformación de la manera de vivir.

Aclaraciones al *spoiler*

Intento no «destripar» o hacer *spoiler* para que tengáis el entusiasmo de apreciar cada obra con vuestros ojos.

La palabra *destripar* es, según el Diccionario de la Lengua Española, interrumpir el relato que está haciendo alguien de algún suceso, chascarrillo o enigma, anticipando el desenlace o la solución.

A destripar se le llama ahora coloquialmente «hacer *spoiler*», y suele emplearse para describir lo que hacemos cuando narramos algo y anticipamos la trama o el final de una película, un libro u otra obra. Si a alguien le han anticipado parte de una obra, la persona que lo ha escuchado pierde la oportunidad de sorprenderse al ver o leer la obra en cuestión, algo que sí podría suceder si no contase con dicha información.

Pido disculpas si en algún momento doy una pista de más. Mi intención es asociar las obras con la vida y encontrar en ellas los conflictos de los protagonistas que nos pueden ayudar a conectar con los nuestros, para resolverlos.

En la mayor parte de este libro, cuando se menciona una película encontraréis listados los siguientes datos: título, país, año y director.

Os invito a ver las películas para recuperar los fotogramas perdidos que nos ayudarán a hacer clic y encajar las piezas de la historia. Esto no se consigue solo viendo una película, sino que el trabajo está en ver y sentir. El sentir corresponde al cuerpo, son las sensaciones corporales como el calor, el frío, el temblor, la tensión, las palpitaciones, etc. Hay que darse cuenta de lo que siente el cuerpo y permitir que las sensaciones vayan disipándose por sí solas.

Una película nos ayuda a hacer tomas de conciencia de situaciones similares que la persona haya podido vivir y que tengan un carácter doloroso.

Permite empatizar con los personajes y lo que están viviendo y así favorece la expresión de los sentimientos y emociones.

Despierta recuerdos traumáticos que, una vez que salen a la superficie, se descargan: al despertarse se activan las sensaciones corporales bloqueadas.

A menudo, viendo una película las piezas del puzle de la vida se encajan mejor, aparece una respuesta que no se había podido obtener de otra manera y así se consigue entender algo de la propia historia.

Comprueba si alguna de las películas que aparecerán en el libro te provoca alguno de estos efectos o todos ellos.

Ejercicio

¿Recuerdas algunas películas de distintos géneros que te hubieran conectado con parcelas de tu infancia, adolescencia o juventud?

¿Qué mensaje rescatas de cada una de ellas?

¿Qué imagen ha tenido más impacto de todas las películas que has visto?

¿Qué frase que oíste en alguna película tienes en tu mente y no la olvidas?

Desde tu presente, ¿por qué crees que recuerdas lo que recuerdas? ¿Qué sentido le puedes dar hoy?

2
Cuando los problemas se convierten en conflictos biológicos

«La enfermedad es una forma de no adaptación al cambio».

Ernest Rossi

La vida no es un *largo río tranquilo*, sino que es una sucesión de estados que nos estresan más o menos, a los que nos podemos adaptar o no hacerlo. Cada día se presentan situaciones de estrés que nos hacen sentir en peligro y en las que el cuerpo moviliza sus recursos. Para poder responder, el cuerpo genera una gran cantidad de adrenalina, cortisol y otras sustancias en sangre. El primer impacto lo sufre la psique presentando, por ejemplo, desconcierto, bloqueo, sorpresa, angustia, inseguridad, rabia, etc. Una no adaptación a lo que la vida nos ha presentado nos deja casi fuera de juego. Son microsegundos de secreción de hormonas y neurotransmisores que provocan sensaciones que caen como una cascada por el interior del cuerpo y lo inundan todo. Es el llamado instante de choque biológico (situación *inesperada, dramática, sin solución y sin expresión*) donde todo se pierde de vista.

Para Peter Levine[1], un estudioso del concepto del *trauma*, este es una situación abrumadora o vivida como una amenaza para la vida

---

[1] Levine, P. (2012).

que tiene efectos debilitantes y guarda relación con una pérdida de conexión.

En el momento en que se produce una situación de inestabilidad, y siempre que la persona no tenga respuesta o recursos interiores para gestionar la alteración que supone el *shock*, hay un cambio interior y aparece un estrés específico que es captado por el cerebro. Son instantes que llamo de fotogramas perdidos, ya que una parte de la historia se ha reprimido o escapado de la mente consciente y permanece agazapada en el inconsciente, cuya puerta permanecerá más o menos cerrada según sea el dolor y la capacidad de soportarlo. La memoria del trauma queda compuesta por fragmentos a los que luego se dotará de contenido para evitar el vacío.

Pero como el cuerpo siempre recuerda, podemos evitar topar dos veces con la misma piedra. Nuestro organismo graba hasta el más mínimo detalle: olores, colores, texturas, sonidos, sabores, paisajes, objetos, tensión muscular, lo que se sintió en las vísceras y hasta la etiqueta que le hemos puesto al problema. Todo queda registrado.

Sándor Ferenczi llamó «conmoción psíquica» al momento del trauma que desestabiliza a la persona y se graba en el cuerpo. Se trata de un golpe sin previo aviso o sin preparación. En ese momento se genera un vacío y una confusión, así como cambios en el organismo. La negación, en cualquiera de sus variantes, sirve para sanar. Con el tiempo, la descarga de la emoción vivida en el instante del trauma tiende a apagarse poco a poco y deja una huella en la memoria biológica que «supurará» el día en que no se pueda contener más. Para disolverlo, hay que revivirlo y sanarlo [2].

Algunos ejemplos de situaciones desestabilizantes pueden ser:

- ✓ Una llamada con una noticia inesperada que provoca un estado de *shock*.
- ✓ La muerte de un ser querido.
- ✓ Una desaparición.
- ✓ El divorcio, la separación, una ruptura familiar.
- ✓ Una discusión.
- ✓ Una pérdida: de empresa o de bienes, despido del trabajo, desempleo.
- ✓ Violencia y abuso sexual, físico o psíquico.
- ✓ Guerras, movilizaciones, traslados forzosos.
- ✓ Asesinatos, muertes violentas, suicidios.
- ✓ Exposición a desastres naturales o provocados por los seres humanos.
- ✓ Actos de acusación, traición.
- ✓ Para un niño, una caída de bicicleta, una hospitalización o una discusión de los adultos le coloca en tensión.

El circuito de los conflictos

¿Qué ocurre en nuestro interior cuando vivimos una situación problemática y la forma de interpretar el problema depende de nuestra psique?

Que el problema coge una autopista interior unidireccional y la tensión vivida nos provoca un estrés que busca una salida. Psique → Sistema nervioso → Cuerpo.

---

[2] *Obras completas de Sándor Ferenczi: Reflexiones sobre el traumatismo* (s. f.).

En la medida en que damos las mismas respuestas, la arquitectura cerebral se vuelve invariable, pero recordemos que podemos cambiar gracias a la neuroplasticidad.

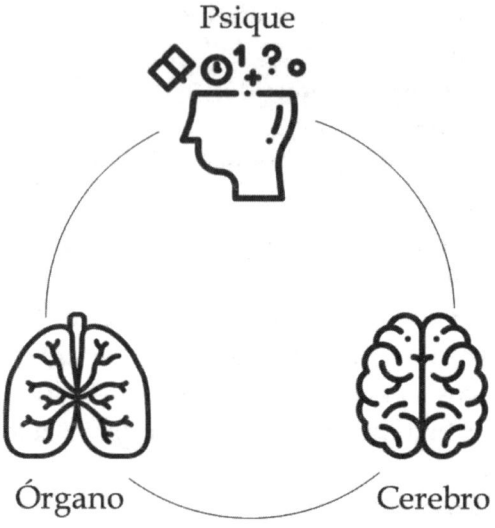

En primer lugar, observemos la psique. Cuando una situación nos desestabiliza, tenemos distintas maneras de reaccionar: podríamos no darle importancia al problema y por lo tanto no nos generaría estrés; podríamos vivirlo en negativo y ahí es donde la fuente de estrés iría en aumento; también existe la posibilidad de que lo vivamos en positivo. ¿Y qué nos lleva a que reaccionemos de forma neutra, negativa o positiva? La manera de interpretar la vida que tiene cada persona como resultado de su propia historia. Por ejemplo, la muerte de un ser querido podría ser vivida de manera neutra cuando consideramos que esa persona ya ha hecho su camino de vida y se ha marchado tranquilamente al final de su ciclo vital. Podría ser vivida en positivo si la persona ha pasado muchos años enferma y para ella misma es un alivio llegar al final de su vida. Y será negativa cuando los hechos no se acepten, por lo que quedará un bloqueo en el duelo que impedirá seguir un recorrido de vida. Vivir las experiencias de forma neutra o positiva no es un problema. El estrés aparece cuando son vividas de manera negativa.

En segundo lugar, cuando la psique vive algo de manera negativa, es el sistema nervioso quien toma el control y se coloca al mando de nuestra existencia para permitirnos sobrevivir. A continuación, le comunica al cuerpo cómo descargar la tensión. Aparece entonces un síntoma físico, psíquico, comportamental o existencial. Siguiendo este esquema, Psique → Sistema nervioso → Órgano, podemos saber cómo ha vivido una persona un problema a partir del síntoma que presenta.

No todos los problemas que tenemos en la vida son conflictos biológicos, sino que muchas veces los problemas son conflictos psicológicos.

¿Quiénes pueden vivir un conflicto biológico?

Todos los seres vivos, vegetales, animales o seres humanos, vivimos situaciones de estrés biológico. A la vez, todos contamos con estrategias de supervivencia naturales que se activan de manera espontánea y que se rigen por códigos aprendidos a lo largo de la vida.

Las variaciones climáticas o las alteraciones del medio físico pueden afectar a las plantas: la falta de agua, de tierra o de minerales; el exceso o la escasez de calor o de frío; la presencia de depredadores; etc. Estas variaciones alterarán el ciclo natural del vegetal. Una estrategia de supervivencia es desarrollar algún tipo de tóxico en presencia de determinados depredadores o transformar su estructura para no ser destruidos. Los obstáculos que encuentran los animales a la hora de comer, beber, tener un territorio donde cazar y reproducirse les provocan estrés de la misma manera en que le pasaría a un ser humano.

En suma, todos los seres vivos experimentamos momentos de estrés biológico llamado «conflicto biológico». Sin embargo, existe una diferencia. Un animal o una planta viven los conflictos de manera real, como le ocurre a un león si tiene hambre y no puede cazar; a un ciervo si ha perdido su territorio y no tiene ya manada; a un avestruz si es atacado por depredadores y no puede huir; a un elefante si no se puede asear, echar agua o lodo encima de su cuerpo cuando siente parásitos caminando por su piel; a un demonio de Tasmania si continuamente lo agreden; o a una hembra cuando le retiran su camada. Es decir, los sufrimientos por los que pasan los animales nunca serán psicológicos. El león no se deprimirá o se sentirá menos por no conseguir una presa; ni un ciervo se retirará a llorar por su territorio; ni un elefante se enfadará. Por el contrario, en cada una de las situaciones de estrés se activa el peligro real que les coloca en una disyuntiva: vida o muerte. El peligro es absoluto tanto para el animal como para el cerebro arcaico que aún domina las reacciones. Un animal no puede interpretar que las circunstancias pueden cambiar y que, por lo tanto, también lo hará el sufrimiento que esté viviendo.

Un león solo caza cuando tiene hambre, pero ¿qué pasaría si llegado ese momento no puede hacerlo por alguna dificultad física (una pequeña herida en una pata que le deja en inferioridad de condiciones)? ¿Y si no tuviera territorio, tal y como les ocurre a algunos leones que se quedan sin camada? ¿O si no dispusiera de alimentos en el espacio en el que se encuentra? Una posibilidad natural es que las células del hígado se desarrollen más o hagan más función en ese ór-

EL REFLEJO DE NUESTRAS EMOCIONES

gano porque es la central de almacenamiento en el cuerpo y además racionaliza la entrega de nutrientes en espera de tiempos mejores. Si se le hiciera un estudio complementario al león se observaría que tiene un tumor en el hígado. Haciendo un símil con los humanos, pasa lo mismo cuando estos sienten o imaginan que lo que están viviendo les puede llevar a morirse de hambre. Desarrollarán más células o más función en el hígado.

Cuando un ciervo o un hipopótamo han luchado para defender su territorio y lo han acabado perdiendo, las arterias coronarias se ulceran mientras están en lucha. En cuanto la pelea ha acabado, sus tejidos se reparan y, si no hay solución al conflicto, se alejan, por lo que sus tejidos podrían morir durante el tiempo de reparación. Primero el animal decide si someterse o luchar, según sus posibilidades. Si ha luchado y le han vencido, ya no tiene territorio. Haciendo el símil con el ser humano, si este tiene problemas en su «territorio», sea la empresa, el trabajo, la pareja, el coche o lo que viva como una propiedad, serán las mismas arterias que las del ciervo o del hipopótamo perdedor las que se ulcerarán y que, una vez solucionado el conflicto, se taponarán. Las mismas dificultades biológicas y reacciones ocurrirán en todos los seres vivos. En este caso animales y hombres tendrán una mayor dificultad en la afluencia de sangre hacia el corazón.

Cuando un elefante siente parásitos caminando por su piel necesita meterse en el agua o el lodo para protegerse de infecciones. Cubre su piel como si se hiciera un escudo protector. Del mismo modo, cuando los humanos sentimos que otras personas o situaciones nos pueden agredir también desarrollamos un escudo protector, pero lo hacemos generando más células en la dermis como por ejemplo una mancha, un lunar o un melanoma.

Un reptil, como el lagarto cornudo que habita las desérticas tierras de Sonora, esconde sus huevos con mucho esmero en huecos de la arena y los vigila protegiéndolos de los depredadores. A la serpiente látigo *Masticophis*, o devoradora de lagartos, le encantan los huevos y los lagartos y sale en su búsqueda. Pero puede ocurrir que por el camino se encuentre con el lagarto protegiendo sus huevos. Apenas este detecta la presencia de la serpiente y siente que no puede enfrentarla, pone en marcha un mecanismo mediante el cual triplica el tamaño de su cuerpo: se infla, se alza sobre sus patas como si de un gigante se tratara y hace crecer sus múltiples excrecencias o cuernos. Esta reacción tiene una finalidad, que es hacer desistir a la serpiente de acercarse a los huevos o al lagarto. Cuando la provocación ha llegado al punto álgido, y si la serpiente no ha desistido aún, le queda al lagarto una carta por jugar, que es tumbarse sobre la espalda y hacerse el muerto, confundiendo totalmente a la serpiente, que finalmente huye. De esto resulta que el lagarto y sus crías sobreviven, y todo gracias a un programa hipofisario que le permite crecer. ¿Qué le pasa a este lagarto? Que usa un sistema natural de crecimiento. ¿Qué le puede ocurrir al animal o a una persona que siente que el depredador es demasiado grande? Que activan una reacción de supervivencia. ¿Qué le pasa a un niño que quiere estar a la altura para que su padre le vea? Le sucederá lo mismo que al lagarto, salvo que los humanos activan un viejo programa de la hipófisis que incorpora hacer más actividad para conseguir un mayor desarrollo. Resultado: crecimiento rápido y de altura por encima de la media, lo que deriva en gigantismo o en acromegalia, en un caso extremo. Este podría ser el caso del conocido gigante de Alzo, un hombre de origen vasco de 2,3 m de altura que vivió en el siglo XIX durante las guerras carlistas y creció mucho más que la media. Esta historia se encuentra retratada en la película *Handia* (2017), término que significa «grande» en euskera. Está basada en la historia real de Joaquín Eleizegui Arteaga, quien tuvo gigantismo, lo que aprovechó junto a su hermano Martín para viajar por Europa mientras ofrecían un espectáculo llamado «el hombre más alto del mundo», con lo que consiguieron fama, riqueza, «estar a la altura» y, seguramente, «ser vistos».

Otro ejemplo es cuando a una hembra animal le retiran su camada y esta desarrolla un cáncer de ovarios, los cuales tienen la función

EL REFLEJO DE NUESTRAS EMOCIONES

de prepararse para aparearse lo antes posible. Si hay un síntoma en ovarios es porque se ha vivido un conflicto de pérdida. Haciendo un paralelismo, cuando una mujer vive una situación de pérdida (pareja, familiares, animales domésticos, etc.) reaccionará igual que la hembra animal.

Las reacciones físicas ante los conflictos en los seres humanos son las mismas que en los animales, pero se diferencian en la manera de vivirlos. Mientras que los animales responden exclusivamente a lo real, los seres humanos agregamos lo que imaginamos. Es la película que nos hacemos en la cabeza la que nos estresa, y eso a los animales no les ocurre.

Las personas vivimos algunas experiencias como de vida o muerte reaccionando a ellas mediante el ataque (lucha o enfrentamiento), la huida o la parálisis (o hacerse el muerto). Y si bien en ciertos animales, como el lagarto cornudo, la simulación de la muerte le salva la vida, en los humanos no siempre es así, ya que la inhibición de la acción provoca un aumento de estrés en el cuerpo. ¿Cuántas personas en la vida permanecen haciéndose el muerto y sobreviven a un estrés continuo? ¿Salvan la vida o enferman? Está demostrado que permanecer un tiempo prolongado expuesto a estrés crónico provoca muerte celular del tejido nervioso, por ejemplo, el del hipocampo, que es la zona que metaboliza experiencias y las integra, resultando de esto una pérdida de memoria de algunas partes de los eventos traumáticos.

Para salvar la vida, en el instante del trauma, el organismo pone en marcha un mecanismo regulado por la química corporal. El problema es que se genera una fuerte descarga hormonal y de neurotransmisores que dan la fuerza necesaria para la acción y que, si no se usan, se convierten en tóxicos e incluso dañan partes del sistema nervioso. Cuanto más se sostenga el trauma, peores consecuencias vivirán nuestras neuronas.

En los animales se puede observar el mismo mecanismo, es decir, que pueden liberarse en sangre altos niveles de cortisol y otros químicos corporales para permitir la acción. La química restante que les queda tras la acción la liberan mediante un mecanismo natural que es el temblor; se sacuden para expulsarlo de su cuerpo. ¿Y qué hacemos los humanos? Rumiamos las historias y seguimos aumentando su secreción sin eliminar lo administrado al cuerpo.

Nos podemos hacer la vida insoportable solo con las historias que nos contamos.

Como dice Paul Watzlawick[3] en *El arte de amargarse la vida*, «seguramente nadie pondrá en duda que se puede vivir en conflicto con el medio ambiente y particularmente con el prójimo. Mucho más difícil de comprender y por lo mismo de perfeccionar es que uno pueda generar la desdicha en el retiro total de su propia cabeza. Es fácil que uno reproche falta de cariño a su consorte, que suponga malas intenciones en el jefe y que haga al tiempo atmosférico responsable de un constipado, pero ¿llegaremos a conseguir convertirnos en nuestros propios contrarios de la lucha diaria? Las puertas de acceso a la vida desdichada llevan unas indicaciones áureas».

Pues sí, señor Watzlawick: a veces solo somos un «conflicto encapsulado en el tiempo con patas» y siempre reaccionamos desde lo reptiliano. A cada reacción emocional extrema le corresponde un programa biológico no sanado. Nuestras cargas emocionales tiran hacia atrás y nos anclan al pasado.

Veamos un ejemplo: una mujer joven se rebela ante la autoridad cuando siente injusticia e impotencia y sus reacciones son gritar, insultar e intentar rebajar al otro. Le ha ocurrido en la calle cuando la policía la ha parado, en los aeropuertos, durante la realización de un trámite oficial como hacer su DNI y en una comisaría cuando denunciaba un robo. Desde fuera, esta es la historia que veríamos, pero ¿qué le está pasando a esta mujer? Está teniendo un comportamiento alterado en unas circunstancias determinadas. Desde la Descodificación

---

[3] Watzlawick, P. (1989).

EL REFLEJO DE NUESTRAS EMOCIONES

Biológica Original, la pregunta obligada sería: ¿desde cuándo? Ella responde que desde pequeña le molestaba que le dieran órdenes que consideraba injustas. Con el tiempo la cosa ha ido agravándose y ahora se ve en auténticos problemas porque el comportamiento la domina y ella no puede controlarlo. Ya no hay libertad para escoger cómo quiere comportarse. ¿Cuál es la historia detrás de la historia? Antes de que ella naciera, su familia vivió situaciones traumáticas con un denominador común: el abuso de la autoridad. Su abuelo materno fue encarcelado tras la Guerra Civil española acusado falsamente de matar al cura del pueblo. Todo se manipuló para encubrir al hijo de un hacendado y orquestado entre policías, alcalde y señorito. Su padre fue arrestado y puesto en prisión durante una semana por una denuncia falsa. Para dar más contenido dramático de injusticia a lo vivido, la primera noche que iba a pasar en el calabozo, la madre fue a llevarle una manta porque ni siquiera le habían dado eso y, cuando salía del lugar, un policía le pegó una patada. Una acción sin sentido, injusta, a la que no pudo responder y por la que se quedó con sensación de injusticia mezclada con impotencia. Años más tarde todo recomienza, pero con la hija, quien en su fuero más interno revive lo que le pasó a su familia. Ahora es ella quien atrae experiencias de confrontación a la autoridad, siendo una de las primeras reacciones las que vivió cuando en la escuela de monjas la obligaban a ponerse de rodillas si se equivocaba en algo de la lección, lo que le resultaba abrumador. Así es como se acumulan historias, las familiares y las propias, que seguirán activas hasta que se sanen. Es necesario revivir y sobre todo sentir en el cuerpo, para diluir la vivencia y retomar la vida con más libertad.

Dice Erik Erikson: «Soy lo que sobrevive de mí». Sí, somos los recuerdos, aunque la memoria no sea fiable y estos vengan acompañados de sentimientos, emociones, afectos y dolores. Lo somos todo.

En suma, no es la situación en sí, sino la percepción de la situación de peligro la que hace que un ser vivo se sienta en riesgo y se active un comportamiento natural. Surgen tres posibilidades ante todas las experiencias, ya que cada vivencia es apreciada, por la persona que la experimenta, como neutra, positiva o negativa. En este último caso, cuando se vive en negativo, provocan un aumento de la tensión y el estrés. El síntoma es la solución perfecta para poder gestionar en un tiempo aceptable el conflicto vivido. Es entonces, cuando en un momento todo cambia, cuando se produce el llamado «choque biológico» o situación inesperada, dramática, situaciones registradas en algunas películas como las que menciono en el libro.

Ejercicio

Escribe lo que recuerdes de alguna película que te activó emociones fuertes.

¿Qué tipo de situaciones que ves en una película te desbordan más?

Repasa los pensamientos, sentimientos y emociones que se ponen en marcha sin juzgar ni intentar controlarlo. Deja que asomen igual que las sensaciones corporales.

¿Qué traumas o situaciones fuertes has podido vivir en tu infancia que estén asociados a estas reacciones?

3
Una revolución interior: la cascada que va del pensamiento a las sensaciones corporales

«Lo que distingue lo real de lo irreal está en el corazón».

JOHN NASH (Russell Crowe)
en *Una mente maravillosa* (2001)

Ahora ya hemos visto lo que es un conflicto biológico o instante de *shock*, en el que, sin avisos ni preámbulos, ocurren acciones en nuestra psique, en el sistema nervioso y en el cuerpo. De lo que nos sucede en esos momentos no somos conscientes y sin embargo se desencadenan una serie de parámetros orgánicos bien organizados con el objetivo de mantener la vida. A grandes rasgos el circuito es el siguiente: ante el evento traumático surgen un pensamiento y un sentimiento que etiquetan el suceso. En paralelo, nuestros sentidos registran los datos sensoriales y guardan en la memoria exteroceptiva (captada por los órganos de los sentidos) los olores, los sabores, el tacto, los sonidos o las imágenes. Otro registro lo realiza la memoria interoceptiva, que es captada por vísceras, músculos y el tejido de sostén. Tampoco faltan las emociones y las sensaciones corporales que se ponen en marcha, las cuales recordaremos, sin saberlo, de forma inconsciente. En resumen, el proceso comienza con un evento. Este se describe con un pensamiento y un sentimiento, se guarda gracias a la información de los sentidos y de los órganos, e interiormente se vive con una emoción y unas sensaciones corporales. Todo en milisegundos de alto estrés, ya que al ocurrir una situación estresante la amígdala cerebral tarda menos de medio minuto (unos 300 milisegundos) en reaccionar poniendo en alerta todo el sistema de gestión del trauma.

Cuando el pensamiento quiere explicar el sentimiento

A lo largo del tiempo ha variado la aceptación de la expresión de los sentimientos y emociones. Cuando suceden situaciones dolorosas los sentimientos surgen inmediatamente, pero lo que varía es la manifestación de estos. Hay personas que pueden mantener bajo control su expresión y otras que son hiperreactivas porque así lo aprendieron en su medio familiar.

Tanto en determinadas sociedades, culturas o modelos familiares como en casos concretos, algunas personas han primado lo intelectual o racional en detrimento de expresar lo que sienten, o podemos decir también que han tenido miedo a expresarse desde el sentir, por lo que han optado por generar un sistema en el que se bloquean las emociones. Es decir que, en situaciones de *shock* o estrés, prima la explicación que proporciona el pensamiento a la que activan los sentimientos o las emociones. Así lo escenifica Margaret Thatcher, que Meryl Streep llevó a la pantalla en *La dama de hierro* (2011), cuando va al médico y este le dice:

—… es probable que esté sintiendo…
—¿Qué? ¿Qué es «probable que esté sintiendo»? Ya nadie piensa. Ahora sienten. «¿Cómo te sientes?». «No me siento a gusto». «Lo siento mucho, pero en el grupo sentimos que lo mejor es…». ¿Sabe? Uno de los problemas más graves de nuestra época

es que nos gobiernan personas a las que les preocupan más lo sentimientos que los pensamientos y las ideas. Pregúnteme qué estoy pensando.
—¿Qué está pensando, Margaret?
—Cuida tus palabras, pues se convierten en acciones. Cuida tus acciones, pues se convertirán en hábitos. Cuida tus hábitos, pues se convertirán en tu carácter, y cuida tu carácter, pues se convierte en tu destino. Nos convertimos en lo que pensamos. Mi padre siempre decía eso. Y yo pienso que estoy bien.

Es interesante observar la desconexión entre cuerpo y mente o emoción que expresa Margaret Thatcher, proveniente de los eventos vividos y de los mensajes de su padre. En la película *La dama de hierro* (2011) hay varias escenas de programación de las heridas que demuestran la causa de su carácter futuro. Para esta dama sentir es peligroso.

Título: *The Iron Lady*
Otros títulos: *La dama de hierro*
Año: 2011
País: Reino Unido
Dirección: Phyllida Lloyd

Aún se produce mayor desconexión cuando el pensamiento pasa a ser una creencia, un mandato, un juicio o una crítica. Así lo señaló Williams James: «Muchas personas creen que piensan cuando en realidad solo están reordenando sus prejuicios».
Y además, si estos pensamientos vienen acompañados de sentimientos negativos como frustración, desesperación, desengaño, desilusión, sensación de fracaso, contrariedad, agobio, etc., la confusión es mayor y la desconexión del cuerpo se agudiza. Sin embargo, ningún pensamiento o sentimiento expresa lo que en realidad senti-

mos en lo profundo de nuestras tripas, de nuestra alma, de nuestro ser. Solo lo hará si buceamos aún más por dentro de la frontera de la piel.

Cuando las emociones se despiertan

Las emociones son reacciones que se producen a nivel psicológico y somático (en el cuerpo) ante ciertos estímulos que ocasionan un cambio en el estado de ánimo. Son la forma de acomodación del interior al exterior. Por ejemplo, una noticia sobre un padecimiento de un familiar o amigo nos provoca un cambio del ánimo intenso y sentimos una tristeza profunda que moviliza en el cuerpo unas sensaciones de apretón en el corazón y tensión en el cuello.

Comenzamos a experimentar estados emocionales desde el momento de la concepción, aunque evidentemente no les podamos poner nombre. Los primeros aprendizajes emocionales se producen en el interior del útero materno, y uno muy importante ocurre en el instante en que los padres reciben la noticia de estar embarazados. Si viven con alegría la venida de ese ser a la vida, el bebé podrá reconocer esa emoción. Si, por el contrario, ante su presencia los padres sienten miedo, tristeza o enfado, el bebé se reconocerá en familia a través de esos cambios anímicos. Todas las emociones son importantes y quedan grabadas en el recuerdo, ya que estas nos permiten sobrevivir. Si no sintiéramos miedo, arriesgaríamos nuestra vida de manera innecesaria. Si no sintiéramos un poco de ira o enfado no tendríamos impulso para defendernos. Las emociones no son buenas ni malas, sino que son un motor de acción hacia un objetivo que es salvar la vida. Lo que las convierte en problemáticas es la adicción a las mismas.

Si hablamos de sentimientos y emociones no podemos dejar de mencionar la película *Del revés* (2015), ya que describe con claridad las variaciones de humor que se producen ante aquellos eventos que nos sorprenden de forma agradable o desagradable.

Título: *Inside Out*
Otros títulos: *Del revés*
País: EE. UU.
Año: 2015
Dirección: Pete Docter y Ronnie Del Carmen

El mensaje: Los cambios vitales en los niños pueden mover unas emociones desconocidas que los llevan a vivir desventuras, pero también nuevas aventuras. El desamparo proviene del desconocimiento de lo que se siente. Es ese no poder poner palabras lo que provoca una angustia que pareciera fuera a explotar dentro del cuerpo. Por este motivo, es importante que los padres comprendan lo que acongoja al niño y le expliquen lo que es y cómo gestionarlo.

En la película *Del revés* (2015) las emociones se muestran como esferas luminosas de un determinado color, y cuanto más potente es la emoción, más fuerte es el recuerdo que deja una huella. La película narra la historia de una niña, Riley, que se muda de ciudad y debe adaptarse a su nueva vida. Este cambio se plasma mostrando cómo funciona la mente humana mediante cinco personajes que representan cinco emociones. Estas se encuentran en el cuartel general, su cerebro, y tienen como objetivo ayudar a la niña a relacionarse con otros, con ella misma y con la historia que le ha tocado vivir, a la que no consigue adaptarse. Esta niña sufre por todo lo que ha dejado atrás al mudarse sin poder despedirse adecuadamente, lo que representa un duelo no finalizado, al tiempo que no puede abrirse a disfrutar de lo nuevo.

En cuestión de duelos, y cuando estos están bloqueados, no siempre se trata de la muerte de alguien, sino que hay muchas situaciones que nos piden trascendencia, como una separación, las despedidas, un cambio o un evento vital importante. En esas pruebas que vivimos cada día surge la bestia emocional que nos atrapa o nos libera. Hablamos, por ejemplo, de la alegría de nuevos retos frente a la nostalgia por las situaciones pasadas. Que la balanza se equilibre hacia un lado o hacia otro depende de nuestra salud emocional.

En *Del revés* (2015) se mueven las emociones básicas como alegría, tristeza, miedo, asco e ira asociadas a situaciones dolorosas para Riley, la protagonista. En la película las llaman recuerdos esenciales, algo que en Descodificación Biológica Original conocemos como «conflictos programantes». La suma de «recuerdos esenciales» da lugar a la personalidad, que va configurándose mediante una continua incorporación de experiencias.

Como ejercicio, podrías hacerte las siguientes preguntas: ¿qué recuerdos conservas de tu infancia? ¿Cuál es la situación más dramática de tu infancia? ¿Qué recuerdos importantes tienes de tu adolescencia? Con las respuestas lograrás contactar con aquellos recuerdos esenciales que están asociados a una emoción fuerte. Puede ser que te encuentres con más o menos policías que cubran la puerta del inconsciente y controlen el flujo de entrada y salida. La gracia es que, por la noche, los policías se duermen y las imágenes de trauma y miedo o las tensiones pueden salir como sueños, y de día, si los polis tienen la guardia baja, se cuelan como lapsus.

Sigamos buceando en el cuerpo que todo lo recuerda. Podemos profundizar aún más en el instante de un trauma para observar cómo los sentimientos actúan como tapadera de formas más profundas como son las emociones y las sensaciones corporales. El universo de las emociones puede ser complejo o simple. Hay quien habla de más de quinientas emociones. Sin embargo, coincido con Eduard Punset[4], que define unas emociones básicas que tienen alrededor otras que son secundarias. Las seis emociones básicas van desde el miedo al amor. Estas son alegría, amor y felicidad en contraposición a miedo, ira y tristeza.

---

[4] Punset, E. (2010).

EL REFLEJO DE NUESTRAS EMOCIONES

Esquema de las seis emociones

Las emociones son como la sal de la comida, el dulce de leche en el flan de huevo, la guinda del pastel o el movimiento de mariposas en el estómago, es decir, algo que nos gusta mucho o nada. Son eso que nos hace sentir vivos y que percibimos en el cuerpo cuando hay un movimiento de sensaciones corporales.

La manera de vivir los eventos a nivel emocional es personal e intransferible, por lo que no podemos establecer una correlación directa. Para ilustrar el tema, recurriré a algunos ejemplos.

Permíteme una suposición con un filme ya mencionado en el libro. Adam, el protagonista de la película *Ejecutivo agresivo* (2003), se pudo sentir traicionado por la niña, humillado por los chicos que le hacían burla, avergonzado ante el resto de las personas que se reían de su situación y desprotegido ante la falta de cuidados paternos en ese difícil instante para un niño. El sentimiento de traición podría emparejarse con la emoción de ira, enojo o rabia; el de la humillación, con la tristeza o la ira, y el de la vergüenza y la desprotección, con el miedo. Así, este personaje nos podría contar las sensaciones corporales que tuvo cuando sintió la emoción de ira, de tristeza o de miedo como, por ejemplo, fuerte tensión en los hombros, dureza en la garganta o nerviosismo e intranquilidad en las tripas.

Cuando presentir es sentir antes de que pasen las cosas

El cuerpo nos manda señales mediante reacciones o sensaciones corporales cuando algo no funciona bien en otro plano, algo que conocemos como «intuición». Seguramente Adam (el ejecutivo agresivo) sabía que algo podría ir mal. Hay una imagen en la que, siendo niño, mira, observa a los supuestos «amigos molestos», se vuelve a girar, pregunta «¿aquí?», dudando, y decide participar en el juego de verdad-reto (verdad-consecuencia) que le propone la amiguita que él tanto valora. Él sabe o presiente que alguna historia puede dejarle en una mala posición, pero no escucha a su propio cuerpo. Lo mismo hacemos tantísimas veces en que la razón se antepone al corazón y acabamos en un mal lugar. Luego, pasamos tiempo rumiando el pensamiento de por qué lo hicimos de una manera y no de otra. Además, la biología siempre se expresa y los comportamientos adaptativos son una manera de hacerlo.

Como he dicho antes, no siempre podemos expresar lo que estamos sintiendo, aunque en el cuerpo bullan los movimientos internos que se mezclan con emociones. ¿Quién no ha sentido un apretón en el estómago o un nudo en la garganta cuando ha pasado por una situación de miedo sin poder decir claramente lo que le estaba ocurriendo?

Como le dijo el psiquiatra a Conrad en la película *Gente corriente* (1980), «una advertencia sobre sentir las cosas, hijo. No siempre produce placer». Seguramente revivir, querer sacar de adentro un dolor, expresarlo y sentir el dolor no siempre es placentero, pero sí es liberador. La expresión es una necesidad vital para el ser humano.

Título: *The Kid*
Otros títulos: *El chico*
País: EE. UU.
Año: 2000
Director: Jon Turteltaub

El mensaje: Los mecanismos que cada persona usa para proyectar el pasado en el futuro y vivirlo en el presente son una estrategia propia del inconsciente ante un recuerdo que actúa de programante. Por lo general, el sistema usado es la repetición o la compensación de más o de menos.

En *El chico* (2000), Bruce Willis representa a Russ, un adulto exitoso a nivel profesional, aunque grosero, misógino y prepotente, que no mira las consecuencias de sus acciones. A pesar de su éxito, tiene una vida vacía a nivel personal y una fuerte incapacidad de relacionarse con conocidos o desconocidos. No habla con la familia, no se compromete afectivamente y se aísla en lo material volcándose en el trabajo.

Un día se encuentra en su casa con Rusty, un niño de ocho años, que más adelante entenderá que es él mismo de niño, y así puede convertirse en observador de sus propias situaciones de choque biológico programadas en la infancia. «Cuando le miro, solo recuerdo cosas horribles. Me he pasado toda mi vida intentando olvidarlas», dice Russ.

Cuando el padre le acusa de ser el causante del agravamiento de su madre, quien tiene una enfermedad terminal, se desencadena una situación traumática. Es un momento en el que el niño se queda quieto, bloqueado en la entrada de la casa, mirando sorprendido y con una gran congoja que el padre se encarga de acallar. Más allá de los juicios, podemos entender que la situación desborda a un padre que no soporta su propio dolor ante la muerte de su mujer y que está asustado, por lo que es incapaz de gestionar sus propias emociones, y le dice repetidas veces al hijo de ocho años: «No llores». Se gesta así la imposibilidad de expresar lo que se siente profundamente en situaciones de dolor. En la película, Rusty, el niño, le pregunta a su yo adulto:

—¿Y tú nunca llorabas?
—No. No desde que cumplí ocho años.

Podemos apreciar también que la memoria puede ser selectiva y quedarse con una parte y no con la totalidad de la representación de la vida. Todos tenemos una historia compuesta por múltiples fotogramas incorporados y otros caídos. Estos, sean pequeños o grandes, pueden permanecer estancados. Nuestra memoria es selectiva porque necesita sobrevivir a los recuerdos dolorosos, pero el pasado vuelve cuando menos se lo espera. Si sirve para neutralizar lo vivido, la reactivación se convierte en sanadora.

Russ recuerda ser gordito y sentirse desvalorizado como un «perdedor». Así se llama a sí mismo. Organiza su vida para tener éxito a nivel profesional sin medir el coste emocional que tiene para él y para las personas con las que se cruza en su vida. Usa un mecanismo compensatorio. Si hubiera usado la repetición aún se consideraría una víctima y su vida hubiera sido una repetición de situaciones de fracaso.

Es Rusty, su niño sabio interior, quien le ayuda a ver su error, a apreciar los momentos de alegría y a entender que en su vida hubo instantes buenos como en todas las vidas.

Las consecuencias visibles de su excesivo control emocional son los tics, las manías y las reacciones estereotipadas, como pasarse la mano por la frente y la cabeza cuando está estresado. Como conducta lo caracteriza el excesivo control, lo que nos revela que está en alerta para no ser sorprendido por ningún agresor más en su vida. Como valores que guían su andar por la vida están el poder y el dinero, lo que nos habla de la necesidad de sentir su valía a través de lo que tiene o lo que consigue.

En la película el adulto le pide a Rusty ayuda para poder sanar su pasado, ver el lado positivo de la vida y del amor e integrar la historia para proyectarse hacia un futuro más sano.

El cuerpo muestra el trauma con sus tensiones

Nuestro cuerpo es un claro reflejo de lo que pasa en nuestra cabeza. ¿Habéis visto y oído a alguien explicar y afirmar una situación,

EL REFLEJO DE NUESTRAS EMOCIONES

pero negar a la vez con la cabeza? La incoherencia corporal se detecta rápidamente ya que el 7% de la comunicación es verbal y el resto, un 93%, corresponde a la no verbal.

Podemos hablar y explicar algo que no concuerda con lo que sentimos y rápidamente aparece algún signo que delata lo que está viviendo el interior. ¡Creed al cuerpo y acertaréis!

Otro de los registros que realiza el cuerpo a nivel inconsciente es el llamado interoceptivo, que es la información que se graba, durante el trauma, de la posición de nuestros segmentos corporales, los movimientos realizados, pero también cómo están las vísceras, el tejido conjuntivo y la musculatura. Como en el cuerpo queda el recuerdo del instante de estrés, al hablar del mismo vuelven a aparecer las reacciones iniciales. Del mismo modo, si se reactiva la memoria inconsciente, la persona vuelve a ponerse en contacto con las sensaciones que quedaron grabadas. Esto puede dar como resultado una postura, unos movimientos estereotipados o una posición concreta de alguna parte del cuerpo. Todo está registrado y el cuerpo lo expresa, aunque no lo hagamos de manera consciente. Hay que darse permiso para ver cuál es el mensaje que hay detrás y procurar no interpretarlo. Cada persona sabe qué significa su mensaje dentro de su historia.

Título: *Nise: O Coração da Loucura*
Otros títulos: *Nise, el corazón de la locura*
País: Brasil
Año: 2015
Director: Roberto Berliner

El mensaje: Los cuerpos cargados de conflictos reflejan la propia historia de desequilibrio en la postura, los movimientos, el aislamiento y la incomunicación, pero también pueden ser la fuente de apertura y comunicación con uno mismo y con el mundo. Todo depende de una fina conexión con el sentir.

¡Sentir es un milagro! Grabando: sentidos activos

Y así es. Mediante los sentidos (gusto, olfato, vista, oído, tacto), el inconsciente registra todo lo que hay en el entorno. El sentido de esta grabación es que el sujeto lo recuerde frente a una situación que considere similar, para evitar el consecuente dolor. En Descodificación Biológica Original, al recuerdo sensorial lo llamamos pista o raíl, que se moviliza con algo similar a lo que estuvo presente en el momento del trauma.

Título: *Como agua para chocolate*
País: México
Año: 1992
Director: Alfonso Arau

El mensaje: Los sentidos están activos ante una descarga emocional, y actúan como raíles o alarmas de aviso si nos exponemos a situaciones de peligro.

Como agua para chocolate (1992) contiene una cascada de vivencias alrededor de una familia burguesa de tipo matriarcal que vive en una hacienda al norte de México. En ella nos permiten ver el universo de sentimientos, emociones y sensaciones profundas que corren por el interior de los personajes de la novela de Laura Esquivel, una obra magníficamente plasmada en la pantalla por Alfonso Arau. El título, *Como agua para chocolate*, es un dicho popular mexicano que significa estar molesto o muy furioso, mediante el que se compara el estado de ebullición en el cual tiene que estar el agua para preparar chocolate, con el estado al que llevan algunas emociones.

Es una película que supone una belleza para los sentidos debido a las descripciones que se va narrando Tita De La Garza, la hija menor de tres hermanas que se enamora de Pedro con quince años, pero el

EL REFLEJO DE NUESTRAS EMOCIONES

destino y su madre le impiden consumar su voluntad. Como se dice: «El amor no se piensa, se siente o no se siente». Y sentir es lo que le ocurría a esta joven que se llenó de vida al conocer a un chico del pueblo: «Era tan real la sensación de calor que la invadía, que ante el temor de que como un buñuelo le empezaran a brotar burbujas por todo el cuerpo, el vientre, el corazón, los senos, bajó la mirada y trató de huir».

Tita sufre al ver cómo Pedro es obligado a casarse con su hermana Rosaura mientras ella es relegada a la cocina y al cuidado de su autoritaria madre, Mamá Elena, porque, al ser la hija menor, debe continuar con la tradición de permanecer soltera para hacer de «bastón de vejez», para cuidar a su progenitora. Otra hermana, Gertrudis, se escapa con un héroe de la revolución mexicana y se convierte en generala. Pedro, para poder estar cerca de Tita, acepta casarse con Rosaura, con la que tiene un hijo, que muere de desnutrición, y una hija, Esperanza, que sobrevive. Para impedir que los enamorados se sigan viendo, Mamá Elena envía al matrimonio a vivir a Texas. Al poco tiempo muere el niño por desnutrición y Tita queda tan afectada que se enfrenta abiertamente a su madre, a quien culpa de la muerte de su sobrino. Todo ello le ocasiona enfermar de depresión mientras lo inaceptable de su relación matrimonial lleva a Rosaura a morir de indigestión.

«Tita estaba tan enojada que deseó con toda su alma que su hermana nunca hubiera dejado escapar esas repugnantes, malolientes, indecentes y repelentes palabras».

El amor entre Tita y Pedro permanece y se nutre de ricas comidas como codornices en pétalos de rosa, chiles en nogada, torta de navidad, chorizos norteños o Champandongo, que son recibidas con entusiasmo por Pedro, quien sabe que llevan los sentimientos amorosos reprimidos de Tita. «Solo las ollas saben los hervores de sus caldos».

Esa situación de contención lleva a Tita a enloquecer, y es un médico americano quien la cuida, al tiempo que se enamora de ella y le propone matrimonio. Intenta que Tita recupere la ilusión por la vida y por el amor sabiendo que tiene sus «fósforos» (cerillas) enmohecidos por la amarga vida, pero también que siempre podemos conectar con nuestro origen divino más allá de las circunstancias.

Así se explica en la novela[5]:

> —… Mi abuela tenía una teoría muy interesante, decía que, si bien todos nacemos con una caja de cerillas en nuestro interior, no las podemos encender solos, necesitamos oxígeno y la ayuda de una vela. Solo que, en este caso, el oxígeno tiene que provenir, por ejemplo, del aliento de la persona amada; la vela puede ser cualquier tipo de alimento, música, caricia, palabra o sonido que haga disparar el detonador y así encender una de las cerillas. Por un momento nos sentiremos deslumbrados por una intensa emoción. Se producirá en nuestro interior un agradable calor que irá desapareciendo poco a poco conforme pase el tiempo, hasta que venga una nueva explosión que haga reavivarlo. Cada persona tiene que descubrir cuáles son sus detonadores para poder vivir, pues la combustión que se produce al encenderse una de ellas es lo que nutre de energía el alma. En otras palabras, esta combustión es su alimento. Si uno no descubre a tiempo cuáles son sus propios detonadores, la caja de cerillas se humedece y ya nunca podremos encender un solo fósforo. Si eso llega a pasar el alma huye de nuestro cuerpo, camina errante por las tinieblas más profundas tratando vanamente de encontrar alimento por sí misma, ignorante de que solo el cuerpo que ha dejado inerme, lleno de frío, es el único que podría dárselo. ¡Qué ciertas eran estas palabras! Si alguien lo sabía era ella.
>
> Desgraciadamente, tenía que reconocer que sus cerillas estaban llenas de moho y humedad.
>
> Nadie podría volver a encender una sola.
>
> Lo más lamentable era que ella sí conocía cuáles eran sus detonadores, pero cada vez que había logrado encender un fósforo se había apagado inexorablemente.

---

[5] Esquivel, L., *Como agua para chocolate* (1989).

EL REFLEJO DE NUESTRAS EMOCIONES

Como leyéndole el pensamiento, John comentó:

—Por eso hay que permanecer alejados de las personas que tengan un aliento gélido. Su sola presencia podría apagar el fuego más intenso. Mientras más distancia tomemos de estas personas, será más fácil protegernos de su soplo.

Tomando una mano de Tita entre las suyas, añadió:

—Hay muchas maneras de poner a secar una caja de cerillas húmeda, pero puede estar segura de que tiene remedio.

Tita dejó que unas lágrimas se deslizaran por su rostro. Con dulzura John se las secó con su pañuelo.

—Claro que también hay que poner mucho cuidado en ir encendiendo las cerillas una a una. Porque si por una emoción muy fuerte se llegan a encender todas de un solo golpe, producen un resplandor tan fuerte que ilumina más allá de lo que podemos ver normalmente y entonces ante nuestros ojos aparece un túnel esplendoroso que nos muestra el camino que olvidamos al momento de nacer y que nos llama a reencontrar nuestro perdido origen divino. El alma desea reintegrarse al lugar de donde proviene, dejando al cuerpo inerte... Desde que mi abuela murió he tratado de demostrar científicamente esta teoría. Tal vez algún día lo logre. ¿Usted qué opina?

Los hilos de vida siguen tejiéndose, ya que el hijo de este médico se casa con la sobrina de Tita y la hija de ambos es quien nos narra la historia a través de la lectura de un libro de recetas encontrado en la finca de la familia. Al final, dice: «Mi tía abuela seguirá viviendo mientras alguien cocine sus recetas».

La importancia de la cocina en la novela es trascendental. Cada capítulo de la novela empieza explicando una de las recetas que Tita elaboraba y cada comida tiene un significado tanto narrativo como simbólico. Laura Esquivel lo justifica diciendo: «Uno es lo que come, con quién lo come y cómo lo come». Sin duda, la cocina es un espacio de encuentro y, en ocasiones, de liberación de los dramas contenidos, es decir que actúa de descodificación natural al permitir que los comensales verbalicen aquello que tanto les daña.

Un dato interesante para la Descodificación Biológica Original es que Tita, a pesar de tener pechos vírgenes, puede dar leche a su sobrino. Esto ocurre cuando la vida del niño peligra debido a la desnutrición y Tita activa un programa biológico de supervivencia de la glándula hipófisis que permite realizar el mismo proceso para llevar a cabo la lactancia. El inconsciente y el cuerpo no distinguen lo real de lo figurado: «El niño se pescó del pezón con desesperación y succionó y succionó, con fuerza tan descomunal que logró sacarle leche a Tita».

Ejercicio

Te invito a escribir sobre alguna situación con carga emocional. Relata todo lo que necesites. Una vez completado el relato, te propongo el siguiente ejercicio:

- ✓ Diferencia hechos de interpretaciones.
- ✓ Marca con un color distinto los pensamientos, los sentimientos, las emociones y la descripción de las sensaciones corporales.
- ✓ Describe la misma historia usando los sentidos, lo que veías, oías, olías, degustabas o sentías en tu piel. ¿Qué sientes al hacerlo?
- ✓ ¿Qué has aprendido con el ejercicio?

4
Cuando vivimos un conflicto biológico y no lo podemos expresar

«La música expresa todo aquello que no puede decirse con palabras y no puede quedar en el silencio».

Victor Hugo

Una vez puesto en marcha el circuito Psique → Cerebro → Órgano, se desencadena un programa biológico de supervivencia cuya condición para instalarse es no haber expresado lo sentido. Este va a trabajar de manera coordinada en pro de nuestra conservación.

Cuando ante un *shock* no podemos poner palabras, en su lugar se ponen hechos. Por ejemplo, lo que no expresamos verbalmente surge en nuestra vida como problemas, trabas o enfermedades.

El cine es una ayuda a la expresión ya que revela los dramas o los conflictos que hay detrás de un síntoma. Las películas suelen tener algún fotograma que nos acerca al consciente las parcelas robadas por el inconsciente, escondidas o maquilladas y guardadas en las profundidades del alma. Comencemos a rebuscar en algunas de ellas teniendo en cuenta que, para que este circuito se active, tiene que aparecer un *shock* o trauma. Este puede ser un único instante o ir viviendo cada día una situación que acaba desgastando. En algún apartado de los filmes mencionados en este capítulo encontraréis el instante de confusión o de fotograma caído.

Título: *No sos vos, soy yo*
País: Argentina
Año: 2004
Dirección: Juan Taratuto

El mensaje: En el momento menos esperado, la vida nos puede sorprender con una situación *dramática, sin solución y sin expresión* en la que todo se pierde de vista y nos domina la confusión. Es el instante del conflicto biológico. Si no hay expresión, el cerebro avisa al cuerpo para que libere la tensión.

No sos vos, soy yo (2004) es una película en la que una pareja recién casada, María y Javier, decide irse a vivir a Miami, EE. UU. Ella se adelanta para poder tramitar la *Green Card*, pero el destino le depara cambios que ella le comunica a su marido por teléfono cuando este está de camino al aeropuerto para ir a reunirse con ella. Lo que María le dice deja a Javier desconcertado, aturdido, viendo cómo su vida se desmorona: en lugar de lo esperado, aparece lo que no se desea. Un gran cambio se avecina, al que de manera consciente no se puede adaptar. Es demasiado para lo que tenía previsto. Todo ocurre alrededor del minuto 15 de la película, a partir del que se instala un tiempo de confusión y abatimiento que le conduce a un cambio de conducta y a un síntoma, la depresión. Al no poder cumplir con los planes, la existencia le resulta más desagradable, pero tampoco puede descargar lo más visceral y profundo y, finalmente, lo domina la enfermedad, que trata de enfrentar con su psicoanalista.

Título: *The Light Between Oceans*
Otros títulos: *La luz entre los océanos*
País: EE. UU.
Año: 2016
Dirección: Derek Cianfrance

EL REFLEJO DE NUESTRAS EMOCIONES

El mensaje: La consternación provocada por un conflicto sin solución, que hace que se tenga que callar por años, conduce a la inquietud y a la culpa. Así, mientras todo cambia en el interior del protagonista, pero no puede expresar lo que siente y el silencio se impone, se va autodestruyendo y arrastrando a los que le acompañan.

La luz entre los océanos (2016) retrata perfectamente el desconcierto y la turbación que se observa en el personaje de Tom, un farero que relaciona en silencio y dentro de su cabeza la magnitud que tiene una acción suya y de su mujer cuando ve a una viuda ante la tumba de su marido. Tom se siente culpable del dolor ajeno. Es un momento en el que las piezas de la historia son demasiado evidentes, todos los fotogramas se le colocan delante y es tal el *shock* que sufre al comprender cuánto dolor pudo provocar su acción inocente llevada a cabo muchos años atrás, que queda aturdido.

Título: *Anger Management*
Otros títulos: *Ejecutivo agresivo (España), Locos de ira (México)*
País: EE. UU.
Año: 2003
Director: Peter Segal

El mensaje: El conflicto biológico inesperado, dramático, sin solución y sin expresión del niño condiciona la vida del adulto, impidiendo que asome el verdadero yo o la esencia más pura de Dave.

Dave Buznik es un ejecutivo aparentemente muy pacífico. Sin embargo, durante un vuelo pierde el control a causa de un pequeño malentendido. Tras el incidente, el juez le impone una pena poco habitual: debe someterse a sesiones de terapia para controlar su ira.
Sabemos que fue un niño sensible que pintaba corazones en una libreta y tranquilo miraba cómo otros jugaban en una calle de su ciu-

dad, hasta que participa en un juego en el que le bajan los pantalones y vive una situación embarazosa que marca sus relaciones de adulto y se convierte en una fobia. El momento de confusión donde pierde contacto con la realidad es un *choque biológico*. Su mirada está perdida, un rictus aparece en el labio inferior, todo gira a su alrededor de forma inestable y para poder sobrevivir a la vergüenza, la traición, el dolor y el sufrimiento tiene que olvidar el momento vivido. ¿Podrá? Es el instante en el que una parte de su niño se queda perdido en el pasado.

Es solo un momento que hubiera deseado no vivir y en el que pudo sentir vergüenza, pavor, torpeza, rabia, embarazo, turbación, sonrojo, aturdimiento, humillación, etc. Solo los síntomas podrán decir fehacientemente cómo fue vivido ese instante. Si el resultado es timidez, la vivencia de Dave puede ser agresión. En cambio, la ira se oculta detrás de los conflictos de gran contrariedad indigesta con mucha rabia y pérdida de identidad. Unidos, activan la violencia y agresividad de forma explosiva.

«Los síntomas a nivel físico o psíquico sugieren la manera de vivir el instante de trauma».

Ángeles Wolder

Cuando la vida nos provoca poco a poco y no de golpe

Asimismo, podemos vivir cada día en un entorno que nos desestabiliza, y como lo vamos viviendo como un gota a gota que cae en un vaso, cuando el vaso se llena y el agua se derrama, aparece la enfermedad. No es normal estar mal, pero algunas personas no conocen otra forma de estar en la vida.

Entre otras variantes, surgen las siguientes:

- ✓ Violencia verbal.
- ✓ Amenazas diarias, intimidación, chantajes.

EL REFLEJO DE NUESTRAS EMOCIONES

- ✓ Amagos, provocaciones.
- ✓ Burlas, sátiras, sarcasmos, impertinencias.
- ✓ Falta de respeto, irreverencias.
- ✓ Mentiras, falsedad, disfraces, fingimientos.
- ✓ Menosprecio, degradación, menoscabo y desvalorización.
- ✓ Distanciamientos.
- ✓ Negación, no aceptación de los hechos.
- ✓ Desatención.
- ✓ Engaños, enredos, embustes.
- ✓ Chismes, calumnias.
- ✓ Fanfarronadas.
- ✓ Irrealidades.
- ✓ Carencias, penurias.
- ✓ Ausencias.
- ✓ Fracasos, frustración, decepción, fiascos.
- ✓ Insatisfacción.
- ✓ Desconfianza.

Muchos son los malos tragos que dejamos pasar para evitar una confrontación, pero no por ello dejan de hacernos sufrir.

Título: *Fried Green Tomatoes*
Otros títulos: *Tomates verdes fritos*
País: EE. UU.
Año: 1991
Director: Jon Avnet

El mensaje: No culpes a otro de lo que te pasa a ti. El poder personal y colectivo que se ha perdido se puede recuperar. Lo interesante es comprobar que el otro no puede hacer daño si no se le da permiso, y que el mango para poder cambiar lo que hay dentro de la sartén de la vida lo tiene cada uno.

Tomates verdes fritos (1991) nos muestra a una mujer, Evelyn, que se perpetúa en el rol (personaje, máscara, disfraz) de esposa sumisa y obediente y madre sacrificada que se acostumbra a ser ignorada y maltratada por su marido. Para compensar su dolor y tener un poco de dulzura en la vida se lanza al azúcar. La vida le es tan poca cosa que deja que ésta se deslice por su cuerpo. Se frustra con su sobrepeso, con su dependencia económica, con la vida familiar que «le ha tocado» y con la existencia misma, pero no hace ningún cambio, como si su vida no dependiera de ella. Sigue aguantando faltas de respeto, desprecios, órdenes, normas, obligaciones y autoritarismos porque no se puede plantear vivir de otra manera. Está acostumbrada a que todo tenga un tono monocolor, como si estuviera anestesiada para sentir el profundo dolor de su alma, hasta que se encuentra en una residencia con una anciana con la que comparte conversaciones que poco a poco la ayudan para que pueda tomar las riendas de su vida y pueda decir lo que piensa y lo que siente, hacerse valer y respetar y, en todo caso, valorarse y respetarse. Sin duda alguna, su vida cambia.

Además, nos presenta otro lado de la vida. Dos mujeres que hasta ese momento no se conocían acaban confiando una en la otra e incluso pasan a ser amigas y compañeras de trabajo. Salen a la luz unos valores importantes para la construcción de una vida y un mundo mejor. La solidaridad, el apoyo mutuo, la reciprocidad, la cooperación y la generosidad se sienten en todos sus diálogos y nos indican el nacimiento de una bonita hermandad que es el comienzo de una nueva vida. Con su ayuda mutua, consiguen sentir el valor propio y recuperar el lugar que habían perdido a nivel personal, familiar y social. Un gran beneficio para ambas.

Título: *Cleopatra*
País: Argentina
Año: 2003
Director: Eduardo Mignogna

El mensaje: Hay otras formas de estar con uno mismo para dejar de vivir de una manera poco sana, incoherente con los propios deseos profundos y satisfaciendo a los demás a costa de autorrenuncias.

Cleopatra pasa el día a día como si las hojas del calendario dieran la vuelta por su cuenta. Cleo (Norma Aleandro) es un personaje vital e inocente. Maestra jubilada convertida en vendedora a domicilio, está harta de una rutina de la que cree que no puede escapar por sus limitaciones económicas, cansada de un marido que ya no soporta, frustrada porque no hizo lo que anhelaba hacer y deseando recibir la llamada de sus hijos, que se han marchado a vivir al extranjero.

Por esas casualidades de la vida, se encuentra con una joven actriz a la que admira, y que también está cansada de su entorno, así que se escapan juntas al más puro estilo *Thelma & Louisse* (1991), un fin de semana diferente que les permitirá modificar sus destinos cuando se dan cuenta de que está en sus manos.

El maravilloso relato y la música atrapante hacen que esta película sea una aventura con ideas prácticas. Una frase que usa Cleopatra para recordarse que su tiempo es suyo, que suelta los disgustos y que tiene permiso de hacer lo que necesita en cada momento, es cuando llama a su marido y le dice sin que sea verdad: «Se va a cortar, me quedo sin cobertura».

Cuando el gota a gota aparece como enfermedad

Título: *Sonata para violonchelo*
País: España
Año: 2015
Director: Anna Bofarull

El mensaje: Creer que algo es normal porque se reproduce sistemáticamente en una relación hace que esos patrones de comunicación y conducta pasen a ser productores de desajustes físicos o de otro tipo. La enfermedad no tarda en llegar.

Es posible desmontar la vida que no se quiere llevar para vivir la que sí se quiere. Es posible replantearse la vida antes de que un síntoma arrase con la estabilidad y genere más desarmonía.

La protagonista de *Sonata para violonchelo* (2015) vive enredada en una relación discordante, un trabajo exigente, una comunicación familiar difícil tanto con el padre como con su hija, y recibe una y otra vez reproches, pero sobre todo se siente entre la espada y la pared. Tras todo ello, la fibromialgia acaba irrumpiendo en su cuerpo.

¿Escapar de la red o seguir pegada al sistema por miedo a la exclusión? ¿Cambiar? ¿Aguantar la incertidumbre? ¿Las dudas? ¿Arrastrar los pies por la vida o calzarse los mejores zapatos de un trotamundos? ¿Soportar?

Definitivamente, hacer algo diferente.

En resumen, las situaciones de estrés que nos desestabilizan en la vida pueden venir poco a poco o aparecer de golpe. Lo que está claro es que vivimos eventos desestabilizantes o traumáticos durante toda nuestra existencia. Lo que nace gota a gota, se marcha igual, de a poquito, pero por algo se ha de comenzar si queremos llegar a algún puerto.

Ejercicio

¿Recuerdas alguna película en la que se describiera un *shock* instantáneo similar a alguno que te tocó vivir?

¿Y alguna otra en la que se apreciara alguna situación a lo largo de la vida (gota a gota) similar a tu experiencia?

¿En alguna escena de película encontraste una pista o solución en la que tú no habías pensado antes?

5
Nuestras reacciones viscerales ante el peligro

«Uno no se ilumina imaginándose figuras de luz, sino tornando la oscuridad consciente».

CARL G. JUNG

Ante un evento traumático no hay reflexión posible. La reacción de supervivencia es inmediata y nada tiene que ver con la educación o los aprendizajes. A menudo sale una parte feroz del interior como si la fiera que llevamos dentro se hubiera liberado. En cada uno de nosotros habitan la luz y la sombra. Como humanos, queremos mostrar al mundo lo que consideramos lo mejor de nosotros. Pero la parte negra, la que representa los impulsos más primitivos, un día desata el nudo que la retiene y aparece la bestia que llevamos dentro. Siempre tiene el objetivo de ayudarnos a sobrevivir. Si alguien me ataca o ataca a mi cría la defenderé más allá de mis fuerzas. Cuando se pierde la capacidad de reaccionar de manera razonada es porque ha tomado el mando la parte más instintiva.

Junto a las reacciones primarias arcaicas se encuentra la parte oscura y sombría del ser humano: los arquetipos o representaciones universales del inconsciente colectivo. Uno de ellos es la sombra, que se define como esa parte innata en el ser humano desde el inicio de los tiempos y que sirve para ocultar aquellos aspectos de la personalidad que no se reconocen como propios y no son asumidos por la consciencia. Jung dijo de la sombra que es la parte instintiva animal que ha reunido todas las experiencias de la evolución pasada en la que se integran las dificultades vividas y las respuestas ganadoras. Se ha ido modelando y construyendo desde la concepción misma y a partir de todos los *inputs* y mensajes que se ha recibido. Educación, modelaje en familia, observación en la escuela o en ámbitos como la casa de los abuelos, tradiciones, valores inculcados, creencias y mandatos familiares forman la estructura de nuestras luces y sombras.

Cuando ante un problema asoma la parte más negra

Si aprendimos que ser corteses, generosos y obedientes nos reportaría un beneficio, como el cariño de un padre, ocultaremos la contraparte. Es un esfuerzo doble: anular las sombras en el mundo interno y proyectarlas fuera de nosotros.

Título: *Relatos salvajes*
País: Argentina
Año: 2014
Director: Damián Szifrón

El mensaje: En la medida en que nos identificamos con una serie de rasgos de personalidad y los mostramos como la cara buena, tendremos que mantener cohibida otra parte nuestra que es la que contiene la cara que menos nos gusta de nosotros. ¿Qué tal si vemos cara y cara o cruz y cruz? Todo nos conforma. Todo nos hace ser lo que somos.

En esta película se proyectan imágenes de tempestad emocional que llevan directamente a las sensaciones y sentimientos más profundos. Explora el atrapamiento emocional en su más pura demostración y la salida de la bestia que está oculta en el interior de una persona. Son varios relatos que hablan de situaciones muy diferentes en torno al mismo denominador, en los que se observa cómo la pérdida de control y de racionalidad da como resultado situaciones límite, donde la violencia y la barbarie llegan a destruir vidas.

El primer relato nos aproxima a una historia de odio y rencor dirigido a las personas que rechazaron, de uno u otro modo, a un piloto de avión, quien un día los reúne dentro de un avión con una única finalidad: destruirlos. La historia del accidente de avión de la línea Germanwings que se estrelló el 24 de marzo del 2015 cerca de Dusseldorf con 149 personas a bordo tiene una similitud escalofriante con este primer relato. Lo provocó el copiloto de 27 años de un Airbus 320 que estaba en tratamiento psiquiátrico y que había consultado a 41 médicos antes de suicidarse y llevarse con él a las personas del avión siniestrado en los Alpes. Andreas Lubitz escribió en su correo electrónico: «Desgraciadamente los problemas que tengo para dormir no han mejorado y muchas noches las paso en vela. Tengo miedo». Fueron muchos los médicos consultados y los fármacos recetados para alejar la angustia y el miedo a perder la visión en un joven que, a pesar de ser seguido por profesionales, no consiguió salir del atolladero y en un instante de atrapamiento se llevó por delante a montones de familias. Sombras y más sombras ocultando la luz de quien acabó pasando al acto, de la manera en que lo haría alguien con un conflicto de aire, de vida y de libertad.

El resto de los relatos de la película son historias de personas más o menos corrientes ante situaciones más o menos estresantes y conflictivas, que actúan de disparadores del cerebro arcaico. Las alarmas despiertan a la bestia interior, que lleva a vivir situaciones inimaginables desde lo racional: acciones repentinas, sin filtro y vividas desde la animalidad. Un hombre orina y defeca en el cristal de un coche con el conductor dentro y luego lo destroza, y la muerte los encuentra juntos.

Una novia despechada el día de su boda se enrolla con un desconocido como si con la relación pudiera apaciguar su desengaño. Un ingeniero meticuloso y muy racional descarga su ira rompiendo con un extintor de fuego un cajero. Un asesinato en un bar. Todas las historias llevan a sus protagonistas a iniciar una acción desde la sombra y a no poder detenerlas porque el cerebro arcaico lo impide. Ya no hay vuelta atrás y en el conjuro hasta la traca final todos los colores emocionales aparecen. El precio de las acciones va desde la muerte a la cárcel o desde las conductas antisociales a los asesinatos. A toda acción le sigue la responsabilidad de la acción misma.

En estos relatos no se habla de los ataques o las reacciones que ocurren cuando se está bajo la influencia de las drogas, del alcohol o en un estado de trastorno mental, sino de reacciones emocionales que se llevan al extremo y que no son posibles de controlar desde nuestro intelecto.

Título: *American Beauty*
Otros títulos: *Belleza americana*
País: EE. UU.
Año: 1999
Director: Sam Mendes

El mensaje: El precio que tiene la ocultación del verdadero ser es un coste alto que se paga con enfermedades, depresión, ansiedad, conductas adictivas, frustración, rabia, odio y hasta la muerte. Todo indica que el camino se ha errado, pero conviene recordar que nunca es tarde si la dicha es buena. Se puede reconducir.

Esta película contiene una reflexión sobre la sociedad, la cultura, la familia, los valores que la conforman, las diferencias de opiniones, las creencias, la lucha por las ideas o la intransigencia. También contiene temas muy habituales en el marco de la vida en comunidad en la que, mediante historias paralelas que se cruzan y que a su vez están contrapuestas, se anudan situaciones extremas que ponen a prueba las estructuras de un modo de vivir.

Lo interesante es que mediante el cruce de seis personajes con distintas características se aprecia el elemento común en todos: intentan mantener las «apariencias» forzando a la sombra a permanecer oculta. La mujer ambiciosa y exitosa a nivel social, material o cultural que teme de manera espantosa un fracaso y que como mujer o madre tiene profundas dificultades; el marido considerado por su mujer como un obstáculo en el ascenso social y que, sintiéndose no reconocido y fracasado, intenta disfrutar de la vida mediante la masturbación o las fantasías sexuales, que entra en crisis con su edad biológica e intenta recuperar el tiempo a través del gimnasio o saliendo con chicas jóvenes. La amiga de su hija adolescente, que «dice y presume» de salir con todo tipo de hombres para sentirse valorada, es la «guapa» que juega su lado más seductor, aunque veremos que solo es un lado oculto. La hija del matrimonio que no soporta a sus padres, pero que vive en medio de la riqueza sintiéndose extraña y apartada de todo ese mundo que no comprende ni comparte, pero en el que vive, es la «acomplejada». El «vecino» que presume de su fortaleza, agresividad, rigidez, normas, valores «justos y elevados», mientras niega una parte de sus necesidades, la vida sexual tal como la quiere vivir. Un homosexual que se niega a sí mismo y proyecta en su hijo todo el control y el odio hacia esa parte suya. El hijo del vecino que aparenta ser legal ante su padre, con el que ha crecido bajo el paraguas del miedo, y que busca rebelarse a ese modelo mediante acciones ilegales: es el único que no intenta ocultar su forma de ser, excepto a su padre.

Resumiendo: una mujer aparentemente feliz, un hombre que no quiere seguir creciendo, un joven que no soporta su vida, una amiga adolescente que se cree la gran conquistadora, un vecino autoritario que niega su sexualidad y un hijo manipulado física y psíquicamente que se presenta como buen hijo mientras su sombra actúa por detrás.

¿Cuáles son los conflictos biológicos? Dime de qué presumes y te diré de qué careces. El refranero es sabio.

COMPORTAMIENTO	CONFLICTO
La mujer exitosa a la que solo un amante satisface. Lee libros de autoayuda y se dice frases positivas.	Desvalorización Pérdida de pareja Adaptación: se impide ver sus debilidades
El hombre que, cuando llega a la madurez, quiere volver atrás: no quiere seguir creciendo, un Peter Pan encarnado en un hombre insatisfecho que no consigue cambiar el rumbo de su vida.	De vacío existencial, pérdida de referentes y miedo por la existencia Adaptación: negación de su edad
Joven que no soporta ni su vida ni a sus padres y siente que no vale nada.	Desvalorización Adaptación: sometimiento
La amiga adolescente que se cree la gran conquistadora, pero que no pasa de palabrería.	De pertenencia. No ser la escogida, no tener una pareja Adaptación: seductora
El vecino racista, extremo en sus comportamientos y exigente que niega su sexualidad y proyecta sus miedos sobre su hijo.	De identidad Adaptación: inflexibilidad, rigidez, control
El hijo perseguido por su padre, que transforma el mundo terrenal para poder sobrevivir y necesita de las drogas para experimentar la sensación de huir de la rigidez.	De identidad y rencor en el territorio (su casa, su padre) Adaptación: mentira, ocultamientos

En todos los personajes se aprecia la negación de sí mismos y la saturación mediante otra personalidad con la que al final, cuando caiga el telón, se verán retratados. Para poder ocultar la verdadera forma de ser hay dos mecanismos de uso corriente y frecuente:

- ✓ Aparentar ser otro para no ser rechazado, lo que exige dejar de existir en propia esencia. Lleva a una falta de valor o de autoestima.
- ✓ Actuar de manera activa intentando contrarrestar el personaje que se lleva dentro y proyectarlo. Se trata de ofender a los demás o de luchar contra ellos en algún aspecto que también se posee.

Los seres humanos nos hemos empeñado en ocultar a los demás nuestra parte más sombría y eso supone una gran voluntad y coraje. Lo malo es que lo que vemos en las otras personas también está dentro de nosotros, solo que no nos damos cuenta. Otros, por el contrario, intentan mostrarse a través de la sombra sin escatimar esfuerzos para ser reconocidos mediante la parte oscura. Numerosos gobernantes manifiestan su lado más sombrío y gozan haciéndolo, y por ello son blanco de la ira de mucha gente.

Título: *Falling Down*
Otros títulos: *Un día de furia*
País: EE. UU.
Año: 1993
Director: Joel Schumacher

El mensaje: La acumulación de situaciones de estrés lleva a la explosión incontrolada. Acercarse a las profundidades del alma oscura con amor permite desactivar la espesura de dolor y evitar llegar a acciones de las que después nos podemos arrepentir.

Un hombre se encuentra sumido en distintas situaciones de estrés hasta que un buen día, cuando se encuentra en un atasco de tránsito y hace mucho calor, se le disparan todas las alertas y reacciona de forma violenta y destructiva. Las circunstancias forman el cóctel nocivo actuando como raíles o huellas de instantes de dolor. De hecho, hay un elemento que evidencia un raíl y te invito a que lo localices. Como pista, te diré que el protagonista lo ve mientras está en el coche dentro del atasco.

Título: *Carrie*
País: EE. UU.
Año: 1976
Director: Brian de Palma

El mensaje: A veces el vaso se colma con una gota que cae al final y desborda. Es conveniente aprender a vaciar y no acumular para que las reacciones violentas no nos dominen y nos amarguen la existencia.

En esta película, una joven explota después de una saturación a la que ha llegado mediante un gota a gota, un día a día de humillaciones continuas por parte de sus compañeras del instituto. Carrie White vive con una madre estricta, rígida y fanática religiosa en un mundo estrecho. Un día, cuando tiene su primera menstruación, sufre un ataque de histeria en la ducha del colegio. Posteriormente se desata la ira atrapada y contenida y tiene poderes para hacerla llegar a donde apunta.

Título: *Un monstruo de mil cabezas*
País: México
Año: 2015
Director: Rodrigo Plá

El mensaje: La desesperación, la indignación y la impotencia pueden ser la causa de unas reacciones límite que ni tan siquiera permiten una reflexión.

EL REFLEJO DE NUESTRAS EMOCIONES

Una mujer se encuentra entre la espada y la pared ante la enfermedad de su marido y la negativa de la aseguradora de realizar el tratamiento indicado. Frente a las prácticas inmorales de la compañía de seguros, se ve obligada a hacer todo lo posible por salir de la situación. Atrapada por las emociones negativas, decide sobrepasar la frontera de lo permitido llegando a impensables acciones. Prisionera del ataque emotivo, los cables saltan y pierde el control racional. Traspasados los límites solo queda hacerse cargo del daño infringido.

Título: Remember Me
Otros títulos: Recuérdame
País: EE. UU.
Año: 2010
Director: Allen Coulter

El mensaje: La adolescencia y la juventud son períodos en los que encajar las emociones puede ser difícil. La comunicación con los padres ayuda a superar y aprender de las experiencias o, por el contrario, hundirse en la miseria.

Un joven afectado por el suicidio de su hermano, el divorcio de sus progenitores y la incomunicación con el padre es incapaz de superar la dura prueba y vive al límite. Una joven podrá traerlo a tierra para que su vida recobre un sentido, si él acepta.

En síntesis, todas las acciones en la vida conllevan una responsabilidad asociada. Si se traspasa lo permitido, ya sea externo o interno, se nos alerta del error cometido. Lo aprendemos desde que nacemos, por partes, de manera que la evolución de nuestros comportamientos se integra y nuestra vida se va adaptando a la sociedad en la que nos encontramos. De niños, aprendemos lo importante que es saber cuál es la obligación consecuente a las acciones que dependen de nosotros. Podemos romper algo, pero seremos responsables de la rotura y de compensar el daño reponiendo aquello que se ha hecho mal. Toda acción tiene un adeudo. De lo contrario, sería tan fácil como hacer lo que queremos y dejar a los demás las circunstancias que de ellas se derivan. Límites con amor, pero límites. Es una fórmula de salud psíquica, sobre todo para regular la vida en sociedad.

En este sentido, las películas muestran escenas o personajes con los que tendemos a identificarnos. Al entrecruzar la historia personal y las secuencias de una película surge la defensa o el rechazo de lo que se ve, la asociación con la víctima o el victimario; con el justiciero o el enjuiciado, con el traidor o el traicionado, con el salvador o el rescatado, y así con cada espejo que nos planta la imagen, sea fílmica, teatral, en un cuadro, en una novela o ante nosotros mismos.

En las películas se proyecta la luz y la sombra, lo inhibido y lo expuesto, lo reprimido o lo liberado, lo rechazado o lo aceptado. Aunque no nos demos cuenta, todo está dentro de nosotros. Son las luces y las sombras que nos construyen y nos otorgan la autenticidad.

Ejercicio

Apunta dos o tres momentos de la vida en los que hayas sentido que actuaba la bestia negra controlada por tus emociones, en los que no era posible una respuesta intelectual.

Describe a continuación qué tipo de sensación y/o sentimiento te provocaron cuando las vivías.

Ejemplo:

SITUACIÓN	SENTIMIENTO	SENSACIONES CORPORALES
Discusión con una aseguradora por no pagar lo que corresponde.	Impotencia	Tensión muscular
	Rabia	Dolor de cabeza
	Injusticia	Ardor de estómago

SITUACIÓN	SENTIMIENTO	SENSACIONES CORPORALES

6
Cuando falta amor hacia uno mismo o hacia los demás

«No puedes vivir tu vida para complacer a los demás. La elección debe ser tuya».

Alicia en el País de las Maravillas

¿Por qué soportamos tanta insatisfacción? A menudo, la falta de amor por uno mismo es la causa de que toleremos situaciones que nos intoxican. Disimulamos el malestar cambiando de tema. Sufrimos en silencio y lloramos solo a oscuras. ¿Por qué? Puede ser que no sepamos qué camino tomar para poder salir de una existencia dolorosa o que no sea la que anhelamos, que padezcamos como si el mal nos cayera del cielo. Sin embargo, a través de las relaciones aprendemos y nos damos cuenta de cómo queremos vivir, y podríamos tomarlas como experiencias de aprendizaje que nos aporta la vida. Tal vez por este motivo no se pueden soltar hasta que la lección no finaliza, una lección que consiste en comprender que la falta de amor por sí mismo y el miedo forman el cóctel que bloquea la libertad, la paz y la armonía que se necesita para ser feliz.

Título: *Angel-A*
País: Francia
Año: 2005
Director: Luc Besson

El mensaje: A amarse a uno mismo también se aprende, aunque de adulto puede costar más. Si no hemos tenido referentes que nos enseñaran a amarnos, aún podemos encontrarlos. Todos los días tenemos una oportunidad para amarnos y amar a los demás, en lugar de alimentar relaciones que aprovechan nuestros fallos para hacerse valer y nos llevan por caminos equivocados.

Nuestro valor personal y el amor hacia uno mismo o una misma solo depende de nosotros, nada tiene que ver con bienes materiales, títulos o logros ni con otras personas. Poner el valor en lo exterior solo lleva al sufrimiento y a la dependencia emocional.

A amarse se aprende. Primero a través de los padres y luego solo estamos nosotros amándonos a nosotros mismos. Como dice Angel-A, «es difícil amarse a sí mismo cuando nadie te muestra lo que es». A lo que yo agrego: y lo que eres y puedes llegar a ser si te lo propones.

Los otros son espejos que nos muestran las propias sombras, la miseria que no hemos conseguido limpiar, las carencias o faltas que cada uno tiene. Mientras tanto, nos podemos llegar a infligir mucho dolor. Esas personas solo están ahí porque son nuestro complemento y nos transmiten un mensaje sutil que no podemos pasar por alto. Una vez captado el mensaje, se puede pasar a la siguiente etapa. Es decir que, una vez aprendida la lección, es importante darles las gracias por todo lo que nos han ayudado a comprender.

No le pidamos al exterior lo que no nos damos desde el interior.

Título: *By the Sea*
Otros títulos: *Frente al mar*
País: EE. UU.
Año: 2015
Director: Angelina Jolie

El mensaje: A menudo, vivimos situaciones cotidianas de inestabilidad emocional que hacen la vida insoportable o tenemos problemas en una relación que son un desgaste continuo, de modo que la paz y la tranquilidad resultan imposibles de conseguir. Es como vivir atrapados sin salida.

En *Frente al mar* (2015), Roland y Vanessa muestran buena parte de la lista mencionada sobre el malestar en un capítulo previo. La película pone en escena el intento de esta pareja de resolver sus conflictos viajando a un pueblo tranquilo, pero ya se sabe que los conflictos viajan con la persona y se cuelan en el equipaje. Así que viven la experiencia sin comunicación, con reproches, recriminaciones e insatisfacción. Pasan día y noche separados, sin conseguir un punto en común que les ayude a superar los dolores experimentados. Como resultado, ella cae en depresión y sufre una gran inestabilidad emocional, y él cae en el alcoholismo.

Cuando nos relacionamos desde una comunicación poco sana

También hay falta de amor cuando nos herimos unos a otros en la comunicación. Por lo general, sentimos amor incondicional por aquello que apreciamos y, sobre todo, que coincide con nuestra manera de pensar. De este modo, difícilmente lograremos empatizar con el otro. Lo decía Robert de Niro interpretando a Sam «Ace» Rothstein en *Casino* (1995), de Martin Scorsese: «Hay tres maneras de hacer las cosas: la correcta, la incorrecta y la mía».

Título: *The War of the Roses*
Otros títulos: *La guerra de los Rose*
País: EE. UU.
Año: 1989
Director: Danny de Vito

El mensaje: Dar amor cuando todo está bien es maravilloso y fácil, pero ¿qué pasa cuando la persona que tenemos enfrente ya no nos gusta tanto? No es tan sencillo, ¿verdad?

Tal como dice el abogado en *La guerra de los Rose* (1989), la vida cambia a cada momento y, cuando las cosas no funcionan como esperamos, pasamos muy rápido del amor al odio, que luego se convierte en decepción, amargura, resentimiento y dolor. Esta película está basada en hechos reales.

La guerra de los Rose (1989) cuenta la historia de una «familia perfecta» hasta que deja de serlo. Puede ser que nunca lo fuera, pero lo creyeron. Nos muestra el momento de la separación poco pacífica de un matrimonio supuestamente ideal. Tan perfecto como vacío, donde todo cabe y la comunicación es patológica. El abogado que encarna De Vito dice: «Siempre que uno cree que todo está arreglado, de repente algo se presenta y te golpea por la espalda». Por la espalda les golpeó la locura, lo absurdo e irracional, lo insensato y lo falso en pro de conseguir un resultado que es tener razón y creerse ganador o ganadora. Cuando la vida se plantea de esta forma es una lucha en la que todos pierden.

No solo entre los Rose, sino en general, los problemas surgen cuando la comunicación deja de ser sana o no hay comunicación porque se castiga al otro ignorándolo, acusándolo o enjuiciándolo. Hablar o no hablar. Escuchar o no escuchar. Ser escuchado o no ser escuchado. Lo que se dice y lo que no se dice. Lo que dicen los silencios y lo que habla el cuerpo cuando la cabeza dice otra cosa. Incongruencias. Faltas de respeto. Cuántas personas no se escuchan, se creen los poseedores de la verdad absoluta, creen que el otro ha de adivinar lo que desea, en lugar de pedirle algo concreto. Se concibe la vida mediante un mapa mental y ese, para más inri, es el propio, por lo que cualquier cosa diferente es tachada, menospreciada o arrinconada. Cuántos se atacan, insultan, menosprecian, humillan, denigran, alzan la voz, amenazan e ignoran, pero siguen juntos, como si desprenderse del otro fuera hundirse en el lodo. Podemos llegar a imaginar el nivel de estrés que existe en un espacio comunicacional de este estilo. Cuánto estrés ante cada palabra. En *La guerra de los Rose* (1989) hay violencia de todo tipo con intención de hacer daño, por parte de ambos personajes. La historia la escribió Warren Adler y está basada en un hecho real ocurrido entre William y Eleanor Rose en Estados Unidos en los años cincuenta del siglo pasado. Excesos, absurdos del ser humano, desconcierto y fatal egoísmo en unos padres que miran más lo material que el bienestar de la familia, el personal y el de sus propios hijos.

Una frase que nos puede ayudar a plantearnos si queremos seguir con la guerra activa es: «¿Qué prefieres, tener razón o ser feliz?». Hay quien responde que quiere todo, y continuará creyendo que la vida está hecha de perdedores y ganadores y no de seres humanos, cada uno con una herida de niño aún abierta. Al ego no le gusta perder. ¡No puede perder porque sufre! Pero no estamos para ganar o perder sino para vivir en armonía y conseguir ese maravilloso objetivo final que es la felicidad.

En este sentido, podríamos decir que la salud física y la mental son «las delatoras» de cómo estamos funcionando en la vida. El cuerpo es el mejor calibrador para saber cómo nos sentimos y si hay o no coherencia en nuestra vida.

Escuchar al cuerpo es valorar su sabiduría innata.

Ejercicio

Escribir es una terapia maravillosa que permite descargar tensiones acumuladas o cosas no dichas que se quedan enquistadas en el cuerpo. Soltar lastre facilita ver las cosas de otra manera. A menudo una charla hace que la persona vea todo desde otras perspectivas, cegada hasta que lo traslada al exterior.

Te propongo que te transformes en guionista, en el escritor de tu propia vida.

1. Comienza por localizar dos o tres historias que hayas vivido, vinculadas a uno de estos temas:

    ✓ Violencia verbal.
    ✓ Burlas, sátiras, sarcasmos, impertinencias.
    ✓ Mentiras, falsedad.
    ✓ Menosprecio, degradación, menoscabo y desvalorización.
    ✓ Engaños, enredos, embustes.
    ✓ Chismes, calumnias.

2. Escribe lo que pasó como si fuera una película y aclara cómo lo has vivido e interpretado.
3. Escribe qué sientes ahora mientras lo escribes y vuelve a hacer tu interpretación.

7
Los programas iniciales biográficos o prebiográficos: las heridas del alma

«Todo lo que reprimimos nos debilita hasta el momento en que descubrimos que también constituye una parte de nosotros mismos».

ROBERT FROST

En la primera parte del libro vimos lo que es un conflicto biológico, lo que ocurre en el momento en que se produce, las reacciones consecuentes al *shock* a distintos niveles, desde lo intelectual a lo emocional y corporal, y por qué nos pasa que nos quedamos atascados en el dolor. Ahora veremos los programas que han guiado la vida basados en aprendizajes iniciales y las adaptaciones que realizamos, que hoy creemos que son el timón cuando en realidad lo podemos cambiar por un nuevo sistema de conducción.

¿Hay algo que dirige nuestra vida? ¿Por qué hay repeticiones imparables de situaciones que no queremos vivir? ¿Cómo es que el piloto automático tiene más fuerza que la voluntad de cambio? ¿Qué hace que no podamos vivir lo que realmente deseamos? Hay momentos en los que vivimos lo que no queremos vivir y no vivimos lo que sí queremos vivir. ¡Qué contradicción imparable! Vidas enteras con los mismos conflictos o con la misma piedra delante. Nada original. Eso que hace que los resultados no sean los anhelados son las situaciones llamadas conflictos programantes.

Podemos usar una metáfora para entender qué son los programas iniciales y cómo funcionan. Tenemos que ver la vida como una película en la que se grabó una parte en una serie de fotogramas que a continuación se repiten a lo largo de toda la existencia. A veces, los fotogramas varían ligeramente y es porque se ha usado otro mecanismo, sea este la adaptación o incluso el *sistema de más o de menos* llamado compensación.

Por lo general, hay algunos temas que nos influyen más que otros y eso, a mi parecer, depende de lo que tengamos que trabajar en esta existencia. Los mecanismos usados para sobrevivir seguirán activos hasta que dejen de tener la luz suficiente sobre la forma de vivir los hechos negativos de la vida y se haya evacuado del cuerpo el programa inicial.

Modificar la emoción asociada a los recuerdos permite poner en marcha mecanismos distintos y cambiar los circuitos cerebrales de respuesta. La repetición refuerza las mismas pistas cerebrales y crea más conexiones neuronales. Si esos circuitos de pensamiento son nocivos y no dan margen para moverse en otras formas de acción, el refuerzo hará que continuemos viviendo más de lo mismo y de la misma manera. Se hace necesario un cambio. Iluminar ahí donde se necesita claridad, soltar y dejar ir para que todo fluya. Ser creativos para ser poderosos constructores o reconstructores del propio relato.

Creatividad es lo que hay en el diálogo de la película mexicana *No se aceptan devoluciones* (2013):

—Mis amigos dicen que mi mamá es como Santa Claus.
—¿Panzona y barbuda?
—No, pa, lo dicen porque nunca la he visto.

La creatividad en la vida hace referencia a todo aquello que te sorprende y te desajusta de lo repetitivo haciéndote la propuesta de que algo nuevo puede surgir.

EL REFLEJO DE NUESTRAS EMOCIONES

¿Cómo se inician los programas?

Los programas se inician con un *shock* o conflicto biológico o situación inesperada y dramática que no se ha podido expresar y que ha dejado una fragilidad en la personalidad. La primera vez que ocurre el *shock* no aparecen síntomas, pero cuando se repiten los conflictos de la misma tonalidad la enfermedad, el síntoma o el bloqueo aparecen. A los siguientes conflictos los llamamos desencadenantes. Por lo general, si miramos nuestra infancia y recorremos la vida hacia atrás, viendo el nacimiento, el embarazo, la concepción y la vida de nuestros antepasados, ya hallaremos pistas suficientes de cada tipo de conflicto programante. Por ejemplo, casi todos al nacer vivimos una primera separación de mamá o agresión si nos dieron un toque o nos colocaron en algo molesto. Es casi seguro que nuestra madre durante el embarazo hubiera tenido algún problema que, aunque mínimo, produce una disminución de la sangre que le llega al bebé a través del cordón umbilical. La forma de vivir esa falta hará que el bebé reaccione con algún síntoma. No nos podemos sustraer a las vivencias y menos a los dolores que estas puedan acarrear. Siempre hubo una primera vez de todo lo que nos pudo doler, pero también aparecieron las soluciones ganadoras para traspasar esos instantes.

Mecanismos adaptativos a los conflictos programantes

La psique puede desembarazarse de estas tensiones de muchas maneras, como, por ejemplo: el trabajo, las aficiones, la forma del cuerpo, la vestimenta, las costumbres, los deportes, la pareja, los hijos, la alimentación, los problemas (escolares, laborales, sociales), los accidentes (tipo y consecuencia) o la forma de morir, además de la enfermedad física o psíquica. También se puede seguir la pista de cómo habla la persona (comportamiento verbal y no verbal), cómo se mueve, las expresiones y los movimientos estereotipados y otras acciones. Todo habla y el cuerpo nunca calla. Es una fuente magnífica de expresión. ¡Y eso es maravilloso! El cuerpo actúa como una caja negra que registra todos los eventos positivos o negativos, ya que ambos nos serán útiles para poder sobrevivir.

Pero veamos con un ejemplo cómo las personas nos adaptamos en la vida a nuestra actividad conflictual. Tomo el caso de una persona que en su infancia vivió experiencias de menosprecio, tanto por los padres como por otras personas, que le hicieron sentir que no valía nada, que no era capaz de conseguir buenos resultados, que no llegaba al rendimiento esperado. Sumemos a esto las experiencias de agresión, como insultos tipo: inútil, imbécil, idiota, incapaz. El resultado será una posible programación de ambos conflictos: desvalorización y agresión.

En las siguientes películas o series encontramos tipos de vivencias adaptados a un dolor o trauma previo:

Enfermedad del sistema musculoesquelético, sangre o grasa, todo ello vinculado a la desvalorización en la película *Love Story* (1970).

Enfermedad de la dermis, vinculada a la agresión en *Una pastelería en Tokio* (2015).

Forma del cuerpo: pequeño (ventaja para esconderse): *Angel-A* (2005), o muy corpulento (ventaja para impresionar al otro): *Handia* (2017).

Contextura: sobrepeso en *Mis tardes con Margueritte* (2010), o delgadez extrema en *To the Bone* (2017).

Trastorno psíquico: megalomanía o revalorizarse a costa de los demás: *Alejandro Magno* (2004), *Espartaco* (1960), *Cleopatra* (1963); mitomanía o mentir para ocultar quién se es y hacer creer al otro lo que no se es: *Big Fish* (2003), *Taxi Driver* (1976).

Comportamiento por repetición: agredir y desvalorizar a otros o hacerlo con uno mismo, adaptarse con sumisión o compensar sintiéndose grandioso: *Julio César* (1953).

Deportes: individuales (agresión) con la intención de ganar y exhibirse, si predomina el conflicto de desvalorización; maratón, triatlón, bicicleta, motociclismo, piruetas: *Juego de honor* (2005).

Aficiones: con pocas personas o en solitario como dominó, juego de cartas, jardinería: *Rain Man* (1988).

Profesión: maestro, profesor o actividades en solitario como transportista o conductor: *Rita* (2012*)*, *Merlín* (2015-2018).

Nombres de los hijos: Máximo, Maximiliano, Victoria, Alejandro, Enrique, Leonardo, Roque, Julio César: *Gladiator* (2000).

Coleccionismo: grandes figuras, grandes gestas, dioses, titanes, esculturas, personajes grandiosos: *Copying Beethoven* (2006), *Bajo la misma estrella* (2014).

Literatura: biografía de colosos o de personas que han conseguido logros en la vida, o estudio de mitos (mitografía): *Hércules* (2014), *Furia de Titanes* (2010).

Las vivencias de la infancia hacen que normalicemos situaciones anómalas o de dolor y las continuemos viviendo de adultos sin reflexionar acerca de si podemos o queremos cambiar.

Hay un cuento de Bert Hellinger[6], *La ceguera*, que dice así:

> Había una vez un oso polar al que llevaban de acá para allá en un circo. No lo necesitaban para las funciones, sino solo para exponerlo. Por eso siempre estaba en su jaula. Era tan estrecha que solo podía dar dos pasos hacia delante y otros dos pasos hacia atrás. Al cabo de un tiempo, el oso les dio pena y se dijeron: «Ahora lo venderemos a un zoológico». Allí tenía mucho espacio libre, pero aun así solo daba dos pasos hacia delante y dos pasos hacia atrás. Entonces otro oso le preguntó: «Pero ¿por qué haces eso?». Y él respondió: «Por haber pasado tanto tiempo en una jaula».

Me pregunto qué es lo que hace que una persona soporte situaciones desgastantes día tras día. ¿El temor? ¿Las heridas primarias?

---

[6] Hellinger, B. (2012).

¿El guion que asumimos para esta existencia? ¿Todo? Creo que las heridas primarias de la infancia y el miedo que provoca volver a vivirlas hacen que aferrarse a un clavo caliente sea mejor que nada. Y es ahí cuando nos quemamos en las relaciones y empezamos a sentir que no vamos ajustados con la vida.

En *Mis tardes con Margeritte* (2010) se resume una gran parte de lo descrito en el párrafo anterior. Germain, único hijo de una madre soltera, es un hombre maduro con sobrepeso que vive en una caravana en el jardín de la casa de su madre. Allí cultiva un huerto del que saca algo para cubrir sus gastos. Su vida transcurre entre el huerto y el bar, pasando por los insultos y agravios de su madre. En ese recorrido, a veces se sienta en el banco de un parque y es ahí donde conoce a Margueritte, quien le hace descubrir nuevas posibilidades a través de la lectura y de las palabras. Es un momento de cambio en su vida que le lleva a tener una nueva relación consigo mismo, con los demás y con el mundo.

Título: *La tête en friche*
Otros títulos: *Mis tardes con Margueritte*
País: Francia
Año: 2010
Director: Jean Becker

El mensaje: Puede llegar a ser tan normal sentirse mal o completamente tonto e incapaz, vivir acostumbrado a la exclusión, el menosprecio, las burlas y los insultos, que ni siquiera aceptemos algo distinto. Una muestra de respeto y cariño puede hacernos sentir muy extraños, nos sorprende que alguien intente manifestar algo diferente a nuestra costumbre. Sin embargo, es entonces el momento de cambiar de creencia y empezar a valorarse.

Germain (Gerard Depardieu) es un cincuentón obeso y casi analfabeto, que creció con la idea de que era un niño que no valía para nada, incluso su madre lo despreciaba. Él no merecía la más mínima consideración por parte de los demás, hasta que, en el banco de un parque que frecuentaba, conoce a Margueritte (Gisèle Casadesus), una anciana muy culta que le descubre el universo de los libros y las palabras, y con la que entabla amistad. Margueritte le dice: «Soy fruto de una historia de amor. ¡Como todo el mundo!», a lo que Germain le responde: «No, no como todo el mundo…». La anciana le motiva a aprender, y lo hace valorando y activando en él la ilusión. Desde entonces, su relación con los demás y consigo mismo cambia sensiblemente.

Existen experiencias de todo tipo y de todos los colores. Unas debilitan y otras refuerzan, pero lo que está claro es que todas nos construyen. Hacen de nosotros la auténtica maravilla que somos. La perfección de la vida manifestada a través de cada ser humano y de sus acciones. Un refuerzo positivo es el cariño de los padres ofrecido a los hijos de distintas formas.

Por ejemplo, en otra película, *Ratatouille* (2007), vemos a una madre que le sirve a su hijo un plato de ratatouille, una comida preparada con ricas verduras, y que el niño Anton saborea, quedando impregnada en su memoria igual que lo hacen los recuerdos menos agradables. Todo se registra. Un recuerdo negativo deja una huella debilitante y un recuerdo positivo deja una huella fortalecedora. La vida que escoge el crítico de cocina Anton Ego le lleva a repetir los buenos instantes de la cocina hogareña, así como, muy probablemente, otros que no le serán tan agradables. En la película *Ratatouille* (2007) queda registrada y expuesta en una maravillosa imagen en cámara lenta la unión del recuerdo feliz de su infancia con ese instante presente mientras disfruta de los sabores, olores y texturas de una comida tan familiar.

¿Cómo superar el trauma y convertirse en un bello cisne sabiendo que hubo un pasado de patito feo?

El Dr. Boris Cyrulnik[7] explica que la historia es fija, ya que no existe reversibilidad posible después de un trauma; lo que hay es una perentoria obligación de metamorfosis.

La historia es la que es y no la podemos cambiar, pero la podemos mirar de otra manera.

El Dr. Cyrulnik ha desarrollado ampliamente la noción de resiliencia, un concepto que explica a través de una metáfora. Lo compara con un jersey de lana que hemos ido tejiendo sin saberlo a lo largo de nuestro pasado. Cada hebra que lo conforma y lo define es una emoción, un pensamiento, una conducta positiva y valiente que nos ha permitido ser personas más fuertes. A la cicatrización de la herida real se añadirá la metamorfosis de la representación de la herida. Pero lo que va a costarle mucho tiempo comprender al patito feo es el hecho de que la cicatriz nunca será segura. Es una brecha en el desarrollo de su personalidad, un punto débil que siempre puede reabrirse con los golpes que la fortuna decida propinar. Esta grieta obliga al patito feo a trabajar incesantemente en su interminable metamorfosis.

Solo entonces podrá llevar una existencia de cisne, bella y sin embargo frágil, pues jamás podrá olvidar su pasado de patito feo. No obstante, una vez convertido en cisne, podrá pensar en ese pasado de un modo que le resulte soportable. La metáfora del tejido de la resiliencia permite dar una imagen del proceso de la reconstrucción de uno mismo. Sin embargo, una herida precoz o una grave conmoción emocional dejan una huella cerebral y afectiva que permanece oculta tras la reanudación del desarrollo. El jersey así tejido adolecerá de la

---

[7] Cyrulnik, B. (2009).

falta de un pespunte o presentará una urdimbre particular que desviará la continuación del tejido. Podrá volver a ser hermoso y cálido, pero será diferente. El trastorno puede repararse, a veces incluso de forma ventajosa, pero no es reversible.

Título: *Electricity*
País: Reino Unido
Año: 2014
Director: Bryn Higgins

El mensaje: La lucha personal de unir los fragmentos e intentar entenderlos da sus frutos. Es como si en el puzle de nuestra vida las piezas que faltan tuvieran que ser comprendidas para luego recolocarlas ahí donde falta una parte.

Lilly es la protagonista de la película *Electricity* (2014). Es una joven que desde los dos años sufre de epilepsia de manera continua, a pesar de todas las medicaciones que ha recibido. En cada crisis, se le presenta la imagen de un momento traumático que vivió de bebé en el que su madre la tiró escaleras abajo. Ese fotograma le recuerda el dolor emocional, las vivencias de pánico, el terror, la imposibilidad de moverse y la confusión vivida. Una y otra vez el fragmento roto de su vida aparece junto a otras imágenes dolorosas de su infancia. ¿Cómo consigue sanar esas heridas? Usando su vida como modo de expresión. Por un lado, trabaja en un sitio de juegos (todo lo que no hizo en su infancia), con un jefe que le da la seguridad y protección parentales (una protección que no tuvo: ausencia de padre, madre depresiva y ausente), diseñando y dibujando en su casa los mensajes de seguridad y referencia para poder estabilizarse y descargando la tensión acumulada mediante la enfermedad que la lleva a moverse y gritar. ¿Qué ha usado? Los mecanismos de resiliencia que tenía a disposición y que le han permitido llevar una vida digna, acompañados de repeticiones, compensaciones y adaptaciones. Seguramente han sido aderezados con una ligera pero creciente autoestima, una fuerte esperanza que se le quiebra de tanto en tanto y un profundo amor a la vida sintetizado en su hermano pequeño Michael. El tiempo no borrará los dolores del pasado, pero la harán una persona más amorosa, comprensiva y adulta. Una mujer valiente y responsable de su vida que sale del pasado para vivir el presente.

En este sentido, Boris Cyrulnik[8] menciona en *Los patitos feos* que «la adquisición de ese comportamiento de seducción, testigo precoz de un estilo de relación y de una forma de resolver los conflictos, constituye sin duda uno de los principales factores de resiliencia». Todos los que han sido heridos durante la infancia se asombran, al llegar a la edad adulta, del número de manos tendidas que lograron encontrar. ¿Pudo ocurrir que los adultos se sintieran encantados de tender la mano... a esos niños en concreto?

Muchas de las personas que han sufrido en su infancia han localizado de forma natural otros canales de amor y de fuerza para continuar, aunque no entiendan bien cómo ocurrió. Lilly fue una de ellas. Recibe amor, ayuda y comprensión de manera incondicional o, lo que es lo mismo, fuerza para la vida.

Título: *Second Best*
Otros títulos: *Difícil elección*
País: Reino Unido
Año: 1993
Director: Chris Menges

El mensaje: En nuestras experiencias tempranas se han programado muchas situaciones que son como piedras y a menudo sentimos que no las podemos mover de delante de nosotros. Vuelven

---

[8] Cyrulnik, B. (2009).

a colocarse en el mismo lugar y solo vemos eso. Recordemos que nos podemos dar una segunda oportunidad para salir del atolladero o del pozo en el medio del bosque.

Esta película cuenta la historia de James, un niño de diez años que desde los dos vive en un orfanato después de que su madre se suicidara y su padre fuera detenido y encarcelado. Antes de que esto ocurriera, él le llevó a vivir a un bosque y le enseñó a esconderse en hoyos y a taparse con hojas y ramas. Todo ello refleja un catálogo de experiencias traumáticas y al mismo tiempo de supervivencia. Son esos instantes que han quedado bloqueados en el niño los que vuelven a él para invadirle cuando se encuentra en situaciones que le generan ansiedad. El estrés postraumático regresa con síntomas como *flashbacks*, con el sentimiento de revivirlos con ataques de ira, reacciones violentas, sensación de soledad, dificultad para dormir, tristeza y culpa.

Cuando Graham Holt, un hombre soltero de 47 años, muy tímido, que ha vivido siempre con sus padres y tiene un pequeño comercio donde, entre otras cosas, hace de jefe de correos de un pequeño pueblo de Gales llamado Warwickshire, ve unas fotos de James, decide adoptarlo y así cumplir con su mayor deseo: ser padre. Como otros niños adoptivos, James pasa por tensiones y vaivenes, entre la confianza y la desconfianza, entre la entrega y el desapego, entre la seguridad y la incertidumbre, y vigila celosamente a Graham, poniéndole a prueba con el objetivo de cerciorarse de que no le abandonará y será querido para siempre.

La capacidad de amor de Graham, su paciencia, su saber cuidar de los otros y de poner límites razonables es lo que permite que puedan conectar con lo más auténtico de cada uno más allá del dolor y de las vicisitudes. Ambos van viendo cómo encajar sus memorias de dolor, aprenden juntos y llegan a entenderse, y eso genera una relación de confianza y cariño a pesar de que el camino es difícil y doloroso. Solo el afecto puede reparar los daños sufridos, y ambos tendrán algo que ninguno tuvo en su vida: una relación genuina. Pero la sorpresa surge cuando se presenta el padre biológico de James en la casa de Graham. A pesar de todo lo vivido, padre adoptivo e hijo aprovecharán para dar y recibir amor. Nunca sobra y a menudo falta.

En esta película se comprueba que las heridas primarias de la infancia se forman a partir de las primeras experiencias vividas con nuestros padres, tutores, familiares, maestros o modelos que hayamos tomado como referentes. Cabe decir que esas heridas que lleva nuestra alma están vigentes, aunque los años hayan pasado, y se reactivan casi instantáneamente cuando la persona se expone a situaciones similares. Han pasado a constituir huellas o zonas frágiles de nuestra consciencia, como hoyos en los que se cae si se va distraído. Abandono, separación, agresión, rechazo, exclusión, traición, injusticia, culpa, desvalorización, humillación o pérdidas son algunas de las brechas internas que intentamos reparar poniendo una tirita. Cuando la tirita se despega, vuelve a quedar al descubierto el círculo infernal de dolor. Como dice Mafalda, protagonista de las viñetas de Quino: «¿Y cómo hace uno para pegarse esta tirita en el alma?».

Alguna fragilidad se inicia muy temprano en la vida de la persona, en el instante mismo de la concepción o a los pocos días de embarazo, cuando los padres se enteran de que van a serlo. Al ser concebido el embrión, más tarde feto y luego niño, se sumerge en una burbuja que le va modelando a nivel relacional y afectivo. Así, las relaciones parentales tejen el vínculo y construyen o destruyen la capacidad de asimilar el mundo y de instalarse en él de forma sana, así como la capacidad de resiliencia, de la que habla Boris Cyrulnik. Ejemplo de ello son algunas de las siguientes respuestas conductuales.

Puede darse el caso de que unos padres se den cuenta de que están embarazados y hablen con su bebé para decirle lo felices que se

EL REFLEJO DE NUESTRAS EMOCIONES

encuentran. También puede ser que los padres, al darse cuenta, sufran porque no se sienten seguros de poder llevar adelante una vida más. Otro caso puede ser la respuesta de una madre que acusa al padre de «dejarla» embarazada, o viceversa, y que entren en una lucha con el niño «objeto de sus dramas», acusación que lleva el niño toda su vida colgada a sus espaldas. Unos padres pueden decidir deshacerse del bebé en cuanto nazca, mientras que otros lo tienen solo porque la culpa les impide otra acción, pero le acusan toda su vida de sus desgracias.

Hay muchas otras variantes, pero está claro que el tipo de vínculo afectivo y de sostén desde antes de nacer conforma parte de los programas que estructuran nuestra vida.

Juno (2007), una película norteamericana dirigida por Jason Reitman, nos transmite lo siguiente: más allá de poder criar a nuestros hijos o no, somos responsables de su mejor existencia.

Con 16 años, Juno decide experimentar con el sexo y se queda embarazada. No quiere abortar y decide dar el bebé en adopción, por lo que comienza un proceso de selección de padres. Será muy exigente con sus condiciones para ceder a su hijo porque, a pesar de su juventud, sabe naturalmente cuán importante es el lazo afectivo que se teje entre los padres y el niño.

¿Qué pasa cuando el vínculo no se puede consolidar por falta de apoyo de los padres o ausencia de estos? Que los niños crecen inseguros, con traumas, con una vida llena de obstáculos, con infelicidad, etc. Otras veces los bloqueos vienen dados por peticiones parentales explícitas o implícitas que los hijos no pueden dejar de cumplir.

Título: *Balada triste de trompeta*
País: España
Año: 2010
Director: Álex de la Iglesia

El mensaje: Hay experiencias en las que ha habido de todo, negativo y positivo. Yo diría de todo lo necesario para aprender en esta vida.

Balada triste de trompeta (2010) es una comedia dramática que presenta el dolor de los personajes en dos momentos históricos, 1937 y 1987. Para Javier, el payaso triste, el primer impacto fue la muerte de su madre en su nacimiento; el segundo, el reclutamiento de su padre delante de él, algo que lo deja paralizado (*bioshock* con inhibición de la acción): la captura y muerte de su padre a manos de las fuerzas franquistas. El mensaje de su padre antes de ser fusilado, algo que le entregó como un mandato, fue otro *shock* para Javier, quien siente que no será querido si cumple esa orden:

—¿Qué quieres ser de mayor?
—¿Por qué me preguntas eso?
—¿Quieres ser payaso?
—¡Pues claro! Como tú, como el abuelo, como todos...
—¿Un payaso tonto?
—Sí. El que hace reír a los niños.
—No. Es mejor que seas payaso triste.
—¿Por qué?
—Porque has sufrido demasiado. Hijo, tú nunca vas a tener gracia. Nunca has sido niño. Desde pequeño te has enfrentado con la muerte. Tendrás que ser el payaso triste.

Como despedida, su padre le dice:

—Hay una manera de ser feliz. Burlarse del destino.
—¿Cómo? ¿Qué puedo hacer?
—¡Venganza! Alivia tu dolor con la venganza. Recuerda quién es tu padre. Recuerda tu destino. Solo hay una manera de ser feliz.

Y lo intenta hasta el final, porque las palabras pesan.

Después de los impactos, solo queda la locura, junto al intento desesperado de que alguien de quien se enamora le dé el lugar que él necesita y lo salve.

En resumen, los eventos programantes son una marca debilitante en el camino de la vida. No constituyen por sí mismos un síntoma, pero están almacenados en el inconsciente e irrumpen ante una vivencia similar, recordando que en el pasado el dolor quedó anquilosado.

Ejercicio

Continuando con el trabajo de escritura, te invito a que describas un evento de carga negativa y otro de carga positiva que hayan ocurrido en tu infancia (desde tu nacimiento hasta los doce años máximo) y descubras qué es lo que el evento te permitió aprender. De todas las experiencias podemos extraer una lección.

Tras este primer paso, observa que ese evento te permitió alejarte de lo negativo y/o acercarte a lo positivo. ¿Cuál fue tu estrategia ante lo que te tocaba vivir?

Cuando realices el ejercicio, observa las sensaciones corporales que aparecen y, cuando estas irrumpan en tu interior, cierra los ojos y siente.

¡Sentir es un milagro y los milagros son posibles!

8
Cuando la experiencia vital temprana deja heridas abiertas. Distintas situaciones programantes

«Yo doy fe de que no hay heridas que no se puedan cicatrizar lentamente con amor».

INGE BRETHERTON

Los eventos programantes se pueden vivir en distintos momentos de nuestra biografía. Se pueden instalar en la infancia, el nacimiento, el embarazo, la concepción o aun haberse grabado en la vida de nuestros ancestros. Veamos su impacto en las distintas etapas de la vida. Hay toda una colección de registros que, según el tono con el que se vivan, darán diferentes tipos de síntomas.

Cada herida primaria se relaciona con una manera concreta de vivir el trauma y con un órgano específico. Por ejemplo, la soledad y el abandono influirán con mayor frecuencia en órganos que permiten la supervivencia, mientras que la separación y los miedos lo harán en órganos de la relación o la comunicación.

El rechazo

El rechazo es una de las primeras situaciones impregnadas de negatividad que vivimos. ¿Qué puede sentir un embrión que se acaba de instalar en un útero cuando sus padres deciden que no es el momento de traer un nuevo ser a la vida? Como mínimo, una descarga emocional y el desconcierto de dos órdenes contradictorias: «ven a la vida» y «no vengas».

Los motivos por los que una madre, un padre, los abuelos o la sociedad están en contra de llevar adelante un embarazo pueden ser muy diversos. Los futuros padres podrían preocuparse por temas económicos y sociales, por el desfase temporal, porque son muy jóvenes, porque están estudiando, por temas de salud, por miedo a la reacción de sus padres, etc. Una reacción probable al darse cuenta del embarazo es pensar y/o realizar un aborto. Daniel Meurois[9] dice que el alma de cualquier ser humano escoge a los padres más adecuados y está en la tierra el tiempo exacto que necesita para experimentar su misión de vida.

Esta idea está muy bien plasmada en películas como *Philomena* (2013), *Secretos y mentiras* (1996) y *Steve Jobs* (2015). La sociedad en general rechaza los embarazos fruto de violaciones y/o incestos. Es el caso que ocurrió en Austria, conocido como «caso Fritzl», que nos provocó estupor al enterarnos del horror pasado por una joven que durante veinticuatro años estuvo encerrada en el zulo de la casa familiar de la localidad austríaca de Amstetten. Josef Fritzl engendró con su hija siete hijos de los que sobrevivieron seis. Esta historia está recogida en el documental *Josef Fritzl: Historia de un monstruo* (2010).

En la película *La habitación* (2015), el drama está narrado desde los ojos de un niño, Jack, que es fruto de la violación de un secuestrador que mantiene a su madre encerrada en una habitación del tamaño de un contenedor. Aquí no hay rechazo por parte de la madre sino un profundo amor hacia su hijo, ya que es lo único que le permite mantenerse enganchada a la vida.

El comportamiento huidizo nos evita la exposición a situaciones similares. La persona que ha sentido rechazo se autorrechaza,

---

[9] Meurois-Givaudan, D. (2003).

rechaza a sus padres o a cualquier persona que se le acerca por miedo a volver a repetir el dolor primario. Piensa y siente que no será aceptado, cree que no será deseado, que le dejarán de lado y que no merece el afecto o la comprensión y/o aceptación humana. Otro patrón es que genera conductas destructivas de daño o rechazo hacia sí mismo y hacia los otros, o se crea un mundo imaginario donde sobrevivir. Físicamente, esta herida se puede manifestar en la piel, la sangre, el sistema inmunitario, los ojos o el crecimiento. Por ejemplo, para evitar ser visto, el tamaño de la persona será pequeño.

Tenemos que hablar de Kevin (2011) es un drama familiar que sirve de ejemplo de cómo un niño rechazado puede llegar a un extremo de destrucción. Un ligero mensaje de optimismo aparece hacia el final de la película con el reencuentro de la madre con el hijo, aunque el dolor sea inevitable.

En *Wonder* (2017), el rechazo proviene de una diferencia física. Auggie tiene una malformación genética que le ha llevado a pasar por quirófano 27 veces para poder oír, ver, respirar y comer. Iniciar la escuela lo expone a la mirada de los otros, una mirada que no siempre es compasiva. Se trata de toda una lección de superación personal, maternal, familiar y grupal.

Billy Eliot: Quiero bailar (2000) muestra el rechazo que vive un niño por no seguir con el plan de su padre viudo. Billy Elliot tiene once años, ama la danza y no desea trabajar en minas o en boxeo. Lo dará todo para conseguir su objetivo y ser aceptado como es.

La agresión

La agresión puede ser física, psíquica, emocional, ideológica, tácita o implícita. Puede adoptar diversas formas como la indiferencia, el silencio, el aislamiento, el maltrato, la violencia, la crítica sarcástica o continua, el boicot, los insultos, la culpabilización, la manipulación o cualquier forma de abuso de poder.

El resultado de percibirse agredido puede ser la autoculpabilización, el autocastigo, el alejamiento de las personas para evitar nuevas agresiones, el retraimiento o la búsqueda inconsciente de personas que puedan lastimar, relaciones obsesivas o conductas destructivas mediante sustancias tóxicas, físicas o comportamientos tóxicos gratificantes con resultado de problemas físicos. También la sumisión y bondad completa sirven como estrategia para evitar ser dañado. En su forma psíquica, la persona desconecta totalmente de la realidad y el vacío emocional se convierte en una conducta de salvación.

El silencio de los corderos (1991) está protagonizada por Hannibal Lecter, una persona que, más allá de valoraciones morales, está enferma de un trastorno llamado vacío o aislamiento emocional. Narra el asesinato de sus padres, de su tutor, la violación, asesinato y canibalización de su hermana pequeña por parte de los soldados, además de la tragedia de la guerra que le recluye en un hogar de niños sin comida, donde se salva el que mejor puede. La historia primero le lleva a París y luego viaja a Estados Unidos. Es una muestra clara de cómo un monstruo ha sido construido por su historia.

En este patrón encontramos síntomas físicos en la dermis, los lipomas o el sobrepeso. Acumular grasa sirve para protegerse de los golpes físicos o morales.

La agresión e intimidación física, sexual, psíquica, espiritual y moral era la base de sistemas de educación de otros tiempos, aunque también aparecen hoy en día. *La cinta blanca* (2009) es un claro ejemplo de una forma de educación y el resultado de ella.

Otra película que muestra un sistema altamente agresivo es *Los niños de San Judas* (2003), que describe lo que se vivió en el reformatorio católico de San Judas en Irlanda hasta la llegada de un profesor con opiniones distintas al hermano John, quien encabeza y promueve la violencia como método de cambio de los alumnos. Es una película basada en una dura historia real ambientada en 1939 y que afectó a los niños hasta extremos insospechados. Es una denuncia de hechos de fuerte agresión y violencia que aún sigue pasando en otros rincones del mundo.

Las hermanas de la Magdalena (2002) tiene un guion basado en hechos reales que denuncia la «domesticación» de jóvenes, hechos que también ocurrieron en Irlanda. La historia comienza en 1963, cuando tres jóvenes ingresan en un internado dirigido por la hermana Bridget, quien, ayudada por otras monjas, usa el castigo físico y psicológico, e incluso se produce el abuso sexual por parte de un cura a una joven con retraso mental.

En *Cisne negro* (2010) se observa la tensión a la que se somete una persona, algo que la lleva a un estrés máximo con agotamiento nervioso e imposibilidad de distinguir lo real de la ficción. Nina es brillante en lo suyo, el *ballet,* pero vive sometida a la presión y agresión de su madre, del director y a la rivalidad y celos de su compañera. Emerge en ella un trastorno como la anorexia nerviosa, y cuando la esquizofrenia se acerca ya no puede escapar.

Mudbound (2017) es una película donde abunda la tragedia racial: el drama de ser de piel negra, campesino en una zona rural de Misisipi, en Estados Unidos, al final de la Segunda Guerra Mundial. Blancos que se aprovechan, el desprecio, el racismo y la agresión por parte de quien tiene otro origen, el maltrato para implantar la supremacía del blanco, en un paralelismo de historias muy similares de familias que luchan por la supervivencia y en donde solo cambia el nivel de crueldad de un lado u otro, pero también el de la bondad.

El abandono

Abandono implica soledad y la sensación de que no hay referentes para construirse uno mismo de forma estable. El abandono es real cuando los padres no pueden o no quieren ocuparse del niño. Es afectivo cuando están presentes pero lo ignoran y le transmiten la sensación de no pertenecer a nadie ni poseer nada. ¿Quién soy si no pertenezco a nadie?

Quien ha vivido la situación de abandono tiende a repetir o a compensar. Repetir es abandonar a las personas con las que establece lazos relacionales, los proyectos que inicia o los trabajos, por ejemplo. A veces supone abandonar antes de ser abandonado (por miedo al compromiso o por miedo al abandono), y en otras ocasiones es acercarse de forma compulsiva a la soledad para sentir lo conocido. «No soportaré que no estés por mí. Prefiero estar solo/a», «si te marchas, mejor no vuelvas», «si te vas, me muero», «solo/a se vive mejor» son frases que denotan la huella programante del abandono. Asimismo, podemos encontrar otras formas, como cuando se busca llenarse de los otros, donde la gran contracara del abandono es la dependencia. Se genera una dependencia emocional con el exterior, sea esta una persona, varias, un objeto, una actividad, etc. Por ejemplo, si alguien siente abandono por parte de otro, le escribirá o llamará a menudo para sentir que aún hay un contacto. Encontramos órganos biológicos diana del abandono: el riñón, el corazón o la grasa suelen ser los puntos físicos frágiles en estas conductas.

Una sabia frase de C. G. Jung dice lo siguiente: «No retengas a quien se aleja de ti, porque así no llegará quien desea acercarse». Una persona que ha sentido el abandono necesita primero sanar la herida y revisar su trauma antes de poder llegar a aplicar esta frase.

Incomprendida (2014) es una película que aborda el abandono en la infancia y la indiferencia familiar. En la familia de la protagonista, cada miembro mira por sí mismo y Aria no es mirada por nadie. Es una familia sostenida sobre la agresión de los padres, que finalmente se separan. Aria es una niña de nueve años que siente que nadie la quiere. Está en medio de las peleas, es dejada de lado por sus hermanastras, la tratan de rara en el colegio y es humillada por los amantes de su madre. Deambula por las calles con su bolso y su gato negro. Una niña desesperada que pone fin al dolor que le supone sentirse incomprendida.

EL REFLEJO DE NUESTRAS EMOCIONES

Más sobre el tema aparece en *Matilda* (1996), en la que una niña prodigio «ignorada por su familia» se hace a sí misma y consigue sobrevivir gracias a la lectura. Su padre, que no la soporta, le dice: «¿Ganas dinero? ¿Tienes trabajo? Escucha, pequeña sabionda, yo soy listo, tú tonta, yo soy mayor, tú pequeña y no puedes hacer nada para evitarlo». Considera a su hija una «equivocación».

Un hijo requiere algo más que las necesidades básicas cubiertas. Para conseguir un vínculo afectivo sano el alimento tiene que ser real y también afectivo. Es de este modo que se construye un niño fuerte que pueda ser autónomo en su debido momento. Es conocido el caso de los niños de los orfanatos de Rumanía, que recibían casa y alimento pero carecían de cariño o una mínima comunicación, y no pudieron estructurar una guía interior de resiliencia.

En *Los olvidados* (1950), de Luis Buñuel, uno de los niños le dice a su progenitora: «Madre, no se quede así, mejor péqueme». Es preferible el maltrato o un golpe a la nada, el dolor a la ignorancia, una mirada dura al rechazo o al abandono. La indiferencia mata. En otra escena, la madre solicita dejar al hijo en un asilo y el juez que la atiende le pregunta: «¿Cuándo querrá verlo?», a lo que ella contesta que no hace falta. Indignado, el juez le dice: «A veces deberíamos castigarles a ustedes por lo que hacen con sus hijos. No les dan cariño ni calor y ellos lo buscan donde pueden. Parece que usted no quiere a su hijo». A lo que la madre contesta: «¿Y por qué lo voy a querer?».

El destino le pone delante a un buen maestro, que dice de él: «Cada muchacho necesita que crean en él y también algo del cariño que nunca tuvo», y así consigue enderezar el rumbo de la vida de este niño necesitado.

La desvalorización

La falta de reconocimiento del valor propio es consecuencia de un trato descalificatorio e incluso humillante. «No sirves para nada», «inservible», «torpe», «malogrado», «no has sacado provecho a la vida» son palabras o frases que han aparecido con frecuencia en la historia de las personas que no perciben su valor. La forma perversa en que unos padres pueden conseguir desvalorizar a un hijo es dándole todo mientras piensan que no será capaz de conseguir nada por sí mismo. «Coche, casa y dinero en herencia para el que menos puede hacer» es como decirle: «Puesto que no vales nada, ya te lo doy yo, que sí que puedo». Dar así no es amar, es doblegar y aplastar las mínimas posibilidades de crecimiento. Los síntomas físicos son los que afectan a órganos derivados del mesodermo nuevo, como el tejido conjuntivo, del que nacen el sistema musculoesquelético, la sangre, la grasa, el sistema linfático o las arterias y venas.

Million Dollar Baby (2004) es la historia de superación de Maggie, que siguiendo su sueño consiguió saltar los límites impuestos por la educación desvalorizante de su familia, concretamente de su madre, que además la margina. Nada de lo que ella haga tendrá valor, aunque disfruten de su dinero. ¿Cómo intenta sanar? Mediante varias fórmulas: con el boxeo intenta obtener un valor físico; con su vida austera puede enviar dinero a su familia (¿intento de conseguir amor?), o buscando un entrenador que supla la parte masculina que no tuvo en su vida. En el viaje fílmico los dos protagonistas sanan sus vidas. Maggie encuentra en su entrenador al padre que se marchó y del que ya no pudo disfrutar, y Frank ve en Maggie a la hija que nunca ha querido hablarle, a la que enseña que lo primero es protegerse y que cualquiera puede perder un combate. Una de las frases que podemos escuchar en la película es la siguiente: «Es la magia de arriesgarlo todo por un sueño que solo ves tú».

La megalomanía es la reunión de al menos dos grandes conflictos y, mediante el síntoma, la persona se otorga ella misma el valor que no ha recibido de los otros.

EL REFLEJO DE NUESTRAS EMOCIONES

La revalorización

Es una medida sustituta y apaciguadora de los fracasos paternos. Cuando un padre no puede conseguir algo por sí mismo, le queda la posibilidad de hacerlo mediante un hijo, al que llamamos «hijo procurador». El padre se ampara en el hijo, quien tiene que conseguir lo deseado por las figuras parentales. El hijo es mirado y valorado por lo que consigue y se le estimula para que lo haga. El sistema biológico diana sigue siendo todo lo relativo al tejido conjuntivo.

Pequeña Miss Sunshine (2006) es una especie de drama oculto detrás de la comedia que representan una familia de inadaptados cuando llevan a su hija de seis años a un concurso de belleza infantil en Estados Unidos, donde hay una competencia feroz y el mundo se divide en ganadores y perdedores. Participar puede acabar en pesadilla, infelicidad y tristeza para los niños y en un negocio muy lucrativo para empresas y padres.

«El verdadero perdedor no es aquel que no gana. El verdadero perdedor es aquel que tiene tanto miedo a no ganar que ni siquiera lo intenta».

La humillación

La humillación une el desprecio con el sometimiento. En la programación temprana proviene de las acusaciones que vierten los padres sobre el niño, exponiendo públicamente los llamados defectos del infante, quien acaba sintiendo un trato despreciativo durante toda su vida. Le avergüenzan y se avergüenza de cualquier cosa que siente que hace mal. «Se hace pipí en la cama a pesar de su edad», «se toca sus partes», «nunca llegará a nada porque es tonto», «es un pobre diablo, un imbécil», «es negra», «es gordo», «es tonto», etc. Todas ellas son frases dichas al niño delante de otras personas.

Es herir el amor propio y la dignidad de un ser humano hasta hacerle agachar la cabeza y que renuncie a su poder personal. Es devaluar al otro injustamente creyendo que se tiene todo el derecho sobre la vida de las personas.

A lo largo de la historia de la humanidad hemos recopilado ejemplos de humillación de unos sobre otros, como el poder de autoridades sobre los que ellos han considerado menos o aun seres despreciables. Las historias de Ramsés II, Cleopatra, Nerón, Calígula, Ching, Aníbal, Julio César o Gengis Khan muestran que consideraban que su poder podía ser usado por encima de cualquier derecho a nivel humano.

El caso de Hitler, que ordena eliminar a discapacitados, homosexuales o judíos, es muy claro. Su idea era que estos colectivos no eran personas, ya que no estaban al mismo nivel y debían desaparecer. Una invitación para ver esta herida en el cine nos la ofrecen las siguientes películas: *El pianista* (2002), *El niño del pijama de rayas* (2008), *Precious* (2009), *El puente sobre el río Kwai* (1957), *El imperio del sol* (1987), *Un largo viaje* (2013), *La delgada línea roja* (1998), *Sin destino* (2005), *La zona gris* (2001) o *Shoah* (1985), entre tantos otros ejemplos.

Vida de este chico (1993) es un drama que ocurre en los Estados Unidos de los años cincuenta, cuando una mujer se separa de su marido y se dividen los hijos. Ella vive en una ensoñación creyendo que en cualquier momento cambiará la suerte y volverá a ser millonaria como lo fue su «papi». Entretenida en su búsqueda de un mejor futuro, va buscando parejas que la ayuden a sobrevivir. Cree que su hijo necesita mano dura para ser educado y consigue al padrastro perfecto. Un exmilitar, cruel y autoritario, fiel retrato del maltrato ejercido por alguien que solo puede mirar por sus propios ojos.

Podemos encontrarnos con la humillación racial a la que se han visto sometidas las personas de piel de color más oscuro que otras que la tienen más blanca. El racismo ha sido tratado en películas como

EL REFLEJO DE NUESTRAS EMOCIONES

Selma (2014), *Criadas y señoras* (2011), *Déjame salir* (2017), *Loving* (2016), *El último asalto* (2007), *La vida secreta de las abejas* (2008), *Manderlay* (2005), *Mandingo* (1975), *12 años de esclavitud* (2013), *Mudbound* (2017) o *Raíces* (1977).

En *12 años de esclavitud* (2013), un mulato nacido libre en Nueva York es vendido como esclavo en Columbia en 1841 y está doce años en plantaciones de Louisiana hasta su liberación. Es un buen retrato del sistema esclavista humillante.

Y no es hasta hace muy poco que algunos países han abolido la esclavitud, la separación interracial o la eliminación de indígenas.

Amazing Grace (2006) está basada en hechos reales y cuenta la vida del parlamentario británico William Wilberforce, pionero en la defensa de los derechos de las personas y que luchó contra la trata de esclavos en el siglo XVIII, hecho que le llevó a enfrentarse con algunos de los hombres más poderosos de la época, opuestos a la abolición de la esclavitud a causa de los beneficios que la actividad les reportaba.

Generación robada (2002) está basada en hechos reales que ocurrieron en Australia desde 1930 hasta los años setenta del siglo pasado, cuando, a causa de la política de integración forzada, los hijos de los aborígenes australianos eran separados a la fuerza de sus familias, con el objetivo de convertirlos en trabajadores domésticos, introduciéndoles así en la sociedad blanca. Fueron perseguidos, explotados, expulsados de sus tierras y confinados a reservas. En el año 2008, el primer ministro de Australia pidió disculpas por primera vez por los actos inhumanos cometidos, aunque algunos parlamentarios se negaron a pedir disculpas.

«Nos prohibían hablar en nuestros idiomas, no nos dejaban bailar o pintar porque no querían que fuéramos aborígenes. Intentaron sofocar todo lo que llevábamos en la sangre», cuenta Kym, una niña de la generación robada.

Humillar es herir el amor propio o la dignidad de alguien, es atacar las diferencias, así sean estas raciales, idiomáticas, de creencias políticas, religiosas, de pensamiento, de nivel socioeconómico o cultural, etc. Cualquier diferencia asusta, al punto de tener que degradar al otro y abusar de él para sentir la superioridad.

«Las bellas artes, cuando se comprometen con la realidad social y con sus problemas reales, sobre todo con los de las minorías y con los temas tabú, son los momentos cuando se engrandecen y cuando se acercan al gran público. Es cierto que no es misión de las bellas artes solucionar los males del mundo, pero sí que es su responsabilidad ponerlos en evidencia, narrar la realidad, hacer pensar y, sobre todo, ser testigos de su existencia y difundir los temas para que la sociedad en su conjunto sea consciente de sus grandezas, pero también de sus servidumbres»[10].

La separación

La separación es, me atrevo a decir, una de las heridas comunes a todos los seres humanos desde el momento del nacimiento, en el que el bebé es separado del entorno seguro que le proveía el vientre materno. Ese alejamiento es una de las múltiples separaciones que se vivirán a lo largo de la vida, pero deja una huella programante que por suerte cada vez se está intentando evitar mediante el contacto piel con piel de los alumbramientos de hoy en día o con el método de madre canguro. La presencia de los padres, pero sobre todo de la madre, permite al niño sentir seguridad, y su ausencia deja una zona de contacto falto de sensaciones. La separación supone activar la sensación de peligro arcaico. Un bebé solo no puede sobrevivir si no están las figuras de protección parentales presentes, y cuando estas se alejan, entra en alta tensión. Un niño pequeño no puede distinguir entre un alejamiento temporal y otro definitivo. Los conflictos biológicos de

---

[10] Pedreira Massa, J. (2011).

separación suponen una afectación en la piel (la epidermis, como zona de contacto, el periostio y las mucosas), que suelen ocurrir junto con ausencias u olvidos. Cuando la separación es intensa, la persona puede llegar a tener enfermedades como el alzhéimer o una demencia. Películas como *El hijo de la novia* (2001), *¿Y tú quién eres?* (2007), *La dama de hierro* (2011), *Arrugas* (2011) o *Nader y Simin: una separación* (2011) se aproximan a esta temática.

Siempre Alice (2014) es una película que muestra cómo los conflictos de separación no superados pasan factura mediante la enfermedad del olvido, como si esta fuera la ayuda para no recordar nunca más aquello que tanto dolor produjo, en este caso la muerte de sus familiares.

La traición

El control y la manipulación que ejercen los padres o las figuras de autoridad con el objetivo de doblegar y someter al niño pueden dar lugar a conductas de control sobre otros seres más débiles, como animales u otros niños, o a acciones reprimidas realizadas a escondidas. Los síntomas físicos harán diana en órganos del sistema nervioso. Rencor, resentimiento, animadversión, odio, enfado y cólera son sentimientos habituales en las personas que han percibido traición. Cuando la persona vive este conflicto y se suma otro de identidad (no ser reconocido, sentirse nadie), el resultado puede ser una conducta violenta. Esta huella biológica es recordada en el cuerpo en algunas partes del sistema digestivo y especialmente en la vesícula biliar, el páncreas y el hígado (canales biliares).

La pianista (2011) cuenta la historia de una mujer joven, profesora de música, que huye del control materno a través de acciones de contenido sexual, única salida que ha encontrado el estrés al que se ve sometida.

La confianza arrebatada por los padres mediante la traición genera niños que sienten que no merecen lo que les han prometido o viven con la necesidad de controlar lo que hacen ellos o los otros para evitar volver a pasar por la misma experiencia. Pueden ser desconfiados, por lo que delegan poco o nada, no toleran las equivocaciones e incluso no piden ayuda. La posibilidad de que el resultado no sea el esperado lleva a la persona a tener todo bajo control.

El niño que gritó puta (1991) muestra a Dan Love, un niño de doce años, castigado, encerrado e insultado que vive con su madre y con sus dos hermanos. Los tres muchachos hacen la vida imposible a la madre, con un extremo maltrato psicológico por parte de Dan. Después de una serie de sucesos, acaban ingresándolo en un centro psiquiátrico. Son tres chicos de una familia monoparental en la que las reglas y el padre brillan por su ausencia, los hijos no tienen referentes y han vivido situaciones de maltrato y abuso (traición), que activan unos comportamientos altamente violentos y llevan al pequeño a una psicopatía.

Es la historia de la trágica transformación de un niño con miedo al abandono, frágil por dentro y que se muestra duro, en un paranoico obsesionado.

La humanidad tiene ejemplos de traiciones que han quedado grabadas en el inconsciente colectivo, como la traición de Judas o las luchas por el poder en la Antigüedad. *El beso de Judas* (1998), *Amigos de Jesús - Judas* (2001) o *Jesucristo Superstar* (1973) son películas que tratan de la traición, a pesar del amor que se cree que Judas tenía por Jesús. En ocasiones también se refleja la culpa resultante de un acto que se considera deshonesto. ¿Cómo se llega a traicionar? ¿Cómo surge la culpa? Un buen tratamiento del tema lo encontramos en el libro *Aquel clavo que clavé*, de Daniel Meurois[11], que explora el origen de la culpa y sus múltiples transformaciones en las muchas vidas del personaje.

---

[11] Meurois-Givaudan, D. (2005).

EL REFLEJO DE NUESTRAS EMOCIONES

Los recuerdos del imperio romano han sido escenario de numerosas intrigas, traiciones e injusticias, y el cine épico lo muestra, con un clásico, *El gladiador* (2000), donde un general hispano, Máximo Décimo Meridio, leal al ejército de la antigua Roma, es traicionado por Cómodo, el ambicioso hijo del emperador, quien ha asesinado a su padre y se ha hecho con el trono nombrándose emperador.

Las traiciones políticas y/o sociales han sido tratadas en películas o series como *Scandal* (2012-), *El ala oeste de la Casa Blanca* (1999-2006), *La víbora negra* (1983), *Sí, primer ministro* (1986-1987) o *House of Cards* (2013-).

La mentira forma parte de la traición. A veces puede ser piadosa para evitarle un dolor al hijo. Nos lo recuerda el siguiente diálogo de *No se aceptan devoluciones* (2013):

—¿Por qué no le dijiste la verdad?
—Lo pensé, pero por más vueltas que le di, no encontré la manera políticamente correcta de decirle: fíjate que tu mamá no te quiso y te abandonó.
—Gracias.
—No, no lo hice por ti.

La injusticia

Como situación programante, la injusticia responde a una falta de equidad y está entre lo inaceptable y la traición. Lo no aceptado del otro, que los padres, por lo general fríos y autoritarios, ponen en evidencia, y el abuso de confianza llevada al extremo de obligar al otro a someterse y hacer lo que a ellos se les antoja. A veces la injusticia pasa por un trato diferencial entre chicos y chicas, entre hermanos o entre familiares. Esta herida provoca la sublevación, la oposición, la rebeldía o el sometimiento. En el extremo opuesto estimula la búsqueda de la superación, la excelencia o el perfeccionismo para demostrar lo que se es, o la rigidez de comportamientos por el miedo a salirse de las reglas establecidas. Físicamente, afecta al aparato digestivo y al sistema musculoesquelético.

Esta herida la podemos observar en películas como *Muerte de un viajante (1985)*, *¿Qué fue de Baby Jane?* (1962), *Hilary and Jackie* (1998) o *Camino a la perdición* (2002).

La injusticia social ha sido tratada en *Yo, Daniel Blake* (2016), como una clara denuncia a la rigidez del mundo de hoy, en el que los organismos parecen ir contra la gente y el conjunto de la población mira hacia otro lado.

Muros (2015) describe la separación «injusta» a un lado y otro de los muros más sangrantes vigentes en nuestro presente. *Las elegidas* (2015) trata la prostitución ilegal y forzada mediante el engaño. Muestra el trato injusto hacia el otro, la inequidad y la sinrazón humana.

Difret (2014) es una película que retrata la injusticia que sufren las mujeres en Etiopía, a través de una niña de catorce años que es secuestrada, violada y juzgada por asesinar a sus captores en defensa propia.

El Havre (2011), dirigida por Aki Kaurismäki, muestra la historia de un escritor en la Francia moderna que lucha por conseguir adoptar a un niño negro inmigrante para protegerle de las estructuras del estado, que con mecanismos raciales convierten a los niños en vagabundos y así resultan más fáciles de doblegar.

El otro lado de la esperanza (2017), del mismo director, trata el tema de los refugiados sirios con un toque de anhelo.

La negación o no aceptación

Lo no aceptado de un ser humano es una herida que lleva a querer ser aquello que no se es, en un intento desesperado por sentir el amor de los padres. Se manifiesta mediante la crítica constante de cualquier característica física, psíquica, ideológica, espiritual, social, cultural, etc. Burlas, sarcasmo, censura, murmuración, reproches, sátira o ironía son fórmulas que los niños pueden ver aplicadas a ellos mismos o como medida coercitiva de un padre a otro. «No tienes nada de mí»; «eres como la familia de tu padre/de tu madre»; «vas siempre como un payaso»; «hablas como un loro, igual que tu tía»; «¡ja, seguro que puedes!», son algunas frases de no aceptación del otro que ponen en evidencia el modelo mental de pensamiento único: las cosas tienen que ser de una sola forma. Provocan conductas de no aceptación de los otros y de no aceptación de la sombra propia que llevan a mentir y creer que se puede ser de otra manera. La mentira extrema es el trastorno psíquico llamado mitomanía. En el campo físico, el sistema digestivo es el encargado de introducir el exterior y transformarlo hasta asimilarlo y, por lo tanto, es el que suele verse más afectado ante lo no aceptado, lo inadmisible o lo intragable. Lo que no se acepta es expulsado mediante el vómito o las diarreas.

En *Una historia casi divertida* (2010), vemos un padre tan ocupado con su trabajo que no se entera de las necesidades de su hijo, una madre que se considera débil y una hermana pequeña poco representativa. Ellos son la familia de Craig, que explica así lo que siente: «Mi padre siempre hace preguntas equivocadas (¿qué tal la clase sobre Wall Street?). A veces desearía tener una respuesta fácil: porque estoy deprimido, mi padre me pega o abusa de mí, pero no la tengo. Solo que tengo un problema de vómitos por estrés y mis amigos me miran a veces como si fuera de otro planeta. Y estoy obsesionado con una chica, Nia, que da la casualidad de que está saliendo con mi mejor amigo. Así que ¿hay un motivo único que me impulsará a saltar de un puente?... Necesito ayuda, por favor, necesito que me ayuden».

La comunicación es el eje central para poder acceder a la cordura, y este joven de 16 años, sumido en una depresión y con intentos de suicidio, no consigue hablar para sacar de dentro todo el dolor que carga.

En *Mi nombre es Harvey Milk* (2008), lo no aceptado viene dado por el rechazo social a la diferencia. Harvey es el primer político que, a los 40 años, decidió salir del armario y declararse homosexual y fue elegido para ocupar un cargo público en Estados Unidos. La no aceptación de su diferencia hizo que la lucha contra él fuera encarnizada y finalmente fue asesinado un año después. Milk se convierte en portavoz de las personas homosexuales y, para defender sus derechos, no duda en enfrentarse con empresarios, sindicatos y políticos.

En *Harry, el sucio* (1971), Harry Callahan (Clint Eastwood) se lo dice claro al teniente Ackerman (Michael Goodwin): «Las opiniones son como los culos: todo el mundo tiene uno».

El miedo a la diferencia lleva a no aceptar al otro cuando no es lo que uno espera. Que los padres no nos acepten puede ser tan doloroso que nos lleva a no aceptarnos y no aceptar a los demás. La crítica, las acusaciones o los juicios destructivos hacia los que nos rodean suelen tener su base en etapas tempranas donde sentimos que no nos amaban incondicionalmente. *El árbol de la vida* (2011) es un ejemplo claro de esta situación.

El autoritarismo

El modelo autoritario personal o familiar es aquel en el que uno o los dos progenitores imponen su criterio, usando o no la violencia física o psíquica, pero como medidas inapelables.

En *American Beauty* (1999), el personaje del «vecino» impone su modelo de vida mediante un autoritarismo estricto tanto con su mujer como con su hijo. Deber, disciplina, rigidez, traspaso de valores, pautas estrictas, normas o instalación de un método de lo que se tiene que hacer y de lo que no se tiene que hacer mediante el uso del miedo. Cuando no se cumplen los deseos paternos, los hijos son castigados o puestos en un régimen más estricto; unos se someten y se frustran, otros se rebelan con acciones opuestas, ocultas o visibles, al modelo familiar.

La película *El discurso del rey* (2010) cuenta la historia de la familia real inglesa, en la que el rey Jorge V representa a un padre autoritario, opresivo, tiránico, injusto, despótico, dominante y alejado emocionalmente de su familia, que asusta a su hijo, el príncipe Alberto, quien crece lleno de ansiedad, miedos e inseguridades reflejados en su tartamudez. También tiene un hermano mayor, el príncipe Eduardo, que se manifiesta inmaduro y falto de responsabilidad. La dependencia afectiva, la baja autoestima, la insatisfacción, los fracasos y una alta exigencia son moneda corriente y tienen un profundo calado en la vida de estas personas que estuvieron detrás de un país o de un reino. Desde la Descodificación Biológica Original se asocia la tartamudez con conflictos motores, junto al pánico y la invasión de territorio, vivencias que seguramente tenía el príncipe Alberto antes de los cuatro años.

La confusión y la contrariedad provocadas por la ambivalencia del trato de los padres o del modelo llamado de autoridad llevan al niño a no saber nunca la respuesta correcta porque en el fondo sabe que nunca habrá una respuesta correcta.

La descripción de Gregory Bates sobre la contrariedad ambivalente se ajusta a este modelo de reacción paterna, bajo el que tenemos que ir y no ir al mismo tiempo; comer y no comer al mismo tiempo; entrar y salir al mismo tiempo; hacer felices a nuestros padres al tiempo que renunciamos a ser felices nosotros. ¿Se puede conseguir cuando nuestra familia nos coloca en una disyuntiva? Por ejemplo, cuando nos dicen: «Querido hijo, ¿comes la tortilla porque no te gusta el pescado?» o «¿Comes el pescado porque no te gusta la tortilla?», el interpelado ya pierde antes de responder. Los síntomas físicos hacen diana en el sistema nervioso o neuromuscular.

Hilary and Jackie (1998) está basada en la vida de la violonchelista Jacqueline du Pré, cuyo primer marido fue Daniel Barenboim. Es la historia de una familia cuya madre está obsesionada porque sus hijas sean grandes artistas. Todo el tiempo está dedicado a la música y no hay posibilidad de otras distracciones. ¿Cómo satisfacer a una exigente madre que además es profesora de música? Son guiadas hacia el éxito mediante la competitividad entre ellas, pero no mediante las relaciones personales sanas. La vida continúa y, mientras Jackie consigue fama como concertista, es Hilary la que tiene menos éxito, siendo todo lo contrario en la vida personal. Una enfermedad neuromotriz afecta a Jackie, dejándola postrada y alejada de los escenarios.

¿Qué fue de Baby Jane? (1962) está protagonizada por dos hermanas rivales. Ambas se lanzan al estrellato, pero solo una triunfa, Blanche, que en su vida adulta sufre un accidente que la deja en una silla de ruedas y tiene que ser asistida por su hermana, que la atormenta todo el día. Crueldad, tortura, envidias, venganzas y dolor con olor a rancio se destila en toda la película.

La desatención

Otro caso que puede programar huellas debilitantes es el de las familias en las que los padres no se pueden ocupar de sus hijos. No los abandonan ni los rechazan, solo que delegan las funciones de la familia a los padres o tutores (abuelos, tíos, cuidadores, canguros), y entre ambos cuidadores se produce una dinámica intergeneracional o competitiva. El niño se encuentra entre dos formas de pensar o de hacer las cosas distintas, por lo que no sabe qué camino tomar. Una vez más, confusión y posibilidad de saltarse las normas porque, por lo general, las personas cuando luchan por el poder se olvidan de poner límites. Los síntomas físicos estarán en relación con las glándulas suprarrenales, los riñones y el sistema urinario.

¿Qué hacemos con Maisie? (2012) muestra la vida de una niña de seis años en medio del divorcio de sus padres. Cada uno de ellos se ocupa de sus asuntos, pero ninguno de la pequeña. Ella permanece en

un abandono del que solo es rescatada alguna vez por un canguro generoso que la acompaña.

Otras películas de esta temática son *De la calle a Harvard* (2003), *Estación central de Brasil* (1998), *Oliver Twist* (1948) y *Una segunda oportunidad* (2014).

La falta de límites

Los padres con miedo a equivocarse suelen ser excesivamente democráticos, igualitarios, dialogantes y permisivos y no ponen los límites adecuados. Al desaparecer la jerarquía, el niño no sabe a qué referentes asirse y confunde el lugar que tiene que ocupar. Padres e hijos son como amigos y se intercambian los roles, produciendo una confusión importante en el niño. Por otro lado, cuando aparecen los conflictos y los padres no se posicionan, el niño gana la partida y poco a poco se va convirtiendo en un pequeño tirano que sabrá cómo conseguir lo que quiere.

Réquiem por un sueño (2000) muestra dos mundos distintos sin límite alguno. Harry y su madre practican la venta y recuperación del televisor familiar: Harry tiene el sueño de comprar y vender drogas, mientras que su madre, cargada de anfetaminas y haciendo dieta, la recupera para ver su programa de autoayuda. La madre sigue el juego y no lo denuncia porque es «su único hijo».

Otras madres u otros padres que han evidenciado este miedo aparecen en películas como *Tres anuncios en las afueras* (2017), *Tanguy* (2001), *Un papá genial* (1999) y *Papá por sorpresa* (2007).

La sobreprotección

Otro formato de relación es el modelo hiperprotector y permisivo en el que los padres creen que tienen que solucionar todo lo que ocurre con sus hijos y facilitarles la vida. Se anticipan a cualquier inconveniente, por lo que los niños no pueden tomar la fuerza necesaria para salir de la crisálida. Es un formato debilitante en el que los niños declinan cualquier responsabilidad y se sienten en el derecho de ser asistidos. Físicamente, los síntomas pueden surgir en el sistema inmunitario, la sangre, el aparato osteomuscular o el tejido conjuntivo.

En *Tres anuncios en las afueras* (2017) hay un poli, Dixon, arquetipo del racista, torturador, bruto, de moral turbia, inmaduro, que vive con una madre despiadada que necesita del hijo, y si para ello hay que debilitarle y manipularle es eso lo que hará.

Recordad: las vivencias nos programan y, según su impacto, las repetimos o las compensamos.

¿Y qué hacemos para sobrevivir al daño inicial?

A lo largo del tiempo intentamos ocultar el dolor que nos provoca su recuerdo mediante una máscara o disfraz que se va instalando poco a poco en nuestra personalidad. Con el paso del tiempo ya nos reconocemos con un estilo particular que denominamos carácter. Nos decimos o nos dicen: solitario, hosco, antisocial, sociable, comunicativo, celoso, controlador, manipulador, estricto, rígido, flexible, sumiso, autoritario, miedoso, aprensivo, dubitativo, indeciso, vacilante, seguro, inseguro, loco, irracional, maniático, desconfiado, apresurado, diligente, etc. Como si estas clasificaciones fuéramos nosotros; nada más alejado de la realidad. Tuvimos una herida y ahora funcionamos con un patrón que intenta compensarla. Como ejemplo, si mi madre era miedosa y me lo transmitía a cada momento con un «no juegues así», «la calle es un peligro», «aquí estás seguro», puedo tener dos comportamientos: hago más de lo mismo y vivo con miedo, o uso un tipo de máscara que es hacer lo contrario y ser muy audaz, lanzado, atrevido e incluso temerario, porque quiero probar y probarme a través de las propias osadías que el miedo no existe en mí.

Ante cada forma de vivir la herida inicial, hemos aprendido a usar una buena máscara egoica que intenta ocultar y ocultarnos (y esto es lo peor, el autoengaño) que estamos sufriendo. Para ello nos colocamos una personalidad tapadera que disimula la carga y las tensiones internas. Esta falsa compensación tiene la ventaja de aligerarnos el rumbo, pero todo lo falso tiene un coste importante en esta vida. La enfermedad es uno de ellos. A veces el coste alto lleva a la muerte. Una vida llena de obstáculos o una existencia donde todo lo que nos ocurre no lo anhelamos es otro de los costes. Quizás no lleve a la muerte, pero a menudo la persona está más muerta que viva, al menos hasta que se da cuenta de que lo que está viviendo es una respuesta adaptativa a lo que le molestó en el pasado.

¿Cuál es la necesidad de todos los seres humanos? Ser amados a pesar de lo que somos, tal como afirmó Victor Hugo: «La felicidad suprema en la vida es tener la convicción de que nos aman por lo que somos, o mejor dicho, a pesar de lo que somos».

Sí, ser amados y respetados siendo quienes hemos venido a ser en esta existencia. Disfrutando de lo que somos con las debilidades y fortalezas que nos construyen; dejando de lado los miedos para apostar por lo que nos hace vibrar y no temiendo mostrar nuestra preciada joya interior por recelo a las críticas, los juicios, las desvalorizaciones, las comparaciones, las exigencias, los ataques o cualquier otra forma de descalificación del ser amoroso y divino que llevamos dentro. Como dice Diane Keaton en *Así nos va* (2014), «los niños malos no existen».

Casi todos los humanos hemos vivido unas u otras heridas, pero todos tenemos la gran oportunidad de rearmarnos interiormente para poder ser los mejores diamantes de nuestra vida y mostrar el brillo propio. Salir del juicio al pasado y a los que nos precedieron ayuda a crecer y evolucionar. Locura es creer que se ha de perdonar algo.

En resumen, tenemos varias heridas y estas descargan en algunas partes de nuestro cuerpo, como pueden ser las siguientes:

HERIDA / CONFLICTO	SISTEMA DIANA
Abandono	Riñón (edemas), grasa
Separación	Epidermis, piel, pérdida de memoria, ausencias
Agresión	Dermis, piel, sentidos
Rechazo	Sistema nervioso, sentidos, corazón
Exclusión	Corazón, cuello del útero, vagina
Traición	Vías biliares y hepáticas
Injusticia	Columna cervical, duodeno, vías biliares y hepáticas
Desvalorización	Sistema musculoesquelético, sangre
Humillación	Sistema reproductor, grasa
Pérdidas	Ovarios y testículos
Otras	

Y recuerda que tus hijos no salen de ti, sino que tú entras en ellos. Decía Walt Disney: «Envejecer es obligatorio, pero crecer es opcional».

Ejercicio

Te invito a que reflexiones sobre lo que no perdonas o le reprochas a tus padres u otras figuras de referencia de tu vida.
¿En qué momento de tu infancia lo viviste?
¿De qué forma crees que hoy se manifiesta en tu vida? Esta es una reflexión para que observes con qué máscara te presentas hoy al mundo.
¿Cómo lo proyectas en los demás? Dicho de otra forma, ¿qué censuras en otros?

9
El resultado de un choque biológico: el síntoma como solución

«Te enfocas en el problema... Si te enfocas en el problema no puedes ver la solución».

Patch Adams (1998)

Hemos visto que ante la aparición de un *shock* traumático la biología se expresa de muchas maneras. Los códigos siempre llevan asociada la función del órgano implicado. Digamos que el alma llora con el órgano que realiza la función que sufre. Pero no son las situaciones dramáticas o de inestabilidad ni los llamados problemas o conflictos los que originan un determinado síntoma, sino la manera de vivir las situaciones llamadas de conflicto biológico.

En el día a día, vivimos circunstancias que pueden ser más o menos desestabilizantes o perturbadoras. La forma de interpretarlas hará que el síntoma aparezca en un órgano u otro.

Por ejemplo, el conflicto de ataque y fealdad da como resultado el acné; si es algo inaceptable, lo que aparecerá será un trastorno en el sistema digestivo; la sensación de vida, de poder respirar, se verá reflejada en los pulmones; las dudas y la incertidumbre son gestionadas por las glándulas suprarrenales; del metabolismo y de la eficacia con la que se realiza algo se encarga la glándula tiroides; el movimiento está bajo el mando del sistema musculoesquelético, por lo que rendir o no rendir son sus conflictos. Y así podemos continuar con cada parte del cuerpo. Cada célula tiene una función y esta puede tener un conflicto literal.

Además, los síntomas pueden ser físicos, transformarse en un hábito, en un comportamiento o en un trastorno psíquico. Por ejemplo, cuando una persona vive un sometimiento a los deseos de otro, tiene que bajar la cabeza ante quien es considerado la autoridad. Bajar la cabeza representa aceptar el poder del otro, tal como ocurriría en el mundo animal. La zona por la que se baja la cabeza es la columna cervical baja, vértebras cervicales 5, 6 y 7, que son las que hablan de la metáfora biológica de sentirse desvalorizado e impotente para actuar ante una injusticia o una situación de sometimiento, hasta que finalmente llega la rendición. Entonces se piensa: «¿Para qué seguir intentándolo, si el resultado será el mismo? Mejor claudicar». Por consiguiente, la enfermedad llegará en forma de alteración musculoesquelética.

En realidad, la enfermedad es como una excusa que visibiliza un malestar y saca a la luz algo que lleva mucho tiempo en el interior o evacúa el estrés inmenso de un instante concreto. Todo es posible.

Por ejemplo, un hombre joven decide pasar la tarde con sus amigos en un bar donde juegan al billar y toman unas copas, pero su hermano mayor, que siempre le fastidia, decide ir al mismo bar y pasar un rato «ninguneándolo» o desprestigiándolo. Y así es como el más joven vive algo tan simple como un encuentro o desencuentro con su hermano: siente picor en la nariz y en los ojos y cree que es por el humo del lugar o el encierro, pero cuando el hermano mayor se marcha, el menor siente que la nariz comienza a inflamarse y piensa que se ha resfriado por el aire acondicionado del local. Sin embargo, lo que ha sucedido es que la mucosa nasal, en situación de estrés, se ha ulcerado para permitir mayor pasaje de aire y, cuando el conflicto se ha solucionado (el hermano se marcha), se tiene que reparar. Una buena solución para ello es la inflamación, que aporta lo necesario para la reparación de los tejidos. La situación puede parecer nimia, pero para el inconsciente biológico del hermano menor no lo es, ya que interiormente recuerda las múltiples veces en que se sintió mal y se ve incapaz de cambiar lo que le ocurre cada vez que está con alguien y su hermano genera mal ambiente.

Estas son situaciones de choque biológico que no tienen solución, o al menos la persona no es capaz de ver un cambio que dé un giro a lo que está viviendo. Generan un malestar que se va acumulando y con el tiempo, sin saber cómo ni por qué, aparecen las molestias físicas.

Desde la Descodificación Biológica Original se observa que siempre, antes de la aparición de un síntoma, la persona ha vivido un conflicto, un conflicto biológico que el síntoma específico explica muy bien.

El alma llora con el órgano que realiza la función que sufre.

Fases de la enfermedad

Las enfermedades responden a un ciclo de doble fase: simpaticotonía o fase fría y vagotonía o fase de reparación. Es la Segunda Ley Biológica. Según el origen embrionario del órgano, las reacciones serán distintas en la fase fría o en la fase caliente.

Por ejemplo, cuando el conflicto está activo y para superar algo sumamente indigesto, es necesario activar más la función digestiva. La respuesta adecuada será hacer más, sean más células o más función. Si con ello se consigue echar fuera un bocado indigesto, el cuerpo recupera el equilibrio, no sin antes pasar por una fase caliente que permita la recuperación del desgaste realizado.

Otro caso es la situación que se produce en el corazón. En fase de estrés y mientras la persona siente que tiene que luchar por algo que

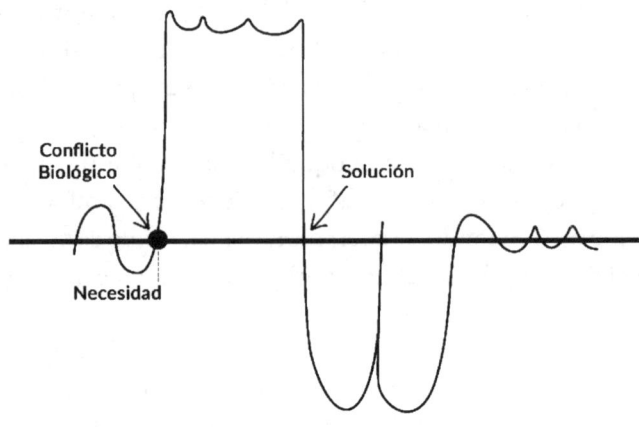

considera propio (casa, trabajo, coche, mujer, hijos, etc.), las paredes vasculares que nutren al corazón se afinan. Al solucionarse el conflicto, se inflaman como mecanismo de reparación. Si el conflicto ha sido vivido como muy intenso o ha durado mucho en el tiempo, se produce un síntoma paradójico: un infarto coronario. Puede aparecer cuando se ha pasado a la segunda fase de la enfermedad o vagotonía, en su momento más álgido llamado crisis épica. Es un intento desesperado de la naturaleza para evacuar todo el edema cerebral, que puede llevar a la muerte. Cuando el conflicto o estrés por pérdida de territorio ha sido de más de nueve meses, la vagotonía es muy profunda y el infarto suele ser mortal, sobre todo cuando no se ha trabajado el problema y no se aplican las medidas de ayuda a la vagotonía, como hielo en la cabeza, dormir con la cabeza y el tronco elevados, o no exponerse al sol o fuentes de calor.

Trabajar sobre un conflicto

Trabajar sobre un conflicto implica revisar la manera de vivir las experiencias y descargar la tensión que se ha acumulado vaciando las sensaciones corporales. Las medidas de ayuda a la vagotonía se aplican en los tres niveles: psique, cerebro y órgano. En cada uno de ellos son específicas. Limpiar las historias contenidas en el inconsciente deja una sensación de alivio, por un lado, y de confusión, por otro. A partir del instante que soltamos lastre de una historia que nos molestaba sentimos cambios en los tres planos: psique, cerebro y cuerpo. Es decir que cuando se trabaja sobre un conflicto y se vacía su carga, a menudo aparecen edemas específicos focalizados en el sistema nervioso y en dicha tríada. Para ampliar este tema, podéis leer el capítulo «La enfermedad en Descodificación Biológica Original», del libro *El arte de escuchar el cuerpo*, de mi autoría[12].

Como ejemplos, véanse las siguientes películas en donde aparecen distintos síntomas con los correspondientes conflictos biológicos.

Título: Acné
País: Argentina/España/México/Uruguay
Año: 2008
Director: Federico Veiroj

El mensaje: El acné explica que la persona vive un conflicto de ataque con la percepción de sentirse feo («me veo horrible, me verán espantoso»).

Rafael es un joven tímido e inseguro, su cuerpo está en proceso de cambio, le produce un fuerte malestar, y tiene acné. No se decide a dar su primer beso a una chica. No se reconoce, no se gusta e incluso detesta todo lo que le pasa. Se siente feo. La vivencia de ese conflicto es la que lleva al síntoma, que siempre contiene una lógica biológica.

El insomnio es otro síntoma que nos cuenta que la persona tiene su mente activa cuando debería desconectar. Se desvela, está vigilante

---
[12] Wolder, M. A. (2016).

o en vela. Se relaciona con un conflicto activo de estrés y miedo, como si la persona vigilara que no la fueran a atacar.

¿Qué situaciones lo pueden disparar? ¿Qué o quién? Amenazas, personas intrusivas o vigilantes durante el día como jefes, amigos, compañeros, la pareja o las relaciones, etc.

Título: *Fight Club*
Otros títulos: *El club de la lucha*
País: EE. UU.
Año: 1999
Director: David Fincher

El mensaje: Cuando vivimos sintiéndonos en peligro no hay posibilidad de realizar funciones tan básicas y necesarias como dormir.

> «Cuando tienes insomnio, nunca estás despierto de verdad. Moría cada noche. Y cada noche volvía a nacer. Resucitaba. Cuando se padece insomnio nada parece real. Parece una copia de otra copia de otra copia».

En esta película se unen, por un lado, el prototipo de *yuppie* con un profundo vacío existencial que, para conciliar el sueño y por recomendación médica, participa en grupos de autoayuda de enfermedades que no tiene, y, por el otro, un transgresor nato. Son dos seres con vidas a simple vista antagónicas, pero que se complementan. Ambos fundan un club de lucha con normas muy estrictas como forma de terapia de los problemas que no pueden afrontar de otra manera. Es un mecanismo muy «particular» de liberar emociones y frustraciones.

Una lectura metafórica de esta película nos revela que se trata de la lucha interna de Jack por sentirse un ser completo en libertad, algo que no consigue con el sistema de vida preestablecido. Es el despertar de unos hombres pertenecientes a una sociedad de consumo que los consume espiritualmente: «Tenemos empleos que odiamos para comprar cosas que no necesitamos», dice uno de ellos. Es la lucha por permitir la existencia del yo.

Título: *Un lugar en el mundo*
País: Argentina
Año: 1992
Director: Adolfo Aristarain

El mensaje: El conflicto biológico puede convertirse, según su intensidad o duración, en un síntoma mortal.

Mario es el padre de Ernesto en esta película, es maestro y ha creado una cooperativa para la venta de lana, que se ve amenazada porque una multinacional quiere comprar a bajo precio terrenos para construir una represa en el lugar que habita la familia. Mario no puede dejar a sus compañeros ni su espacio y luchará por el territorio con todas sus fuerzas. En ese encarnizado y desequilibrado enfrentamiento siempre hay pérdidas y una de ellas es la de la vida de Mario, quien fallece por un paro cardíaco.

Frente a la tumba de su padre, Ernesto se despide diciéndole que aún no ha encontrado su lugar en el mundo pero que tiene tiempo. «Supongo que me daré cuenta cuando esté en un lugar y no me pueda ir. Ya va a aparecer. Todavía tengo tiempo de encontrarlo».

Hábitos y costumbres

Los conflictos vividos a lo largo de la vida dan como resultado lo que somos hoy. También las situaciones favorables se transforman en recursos internos. El cerebro arcaico recuerda lo que ha sido un gran estrés, es decir, que las situaciones vividas programan nuestra vida. A continuación veremos varios ejemplos.

Una persona se levanta a desayunar con ganas. Si es la más pequeña de seis hermanos, es posible que en su infancia pocas veces llegara a satisfacer su necesidad de comida. Por consiguiente, de adulta cubre cada día con creces esa necesidad procedente de aquel instante anterior.

Un joven adolescente pide ayuda para cosas elementales, tales como acercarle un vaso. Necesita que otro se lo haga o al menos que otro haga algo, como si para ejecutar una acción necesitara que otro complete el 50%. Por mínima que sea, espera una asistencia. ¿Para qué le resulta útil no hacer las cosas solo? ¿Cuándo fue peligroso hacer algo solo o finalizar una acción? ¿Cuál es la utilidad de sentirse acompañado? Recordemos que los comportamientos ayudan para acercarse a lo positivo y alejarse de lo negativo. El tema es que la persona no es libre de responder de otra manera. ¿De qué se quiere alejar o a qué se quiere acercar?

Una hipótesis nos lleva a investigar lo que le ocurrió durante su infancia temprana, durante el tiempo de embarazo o en el nacimiento, o lo que han vivido sus ancestros. Es decir, iremos a detectar cuáles fueron los programas que lo determinaron. Una vez se pregunta a los padres, estos responden que durante el embarazo la madre tuvo que hacer reposo y necesitó ayuda de su madre para todo. Además, a los tres años, el niño fue arrastrado por una ola y necesitó ser rescatado y atendido hasta resucitarlo. Ambos sucesos pueden estar en la base de su necesidad de ayuda.

Título: *I Am David*
País: EE. UU.
Año: 2003
Director: Paul Feig

El mensaje: Cada momento de nuestra vida procede del conflicto biológico que se vivió en soledad, y se tomó una alternativa para evitar más peligro. La solución se puede encontrar dando otro sentido a lo vivido y en buena compañía.

Esta película está basada en una historia real que escribió Ann Holm y que narra la vida de un niño de doce años que consigue escapar de un campo de concentración gracias a la ayuda de un amigo, Johannes, que actúa también de protector. Le acompañan en la travesía una brújula y una hogaza de pan y, en su bolso, un sobre cerrado y sellado que le está prohibido abrir. Atraviesa numerosos peligros que elude para poder conseguir su objetivo, llegar a Copenhague, donde encontrará su salvación. Recibe ayuda de varias personas que él agradece en cada momento. Un magnífico ejemplo de la colaboración humana.

Título: *Die Blechtrommel*
Otros títulos: *El tambor de hojalata*
País: Alemania
Año: 1979
Director: Volker Schlöndorff

El mensaje: Los comportamientos inadaptados y los automatismos nos llevan a ponernos enfermos y nos restan libertad de elección. Se transforman en mecanismos que dirigen nuestra vida, por lo que dejamos de tener el control sobre ella.

Oscar es un bebé que nace y llora continuamente hasta que su madre le promete que cuando cumpla tres años le regalará un tambor de hojalata, con lo que consigue que se calme. La madre cumple la promesa y Oscar se hace con un tambor que le permitirá escapar de los abusos y de las situaciones grises que le procuran las injusticias.

Asimismo, al recibir el regalo, decide dejar de crecer para evitar pasar por la etapa adulta, en la que él solo ve mentiras, apariencias, hipocresía y falsedades.

Las adicciones

Según el Diccionario de la Lengua Española, *adicción* proviene del latín *addictio, -ōnis,* 'adjudicación por sentencia'; cf. adicto.
1. f. Dependencia de sustancias o actividades nocivas para la salud o el equilibrio psíquico.
2. f. Afición extrema a alguien o algo.

La adicción a algo o a alguien (sustancia, actividad, relación) está controlada por una actividad involuntaria más allá de lo que la persona puede querer hacer. La dependencia de sustancias intenta satisfacer un hueco con una connotación muy específica. Por ejemplo, si faltó amor o cariño se buscará algo dulce (alcohol, chocolate). Si la ausencia fue de libertad, el tabaco colmará al instante la falta acaecida mucho tiempo atrás. Lo que es fácil comprender es que la satisfacción es momentánea. A mayor adicción, mayor aflicción.

Título: *Amy*
Otros títulos: *Amy, la chica detrás del nombre*
País: Reino Unido
Año: 2015
Director: Asif Kapadia

El mensaje: Hay heridas de infancia que llevan a adicciones de drogas y dependencia emocional. La atadura a otras personas tiene como intención positiva satisfacer un deseo inconsciente, como si el elemento de adicción en cuestión pudiera llenar un vacío. Pero ese vacío jamás será llenado porque ningún «suplente» puede convencerlo de que es el «titular». Con las personas o los instantes en la vida de las personas no hay posibles suplentes. Cada uno es como es y, cuando una madre o un padre se mueren o están ausentes, no hay nadie que pueda cubrir ese lugar.

Este es un documental sobre la cantante británica Amy Winehouse, cuya vida acabó a los 27 años, en julio de 2011, por un paro cardíaco a consecuencia de los excesos con las drogas, el alcohol y otras sustancias, agravados por la bulimia. La autopsia reveló que murió de un coma etílico. Según se dice, en la vida de Amy tuvo un gran impacto la separación y divorcio de sus padres, un proceso que no pudo superar. El encuentro con una pareja, Blake Fielder-Civil, y la turbulenta relación hicieron el resto. Las sustancias adictivas fueron un paliativo a las necesidades que continuaron descubiertas a pesar de los excesos. En la canción *Rehab* (2006) nos desvela la relación que estableció entre amor y alcohol:

> *I'm gonna, I'm gonna lose my baby / So I always keep a bottle near.*
> Traducción al castellano: «Sé que voy a perder a mi chico / así que siempre tengo una botella cerca».

»Necesito tener problemas para sentir mi fuerza creativa». En estas palabras suyas también hay adicción a una forma de vida que la acompañó desde pequeña. Sus padres dijeron que no podían dominarla, y ella solo se sentía entendida por su abuela paterna.

Por lo general, un niño puede sentirse abandonado por el padre del sexo opuesto y volverse dependiente de los demás, satisfaciendo a los otros y olvidándose de sí mismo con el claro objetivo de no volver a ser abandonado. Hay que recordar que lo importante es lo que la persona siente y cómo interpreta lo que está viviendo, su experiencia, y no lo que está viviendo. Lo que le ocurre es insignificante. La manera de vivirlo es peculiar e intransferible. Es una herida que ha programado una adicción a las otras personas. Solo habrá que observar qué tipo de comportamiento tiene ante los demás para saber cuál ha sido el conflicto previo.

Título: *Fathers and Daughters*
Otros títulos: *De padres e hijas*
País: EE. UU.
Año: 2015
Director: Gabriele Muccino

El mensaje: En las relaciones constatamos el patrón de heridas programantes por su repetición. La dependencia emocional a partir del abandono es una de ellas.

En la primera parte de esta película se tratan temas como la muerte de un progenitor (en este caso de una madre en un accidente), la culpa, la crianza de una hija por parte de un padre viudo, la enfermedad mental que sufre el padre (brotes psicóticos) y la debacle profesional. Son situaciones que actuarán como programas debilitantes en Katie.

En la segunda parte se describe la lucha de Katie cuando se enfrenta a los recuerdos de su infancia y las adicciones y dependencias por las que atraviesa su vida, la infidelidad y los sentimientos de culpa. Son las consecuencias.

Abandono es lo que siente Katie después de la muerte de su madre y el ingreso de su padre en un psiquiátrico. No le quedó nada a lo que asirse de pequeña y de joven intenta suplir el contacto con las personas mediante el sexo sin compromiso: así nadie la abandona. Ya se encarga ella de dejar las relaciones.

El listado de películas donde las adicciones roban la vida de las personas es enorme y las sustancias, sumamente diversas. Cuando se entra en el sistema de compensación del dolor mediante una sustancia o un comportamiento adictivo se inicia un camino sin retorno, a no ser que la herida inicial pueda sanar. Adicción al juego en *Rounders* (1998), de John Dahl; *Addiction* (2007), de HBO, para las adicciones en general; *Nymphomaniac* (2013), de Lars von Trier, o *Addiction* (2004), de Minna Virtanen, para la adicción al sexo. Asimismo encontramos *El lobo de Wall Street* (2013), para la ambición desmesurada y sin escrúpulos de poder y dinero; *Una segunda oportunidad* (2014), *Ray* (2004), *Trainspotting* (1996), *Kids* (1995) o *Réquiem por un sueño* (2000), para la adicción a las drogas. *Amor sin control* (2012), de Stuart Blumberg, trata la adicción al sexo de un grupo de personas que participan en una curiosa terapia para recuperar sus vidas en la que todos apoyan a todos. También aborda el impacto que tiene la adicción en los familiares y amigos.

Cuando un hombre ama a una mujer (1994) narra la vida de un matrimonio en el que Alice, la mujer, lucha por salir de su adicción al alcohol y de su incapacidad de relacionarse si no es mediante una copa, tan preciada para ella. Alice dice: «Es probable que el origen esté en un padre bebedor y una madre que me ignora y que es crítica». Michael quiere ayudar a toda costa a su mujer y mantener su familia tal como la construyeron desde su unión. Al no conseguirlo, se culpabiliza, hasta que se da cuenta de que lo que realmente necesita Alice es ser escuchada. Es un claro retrato de cómo la adicción afecta a toda la vida de la familia, influye en su desestructuración y también depende de la ayuda que se recibe en un grupo de autoayuda, en este caso Al-Anon. Otras películas para entender el alcoholismo son: *Leaving Las Vegas* (1995), *28 días* (2000), *Amor sin control* (2012), *Submarino* (2010), *Blue Valentine* (2010) o *Días de vino y rosas* (1962).

Miles el grande (2015) rememora la vida del legendario músico de jazz Miles Davis y su adicción a las drogas, lo que le mantiene alejado de la composición y de las personas. Es la destrucción visible del ser humano, del músico, de la pareja, del padre que no pudo estar con sus hijos y de todo el mundo que construyó.

ÁNGELES WOLDER HELLING

Los trastornos de comportamiento

Oficialmente se denominan trastornos psiquiátricos. Se dan por la unión de al menos dos conflictos biológicos cuyo resultado es un trastorno en el comportamiento de la persona. Vacío emocional, trastornos obsesivos compulsivos (TOC), depresión, mitomanía, megalomanía, sentirse confuso y perdido, ninfomanía, paranoia, autismo o alucinaciones visuales o auditivas son algunos de ellos. En estos casos, la propia persona percibe poco de su estado alterado, no es conocedora de las características alteradas, pero los que la acompañan, sus allegados, sí que lo observan y se encuentran con situaciones comprometidas.

Los conflictos biológicos unidos pueden ser de cualquier órgano y de cualquier capa embrionaria. Ante un conflicto único aparece un síntoma físico, pero cuando son dos o más, la actividad conflictual se une para evitar una actividad electrofisiológica nociva para el sistema nervioso.

Woody Allen nos ha regalado varias películas en las que son visibles los trastornos mencionados. Una en la que, aparte de otros temas, trata del desequilibrio que se produce en una mujer después de vivir situaciones que la desestabilizan es *Blue Jasmine* (2013), y otra en la que un hombre joven vive una perpetua nostalgia es *Medianoche en París* (2010), en la que Owen Nilson, un escritor frustrado, se aferra al pasado para poder hacer frente al presente. La nostalgia le sirve de escape y alivio, como si tomara un analgésico, una pastilla que solo provoca más molestias que consuelos.

Título: *Blue Jasmine*
País: EE. UU.
Año: 2013
Director: Woody Allen

El mensaje: La programación inicial marca todos los aspectos de la vida.

Trata cuestiones psicológicas interesantes como la negación, la idealización, el uso de la fantasía para evadirse de una realidad que no conviene y la mentira. La protagonista se crea un mundo distorsionado y de engaños en correspondencia con sus deseos, ya que el mundo real le resulta demasiado duro para conectar con él. Se aleja de la pobreza, la miseria y la mediocridad con el autoengaño de la belleza, el glamur, la idealización del dinero y la vida esplendorosa en la que todo vale para poder gozar de sus beneficios.

Un primer conflicto biológico vivido por la protagonista es la falta de reconocimiento y de lugar, conocido como conflicto de identidad, que planea en su vida desde que es dejada en una institución y luego adoptada junto a una hermana adoptiva con la que hacen continuas diferencias. De adulta, organiza su vida esplendorosa al lado de un hombre de pocos escrúpulos con el que vive una fantasía hasta que lo encarcelan y pierde todos los bienes, quedando ella en la ruina. Esto supone el segundo conflicto de invasión del territorio con miedo por lo que va a perder. «Me quieren quitar lo mío». El trastorno que aparece en Jasmine es la mitomanía. Según el Diccionario de la Lengua Española, es la «tendencia o inclinación patológica a fabular o transformar la realidad al explicar o narrar un hecho». Es una alteración psicológica que consiste en mentir de manera compulsiva y patológica. La persona falsea la realidad para poder llevar mejor todo aquello que no le gusta. Por ejemplo, si se siente desvalorizada, intentará creer y hacer creer a los demás que ha hecho algo para ser valorado.

Es el resultado de varios conflictos activos que conforman un trastorno de comportamiento o alteración mental. La persona está llevando a cabo mediante el síntoma (la mentira) aquello que en la realidad no puede conseguir. En el caso del rector que plagia diversos libros, podemos inferir que siente que no puede escribir algo por sí mismo y lo copia para hacer creer a los demás que tiene ingenio, potencial, valor, inteligencia y talento, algo de lo que acaba convenciéndose él mismo. No valora las consecuencias de sus acciones y, para poder sostener la mentira, crea un sistema falso en el que los engaños forman la estructura.

Es probable que los niños y adolescentes que tienen comportamientos de mitomanía hayan tenido padres inestables, que no valoran lo positivo, y excesivamente exigentes, por lo que jamás los deseos paternos serán satisfechos. Así que ellos mienten para intentar demostrar algo que no es. De adultos, repiten el mismo comportamiento.

La Descodificación Biológica Original nos dice que antes de esta actividad mental la persona ha vivido un conflicto de identidad y falta de reconocimiento (con foco en hemisferio izquierdo, recto y ano), junto a un conflicto de invasión del territorio (con foco en hemisferio derecho, tráquea y bronquios).

Para el primer conflicto, la sensación es de «quién soy aquí», «nadie me tiene en cuenta», «diga lo que diga no me valoran» o «no tengo un buen lugar aquí». Sienten que no son o serán respetados.

Para el segundo conflicto, la vivencia es «están aquí para quitarme lo mío», «me amenazan en mi propio territorio», «vendrán a invadirme», «puedo perder», «susto o pánico por los atacantes».

Cuando el primer conflicto (identidad y reconocimiento) está más activo, aumenta la actividad maníaca y la persona intenta convencer a mucha gente de su valor, convirtiéndose, por ejemplo, en un orador profesional o una persona «cuenta historias» que convence con su discurso vacío. Si el segundo conflicto (invasión del territorio) estuviera más activo, se acentuaría el comportamiento depresivo y se volvería más introvertido. Hay una tercera posibilidad que es la mitomanía compulsiva, y en este caso, a los dos conflictos mencionados, se agrega la sensación de injusticia o contrariedad indigesta territorial. Bajo esta vivencia la persona no va a diferenciar verdad de ficción, hablará mucho intentando convencer, tendrá un discurso vacío de contenido, repetirá palabras soeces, atacará con un diálogo directo y mentirá mucho.

Mentir es huir, y huir es escapar de lo que no podemos controlar y dominar. Si lo contrario fuera posible, el ataque y enfrentamiento con la realidad sería el comportamiento establecido. A la protagonista no le es posible relacionarse con la vida desde lo que le toca vivir.

Título: *Precious: Based on the Novel Push by Sapphire*
Otros títulos: *Precious*
País: EE. UU.
Año: 2009
Director: Lee Daniels

El mensaje: Cuando el dolor es inmenso, una vida de ficción permite sobrevivir, aunque no sea lo más sano.

A veces la realidad supera a la ficción y ocurre lo que creemos inimaginable. Cuando los límites del dolor se han superado, solo queda la anestesia para mantenerse en pie cada día.

La protagonista, Precious, hace lo mismo que Jasmine en *Blue Jasmine* (2013): vivir en un sueño ideal para poder sobrevivir. Se instala en un mundo de fantasía cada vez que se encuentra en una situación de profundo conflicto. Las imágenes de horror son tapadas con lo anhelado. Situaciones de violación, incesto, violencia doméstica y agresiones físicas y verbales son tapadas bajo las imágenes de la idealización de una vida en la que se siente querida, admirada, triunfa, posee lo que desea y es feliz. Todo lo contrario de lo que vive en la realidad. Esto supone un alto coste para poder continuar la existencia y así darse un tiempo para escapar de tanta locura.

Cuando nuestra existencia no nos gusta

Quizás estemos convencidos de que somos los hacedores de nuestra propia vida y por ello creemos que escogemos estudios, trabajo, profesión, actividades, aficiones y hasta pareja cuando en realidad somos una clara muestra de cómo el pasado se proyecta en el futuro para poder quitar hierro a lo vivido. Repetir o compensar son las vías para solucionar el estrés pasado. Si en el pasado faltó algo en el sistema familiar, con frecuencia se intenta reparar. De lo que no hubo, ahora se busca más.

La elección de una profesión a menudo se hace en base a una necesidad del pasado, ya sea esta de la infancia, de los padres o de los antepasados. Observar las actividades que hemos realizado nos permitirá ver qué tensiones anteriores hemos querido desalojar. El trabajo es una vía de expresión intensa igual que lo es la pareja.

En la vida de Katie, en *De padres e hijas* (2015), aparece otro elemento a destacar: la construcción de su existencia a partir del dolor, la desprotección y las necesidades descubiertas de su infancia, ya que escoge la carrera de Asistente Social para proteger a los desfavorecidos. Una de sus tareas es encargarse de ayudar a una niña huérfana en dificultades y que no puede expresarse. Es como si cada vez que Katie ayuda a otros, se ayudase a sí misma dándose el tiempo, la dedicación y la calidad relacional que ella le da a los demás.

La repetición aparece en las sagas de deportistas, abogados, médicos, arquitectos, ingenieros, banqueros, comerciantes, profesores, criadores de animales, etc. Todos realizando lo mismo y honrando al fundador del clan familiar. ¿Qué esperan algunos padres de sus hijos? Que sean lo que ellos no pudieron ser (o hacer). *El juez* (2014), *La tierra y la sombra* (2015), *El médico* (2013), *Jappeloup: De padre a hijo* (2013), *El padrino* (1972) o *Con la magia en los zapatos* (2015) son algunas muestras de clonaciones familiares de padres a hijos, algo que perdurará hasta el fin de los tiempos de la misma manera. ¿Cuántas generaciones tendrán que hacer lo mismo hasta aprender que se puede hacer algo diferente?

Título: *Jappeloup*
Otros títulos: *Jappeloup: De padre a hijo*
País: Francia
Año: 2013
Director: Christian Duguay

El mensaje: La fuerza de los mandatos familiares puede pilotar la existencia.

Un joven, criado entre caballos, estudia Derecho, pero cansado de la vida del bufete deja un futuro prometedor para dedicarse en cuerpo y alma a su auténtica pasión: salto de obstáculos con un caballo por el que nadie apuesta nada. Retoma el camino de regreso a casa y su padre le acompaña en una vida de trabajo constante y algunos sacrificios. Su padre siempre anheló que su hijo continuara con el negocio familiar, aunque también le quiera ofrecer libertad. Vemos cómo se marchó para desarrollar otra actividad, pero finalmente, como llamado por alguna magia interna, acabó haciendo lo que su familia quería. Quiso escapar a su destino y este finalmente le colocó donde la fuerza familiar le atrajo.

Título: *Babam ve Oğlum*
Otros títulos: *Mi padre y mi hijo*
País: Turquía
Año: 2005
Director: Çagan Irmak

El mensaje: Puede ocurrir que, cuando un padre quiere traspasar un negocio familiar a un hijo y este no desea continuar, comiencen las desavenencias y los problemas familiares. Revisar los anhelos y expectativas depositadas sobre los otros ayudará a permitirles ser quienes son.

En *Mi padre y mi hijo* (2005) se ve hasta qué extremo puede llegar la no aceptación del derecho del hijo a decidir su propia vida. El padre siempre anheló que su hijo estudiara Ingeniería Agrícola para quedarse en las tierras familiares, pero el periodismo y la época convulsa en la que se encuentra en los años setenta le atraen más. Por problemas políticos tiene que regresar al hogar familiar y enfrentarse a las tradiciones y a todo aquello de lo que ha querido alejarse para ser él mismo.

Título: Le fils à Jo
Otros títulos: Mi hijo y yo
País: Francia
Año: 2010
Director: Philippe Guillard

El mensaje: Si bien biológicamente vivimos la renuncia a los mandatos familiares como una posible exclusión, tenemos que evitar caer en esta creencia.

En *Mi hijo y yo* (2010), Jo Canavaro (Gérard Lanvin) es descendiente de una familia de ganadores deportivos, todos ellos auténticas leyendas del *rugby*, y quiere que su hijo Tom, de trece años, continúe el mito familiar, cosa que el niño no puede hacer ya que es majestuoso en las matemáticas y un desastre en el deporte. Jo, el padre, no consigue renunciar al sueño de ver a su hijo coronado con los laureles de los buenos resultados en el terreno de juego e intentará lo imposible para obtener su deseo. Se crean un sinnúmero de conflictos sociales ya que la gente del pueblo también se opone a este padre obcecado o más bien manipulado por el hilo de la historia familiar. Cuánto dolor y tristeza por seguir los mandatos familiares. Renunciar es sentir que uno ya no pertenece. Es la exclusión, y eso es lo mismo que pasar por un peligro porque en la naturaleza un animal solo es igual a un animal muerto, un registro que nuestro inconsciente lleva grabado.

Las compensaciones

Compensar es subsanar o suplir lo que hubo antes. Hubo un momento en el que necesitamos algo que no estuvo y otros en los que tuvimos algo que no deseábamos. Vivimos meciéndonos entre dos ideas, que son: lo que tengo no lo quiero y lo que quiero no lo tengo. La compensación se basa en el mecanismo de dar o darse aquello que faltó o sobró, por lo que será un mecanismo de reproducción haciendo de más o de menos. En una familia en la que hubo muchas estrecheces puede ser que alguien busque sobresalir y para ello haga de más, pero también cabría la posibilidad de que otro miembro hiciera lo mismo (repetición) aunque hiciera de menos.

Título: *The Great Gatsby*
Otros títulos: *El gran Gatsby*
País: Australia
Año: 2013
Director: Baz Luhrman

El mensaje: Es posible que intentar salir de la pobreza a cualquier precio sea la compensación al dolor y la vergüenza, ambos programantes de situaciones de carencia.

En el Nueva York de los años veinte del siglo pasado cobra notoriedad un gran buscador de riquezas que intenta salir del medio en el que creció. Ese es Jay Gatsby, un joven que se hace a sí mismo enriqueciéndose más y más. Jay representa a un hombre misterioso que siente vergüenza por su humilde familia, de la que se aleja para ir a conquistar el corazón de una rica joven que no querrá estar a su lado. Vive obsesionado organizando fiestas con el objetivo de atraerla hacia sí para vivir con ella todo lo que no tuvo en su familia.

Bruce Willis, en *El chico* (2000), como consecuencia de los eventos dolorosos de su infancia, hace el mismo intento desesperado de alejarse de su historia convirtiéndose en un ejecutivo de éxito que no tiene contacto con su padre ni con los suyos. Todo lo que le faltó, lo intentó cubrir con éxito, poder, dinero y bienes, pero tuvo escasas relaciones personales.

En ese sentido hay que recordar que la fuerza que ejerce la persona hacia el exterior del núcleo para alejarse de las redes sistémicas de la familia es igual a la fuerza centrípeta que hará la familia para acercar al miembro perdido.

La compensación también se practica haciendo menos, por ejemplo, no queriendo seguir una línea familiar o una determinada manera de vivir. Ponerse la vida difícil y no querer soportarla. Algunos ejemplos serían: no conseguir los resultados; no llegar a estudiar o acabar una carrera; no conseguir trabajo o tener trabajos que no gustan o no se disfrutan, siendo tan solo un medio para sobrevivir; vivir en la escasez; trabajar sin parar porque la «vida es difícil y dura»; alejarse de las relaciones sanas o de la posibilidad de construir una familia propia. Todos ellos son unos pocos patrones de cómo se puede materializar la negatividad en la vida.

El llamado «fracaso» puede que no guste, pero sería el mejor resultado que existe para compensar algún conflicto anterior. Solo hay que descubrirlo.

Podemos preguntarnos cuál es el propósito de nuestra existencia y para ello recordar qué nos hacía felices de pequeños, con qué soñábamos, qué daría sentido a los dones que traemos a esta existencia y cómo los podemos poner a disposición de la humanidad. Quizás el resultado sea algo que determine lo que realmente somos y brille el diamante que llevamos dentro.

Estamos enfermos por callar aquello que nos duele. Todo lo que enmudecemos tiende a salir hacia afuera y, en el camino, el dolor encuentra el cuerpo, que se pone a disposición de la mente para eliminar la tensión.

Tantas situaciones sin comprender porque toca vivirlas, eventos desagradables, dolores del alma con sus noches oscuras, preguntas sin respuestas o respuestas que no nos gustan, momentos que no se quieren recordar. Muchos sufrimientos sin explicación. Cualquier persona desde afuera no puede saber lo que se siente y mucho menos juzgar lo que viven otros.

Ya se lo dicen los escoceses a una mujer inglesa en la serie *Outlander* (2014), en la primera temporada: «No se debe juzgar lo que uno no entiende».

Cuento: *El destino*

Durante una batalla, un general japonés decidió atacar aun cuando su ejército era muy inferior en número. Estaba confiado en que ganaría, pero sus hombres estaban llenos de dudas. Camino a la batalla, se detuvieron en una capilla. Después de rezar con sus hombres, el general sacó una moneda y dijo: «Ahora tiraré esta moneda. Si sale cara, ganaremos. Si sale cruz, perderemos. El destino se revelará».

Tiró la moneda en el aire y todos miraron atentos cuando cayó al suelo. Era cara. Los soldados estaban tan contentos y confiados que atacaron vigorosamente al enemigo y consiguieron la victoria. Después de la batalla, un teniente le dijo al general: «Nadie puede cambiar el destino».

«Es verdad», contestó el general mientras mostraba la moneda al teniente, que tenía cara en ambos lados.

¿Cuál crees que es la moraleja del cuento? ¿Has visto alguna película que te haya revelado este aprendizaje?

10
Cuando los miedos pilotan la vida

«El miedo es el camino hacia el Lado Oscuro. El miedo lleva a la ira, la ira lleva al odio, el odio lleva al sufrimiento. Percibo mucho miedo en ti».

Yoda a Anakin en el Consejo Jedi.
La guerra de las galaxias.
Episodio I: La amenaza fantasma (1999)

Conjuntamente con las heridas programantes ante eventos traumáticos se activan las aprensiones y el pavor. Solemos vivir con miedo todo aquello que no podemos controlar, como si hubiera algo controlable en la vida. Nos angustia la enfermedad propia o la de los seres queridos, las pérdidas (materiales o inmateriales), la vejez, la muerte, una vida con problemas, no conseguir unos resultados, no ser quienes queremos representar y tantas cosas más que cada uno se puede preguntar. Vivimos aferrándonos a todo para no perderlo, pero te aseguro que marcharemos de aquí libres de equipaje y sin poder cargar nada más que nuestra historia sobre las espaldas.

Usamos estrategias para no sentir el miedo o, lo que es lo mismo, hacemos de avestruces metiendo la cabeza en un hoyo para no verlo. Pensamos que, si ignoramos los miedos, estos desaparecerán, pero nada más lejos de la realidad. Seguirán y nos perseguirán. El miedo bloquea, paraliza, encierra, ciñe el círculo de acción, aísla, acorrala, incomunica e impide una vida libre. En algún momento hay que tomar un poco de impulso, mirar atrás para ver dónde se ha originado y sentirlo con toda su contundencia para poder liberarlo.

El miedo es la constatación de que la persona no puede poner amor por los motivos que sean. No se juzga. Miedo y amor son emociones que van juntas de la mano por la vida. En realidad, solo hay amor por exceso o por defecto. El miedo es la ausencia de amor de la misma forma que la oscuridad es la ausencia de la luz. Sin luz no somos capaces de ver lo que nos es necesario ver. La luz llega al liberar nuestra propia oscuridad.

Con frecuencia nuestros miedos aparecen proyectados en nuestros hijos, quienes, incluso antes de nacer, ya se han cargado con una dosis importante que seguramente harán propia.

Título: *Delivering Milo*
Otros títulos: *El cielo no puede esperar*
País: EE. UU.
Año: 2001
Director: Nick Castle

El mensaje: Si estás gestando, tienes que saber que las pequeñas moléculas con los neuroquímicos del estrés atraviesan el filtro de la placenta y, por ende, el bebé siente lo que siente la madre. Agitación, ansiedad, abatimiento, negrura, amargura, tristeza. Por suerte, también vivimos todas las emociones, sentimientos y sensaciones que viva la madre en positivo.

En general, todas las madres (y los padres), cuando están gestando, reviven su propia historia y el simple hecho de convertirse en padres les hace evocar las vivencias con su propia madre o con su padre,

EL REFLEJO DE NUESTRAS EMOCIONES

a veces con recuerdos dolorosos e insoportables que quisieran olvidar pero que pulsan por salir. El cuerpo recuerda.

¿Qué pasaría si una almita que tiene que nacer se niega a hacerlo? ¿Qué puede estar viviendo para sentir ese impedimento? Quizás algo tengan que ver sus padres. Kevin y Elizabeth son una pareja que esperan un bebé a punto de nacer, pero este está bloqueado en algún lugar del cielo debido a los miedos o vacíos existenciales de su madre. Tras muchas horas de espera en el hospital y con el pánico avanzando cada vez más, los padres tendrán que revisar algunos temas de su propia historia familiar, lo que incluye limpiar los miedos relacionales, para que el bebé consiga aterrizar en el planeta Tierra, específicamente en Nueva York. Eldmore, un ángel de la guarda, se encargará de convencerlo del fascinante futuro que podrá vivir junto a sus padres. Además, las puertas del cielo se cierran y no se puede sostener por más tiempo la inacción producida por el miedo. Quiero recordar que el miedo bloquea, quita vida, enferma y desequilibra, aspectos que veremos en esta película.

Las reacciones por miedo nos llevan por caminos fangosos. Lo podemos ver en la vida misma con ejemplos comunes como los siguientes.

Un hombre (abuelo de una consultante) pierde a su mujer en un parto. Vive desde el dolor, la autocondena y los juicios. Siente miedo y se culpabiliza. El miedo le lleva a tomar decisiones que luego considerará equivocadas. Como ya tiene cinco hijos de edades comprendidas entre los siete y los dieciséis años, se siente desbordado y rápidamente busca una mujer con la que casarse para que cuide de la casa y la familia. Escogió un camino en base al miedo ante lo que se le presentó. Poco a poco la estabilidad familiar se viene abajo y no tardan en aparecer los problemas, hasta que uno a uno los hijos se van marchando para ya no regresar. No hay nada en ese sitio del que nutrirse. ¿Para qué volver?

La mujer que consulta se pregunta cómo es posible que siempre tenga el mismo tipo de relaciones y que el formato sea idéntico. Comienza con entusiasmo, empiezan las demandas sin poder satisfacerse, se pasa al reproche y al desgaste progresivo, por miedo a estar sola continúa un tiempo hasta que se marcha a vivir otra vez junto a su soledad. Cuando reconoce el dolor de su padre ante la muerte de su madre, el cambio de vida de toda la familia, el dolor del abuelo al encontrarse solo y su reacción ante el miedo, puede comprender por qué siempre ha buscado el mismo tipo de relación. Una vez que la lección está superada puede pasar a otro tipo de experiencias.

El miedo al otro, a sus diferencias, provoca la separación de las personas. Por miedo, dejamos de amar y empezamos a odiar, poniendo por delante todo tipo de justificaciones.

Título: *Jamón, jamón*
País: *España*
Año: 1992
Director: Bigas Luna

El mensaje: La evolución de los seres humanos en el terreno afectivo dista mucho de estar completa. Los miedos moldean las actuaciones en contraste con la necesidad de canalizar las emociones, las cuales, de forma equivocada, buscan salir a través del apetito y el desmadre sexual. Sin embargo, las consecuencias son casi imperceptibles para los protagonistas de esta historia.

El miedo a la diferencia y la no aceptación del otro se muestran en las luchas entre los dos clanes o familias del pueblo. Los que representan a los ricos (llamados la madre puta, el padre y el niñato) son dueños del comercio local que provee a todo el pueblo, y los que son pobres (llamados la puta madre, la hija de puta y sus dos hermanas) viven sufriendo las idas y venidas del padre, que es camionero, alcohólico y despreocupado. Cuando el joven rico deja embarazada a la joven se pone en marcha el conflicto.

EL REFLEJO DE NUESTRAS EMOCIONES

Título: *Boyhood*
Otros títulos: *Momentos de una vida*
País: EE. UU.
Año: 2014
Director: Richard Linklater

El mensaje: Cuando los vínculos relacionales se establecen desde el miedo y no desde el amor, a poco de generarse comienzan a surgir los problemas. Por ejemplo, si una relación se basa, por parte de uno de los miembros, en el miedo al abandono, este miedo le lleva a aferrarse y depender del otro intentando que no le vuelvan a abandonar. La clave está en darse cuenta de ello y establecer unos vínculos afectivos reales y firmes. Llenarse y rellenarse de lo que nos faltó es responsabilidad de cada uno de nosotros. Es el trabajo de nuestra vida en este plano de evolución.

Centrada en una familia norteamericana, la película muestra su desestructuración, sus amores y desamores, las bodas y divorcios, las malas relaciones y la pérdida de referentes de los padres. Un matrimonio que tiene dos hijos se separa. La madre va de ciudad en ciudad, de casa en casa, de pareja en pareja, y no consigue lo que tanto anhela. A su vez, los hijos «sufren» el carácter y la personalidad de los hombres con los que se une la madre. Empujada por el miedo a estar sola, al fracaso, a no poder ser autosuficiente, a no hacerlo bien, a no ser nada, encuentra en las relaciones un posible alivio a sus aprensiones. Así, genera relaciones asfixiantes en las que le pide al otro algo que nunca le podrá dar o que tendrá que ofrecer con un alto coste personal. Somos complementarios, pero no suplimos lo que a otro le falta.

Esta película es el retrato de la situación en la que, durante doce años, los hijos pasan de la infancia a la adolescencia, de mudanza en mudanza, diferentes colegios, distintos amigos, peleas y controversias familiares, desilusiones y una constante sensación de zozobra, malestar, sorpresas y descoloque. Mason, el joven protagonista, se da cuenta de cuán perdidos se encuentran tanto él como su entorno, y de los afectos a los que se ha unido para sobrevivir a la confusión. Su padre le dice que «vivir es lidiar con la improvisación lo mejor posible». Adaptarse para sobrevivir.

Según Bowlby[13], un niño que sabe que su figura de apego es accesible y sensible a sus demandas siente un fuerte y penetrante sentimiento de seguridad, y eso le anima a valorar y continuar la relación.

Título: *Manglehorn*
Otros títulos: *Señor Manglehorn*
País: EE. UU.
Año: 2014
Director: David Gordon Green

El mensaje: Sentimos el miedo como si fuera real cuando en realidad es nuestra propia ficción. El miedo al dolor que sus vivencias provocan puede alejarnos del amor.

Esta película presenta el retrato de un hombre que se queda mirando sus heridas e impide su cicatrización. El amor pasó igual que el viento y ahora solo queda el recuerdo de una historia de pasión, equivocaciones y ruptura. Al Pacino representa a un cerrajero avejentado que vive sumido en una monotonía bañada de melancolía por el amor perdido. Lo adereza algún ocasional brote de rabia en el trabajo, en su casa, con su gata, en el Casino o en las relaciones con su hijo.

El miedo limita y no permite el cambio. Las creencias no tardan en caer, algo que queda representado en otra película, *Belleza inesperada* (2016), con las piezas del dominó que empuja Howard Inlet, sumido en el dolor y la depresión. Es una clara imagen metafórica del

---

[13] Bowlby, J. (1993).

derrumbe, después de haber construido todo minuciosamente, pensado al milímetro. Un simple toque de la vida y todo se va abajo, y eso puede resultar inaceptable, tan insoportable que se entra en guerra con uno mismo.

Título: Boulevard
País: EE. UU.
Año: 2014
Director: Dito Montiel

El mensaje: La vida nos sorprende a cada momento. Lo que hagamos puede ser maravilloso, o bien podemos continuar repitiendo patrones por miedo.

Nolan Mack es un hombre con una existencia aburrida y sombría que ha pasado veintiséis años trabajando en un banco, mientras convivía con su esposa Joy, en un matrimonio tapadera, ocultando sus verdaderos deseos sexuales. Todo tiene el mismo color hasta que le proponen un cambio de trabajo que le produce mucho miedo. A su vez, conoce a un joven con el que establece una relación y tiene una gran dificultad para mantenerla. Estos cambios que aparecen en su vida le llevan a darse cuenta del secreto que ocultaba en su interior, rompe los límites de su vida y llega a un acuerdo consigo mismo.

Título: The Remains of the Day
Otros títulos: Lo que queda del día
País: Reino Unido
Año: 1993
Director: James Ivory

El mensaje: El miedo al afecto, el miedo a sentir, sumado a las normas y a los modos de proceder rígidos, nos sume en un mundo oscuro que nos aleja de lo que realmente nos hace bien. Hay que soltar lastre para poder vivir lo que produce satisfacción.

Es una adaptación de la novela *Los restos del día*, de Kazuo Ishiguro, en la que un mayordomo perfecto en la Inglaterra de mediados del siglo pasado, Stevens (Anthony Hopkins), vive una rutinaria vida que le da seguridad. Sin embargo, la estructura de vida se tambalea cuando las emociones y los sentimientos entran en juego, algo que sucede cuando llega a la mansión la señorita Kenton (Emma Thomson), una fresca y dulce ama de llaves que desestabiliza hasta el encofrado mismo de la construcción de Stevens. Cuando el mayordomo baja la guardia de la tradición y lo racional, y por la lealtad o el sometimiento voluntario a Darlington (la mansión y el amo), su silencio inflexible con la señora Kenton, Stevens pierde la oportunidad de ser feliz por primera vez en su vida y se da cuenta de que el trabajo ha absorbido su vida. En el camino que efectúa Stevens en su viaje para reencontrarse con la señora Kent, Hopkins desvela parte del dolor que durante tanto tiempo le ha atenazado, es un hombre que ha sido prisionero de sí mismo y de su pasado y que sabe que tiene la última oportunidad de enmendarlo todo.

Título: *La delgada línea amarilla*
País: México
Año: 2015
Director: Celso R. García

El mensaje: No demostrar emociones es un patrón que habla del miedo a lo que puede venir si la compuerta se abre.

Esta película cuenta la historia de cinco hombres contratados para pintar 200 km en una carretera de San Luis Potosí, México, en donde el estereotipo de hombre es el de macho recio que no llora ni demuestra sus sentimientos y el jefe tiene que ser el más duro. Las cinco historias de vida se enredan alrededor de la pintura de una fina línea, en una metafórica carrera, al tiempo que enfrentan miedos y culpas. Es un viaje interno mediante una aventura que lleva a la expiación.

Título: *Todo sobre mi madre*
País: España
Año: 1999
Director: Pedro Almodóvar

El mensaje: Escapar de una ciudad para que un hijo no crezca cerca del padre, por miedo a lo que este pudiera aprender, es hacer crecer al hijo con la mitad de su identidad. «Anoche mamá me enseñó una foto de cuando era joven, le faltaba la mitad. No quise decírselo, pero a mi vida también le falta ese mismo trozo».

En *Todo sobre mi madre* (1999), vemos el dolor de una existencia que se trunca cuando Esteban, el hijo, muere repentinamente y su madre, Manuela, después de diecisiete años regresa a Barcelona para decirle al padre lo que ha ocurrido. La búsqueda del padre se realiza tanto física como psicológicamente.

Algo similar lo veremos en otra película, titulada *Coco* (2017). Es lo que ocurre en la vida de la familia de la bisabuela Mamá Coco, ya que su padre desapareció de la foto familiar desde el momento que se marchó a buscar un futuro en el mundo de la música y ya no regresó. Es una excelente manera de ver los miedos familiares y el mecanismo adaptativo usado, la negación del otro y de todo lo que conlleva, como el hecho de no volver a oír música porque esta se relaciona con peligro.

Miedo y más miedo que anula la vida. Miedo que encierra. Miedo que atrapa. Miedo que no se puede soltar. ¿Y qué hay que hacer para poder salir de una situación así?

Aunque en cierto modo advierte del peligro, el miedo es una construcción irreal. Fuera de los márgenes en los que el miedo tiene una justificación, pasa a ser una cuerda tensa que no nos permite movernos. Pertenece a nuestra percepción. Está dentro de nuestra mente de manera artificial y nos apresa. A veces más y a veces menos, pero cuanto más nos concentramos en aquello que tememos, más potenciamos su falsedad y lo convertimos en una realidad, algo que en algún momento se materializa.

¡Qué paradójico saber que la jaula tiene la puerta abierta y no salir a la vida para jugar el mejor partido de nuestra historia, solo por miedo!

Para poder liberarnos del miedo hay que sentirlo. El miedo se elimina si se vive o se va al origen y se revive con toda su intensidad hasta agotarlo.

Alejandro Jodorowsky[14] dice: «Yo estaba acuclillado, aferrado con mis garras al globo terráqueo, viajando a través del cosmos. Comenzó a amanecer. Percibí el movimiento del planeta girando para ofrecer, parte por parte, su superficie a la caricia del sol. Sentí el gozo de la Tierra recibiendo la luz y el calor vital y también sentí la euforia solar en su don incesante e inseminador y, alrededor de aquello, la alegría de los otros planetas y la de las estrellas atravesando el firmamento como iridiscentes navíos. Todo estaba vivo, todo era consciente, todo, entre explosiones, nacimientos y catástrofes, estaba danzando entregado a la maravilla del instante. Esas eran las misteriosas bodas alquímicas: la unión del cielo y de la tierra, la fusión del animal-vegetal-mineral con el inmaterial espíritu en el corazón humano, es decir en la fuente donde surgía a torrentes el amor divino».

---

[14] Jodorowsky, A. (2014).

Ejercicio

Te invito a que identifiques una situación de miedo y la describas con diez pensamientos o frases tipo: «El miedo es como...».

Luego escribe el miedo en un papel y acércalo despacio a tu piel, como si hicieras una visita a las distintas partes de tu cuerpo. Entra en contacto suavemente, a través de toda la superficie corporal. Observa qué sensaciones atraviesan tu cuerpo en general y las que aparecen en particular ante cada contacto. A medida que se acepta atravesar la noche oscura de los miedos, pueden aparecer imágenes de otros momentos similares que necesitan revivirse. Si estás a la escucha de lo que ocurre, en pocos minutos habrá cambiado el estado.

11
La programación heredada de ancestros y antepasados

«Las raíces de una persona no son objetos físicos que se agarran a la tierra como las de los árboles. Las raíces se llevan dentro. Son los tentáculos que se extienden a lo largo de nuestras terminaciones nerviosas y nos mantienen enteros. Van contigo adonde tú vas, vivas donde vivas».

Luz Gabás, *Palmeras en la nieve*

Una de las etapas en que se cargan nuestras mochilas con programas que condicionan nuestra personalidad es la vida de nuestros ancestros. Llevamos en nosotros la memoria de cómo han vivido los eventos traumáticos por los que han tenido que pasar, pero también las soluciones ganadoras que les permitieron sobrevivir.

El árbol que nos construye

La carambola del destino puede provocar los cruces de caminos más insospechados y el resultado siempre será el que el árbol familiar necesite.

Cada uno nace en una familia y, por lo general, crece en la misma, la que nos ha tocado o la que nos hemos pedido para experimentar en esta vida. Está compuesta por padres, hermanos, tíos, abuelos, bisabuelos, tatarabuelos y muchos más.

Cada miembro tiene una historia con partes agradables y desagradables, y a su vez se convierte en un referente de sus descendientes para enfocar el mundo, un modelo para relacionarnos y un espejo que nos da pistas acerca de quiénes somos. De forma inconsciente completamos los proyectos del sistema familiar, que a menudo asumimos como propios. Somos un eslabón entre el pasado y el futuro.

Somos un magnífico eslabón y no la cadena completa.

El análisis transgeneracional es el estudio de los vínculos que la persona tiene con las generaciones pasadas. Son las conexiones que se han ido tejiendo a lo largo de la historia familiar, de modo que la exploración del sistema familiar implica analizar las relaciones del árbol, las dinámicas de interacción, los códigos de funcionamiento, los sistemas de mandatos, creencias y valores, los ritos, mitos, costumbres, las imágenes y la narración interna acerca de la familia. Es como el cuento que nos ha acompañado toda nuestra vida y que ha impregnado de significado a las acciones. Lo que recibimos de nuestros ancestros es mucho más que el color del cabello o de la piel, el andar, un biotipo, un don especial para la realización de una actividad o unas características personales o de carácter como el enfado o ser ahorrador.

En resumen, tenemos una memoria biológica que activa lo vivido ante situaciones de conflicto biológico, y una memoria psíquica, que contiene las vivencias, las creencias, los valores y la forma de vivir y de reaccionar de nuestro linaje.

«Quien olvida su historia está condenado a repetirla».

Marco Julio Cicerón

EL REFLEJO DE NUESTRAS EMOCIONES

Hasta hace muy poco se creía que la transmisión biológica se realizaba mediante los genes y que en ellos venía el «destino» inamovible en cuanto a herencia física, enfermedades, síntomas o características propias de la persona.

Hoy, la epigenética, llamada así por Conrad Hal Waddington[15], engloba los factores no genéticos que tienen influencia en el desarrollo de los individuos, y así sabemos que los genes marcan una tendencia, modulada también por lo que hicieron y vivieron nuestros ancestros. Lo que se transmite es la manera de vivir las situaciones conflictivas, y hay estudios, como los realizados por Rachel Yeduha y Linda M. Bierer[16], que demuestran cómo los traumas vividos por generaciones anteriores se manifiestan en hijos y nietos con adaptaciones físicas. Lo encontramos por ejemplo con distintos niveles hormonales del sistema de estrés, a pesar de que hijos y nietos no hubieran vivido las situaciones traumáticas.

Título: *Marie Curie*
País: Alemania
Año: 2016
Director: Marie-Nöelle Sehr

El mensaje: La fidelidad familiar invisible nos dice cómo debemos actuar o vivir y no hay otra posibilidad de escapar que no sea desanudar esos hilos que nos atan a la familia. La lealtad suele ser más fuerte que las ganas de cambiar.

Esta película muestra la influencia consciente o inconsciente entre los miembros de dos familias.

Helène Joilot estudió ingeniería, al igual que sus padres. Tenía ocho años cuando sus padres, Irene y Federico, muy diferentes de

---

[15] Waddington, C. (1953).
[16] Yehuda, R., & Bierer, L. (2008).

carácter, pero con un interés compartido por la física y por los deportes, e investigadores sobre radiactividad, obtuvieron un premio de reconocimiento internacional.

Michel estudió física nuclear, y su abuelo también era científico. Ambos trabajaban en el Instituto de Física y Química de París y ahí, de la misma manera que sucedió con los padres de Helène, se conocieron, se enamoraron y tuvieron un hijo llamado Yves, una eminencia en astrofísica.

Todos ellos tuvieron un claro compromiso con la sociedad. En cuatro generaciones recibieron cinco premios Nobel, tal vez intentaron repetir o compensar lo que no se pudo acabar en otro momento de la historia familiar.

Casi todos los miembros de la familia Curie se dedicaron a la vida científica y quizás fue Paul François Curie, un médico humanista discípulo de Samuel Hahnemann, fundador de la homeopatía, quien inauguró la genealogía cuando dijo: «Investigar es un placer».

También los miembros de la familia Sklodowska tuvieron amor por la ciencia. El padre de Marie (Marie Salomea Sklodowska, más conocida como Marie Curie) fue profesor de matemáticas y física en la época de la Polonia intervenida por el imperialismo ruso. El gobierno fue limitando en funciones al profesor hasta dejarle sin laboratorio donde investigar y sin poder enseñar. Se llevó sus materiales a casa, en donde instruyó a sus hijos, y así fue como ellos fueron amando lo que su padre les transmitía.

Los padres de Irene y abuelos de Helène, Pierre y Marie fueron científicos muy reconocidos. Se conocieron en la Universidad siendo Marie alumna de Pierre, ocho años mayor, quien murió atropellado por un carro en una calle de París a los 47 años. Marie quedó a cargo de dos niñas pequeñas, un laboratorio de investigación y una cátedra en la Universidad. Una vida intensa y muy ocupada haciendo tanto lo que ella quería como lo que la memoria de su marido le pedía. Después de cinco años, tuvo una relación con un compañero de trabajo,

Paul, reconocido mujeriego y discípulo de Pierre, casado con una mujer celosa, con seis hijos que alimentar. La esposa de Paul difundió la noticia, y la cacería se dirigió hacia Marie. Era una mujer, trabajadora, investigadora y extranjera, a la que le acababan de ofrecer un segundo premio por su trabajo. Sin embargo, un miembro del jurado le escribió para decirle que, como su nombre público estaba siendo cuestionado, sería mejor que no asistiera a recoger el premio. La respuesta de Marie fue contundente: «La decisión que me aconsejan que tome sería un error. De hecho, el premio se me ha otorgado por el descubrimiento del radio y el polonio. Creo que no hay conexión alguna entre mi trabajo científico y mi vida privada... No puedo aceptar la idea de que las calumnias y difamaciones de la vida privada puedan influir en el valor de la investigación científica. Estoy segura de que muchas personas comparten esta opinión. Me sabe muy mal que no piensen ustedes de esta manera».

¿Acaso la unión de Helène Joilot Curie, nieta de Marie Curie, con Michel Langevin, nieto de Paul Langevin, fue un intento de redimir y compensar lo que no pudieron materializar, más allá del amor platónico o del amor a escondidas, los abuelos de ambos?

Título: *Moana*
Otros títulos: *Vaiana*
País: EE. UU.
Año: 2016
Director: Ron Clements y John Musker

El mensaje: Todos los seres humanos guardan las propias experiencias vividas y las de los antepasados, tanto aquellos impactos positivos que actúan como recursos para afirmarse en la vida, como los negativos, que son las tareas inacabadas como trabajo personal que permiten cerrar ciclos y que no se transmitan a las generaciones siguientes.

Vaiana es una niña hawaiana que habita en la isla de Moto Nui, donde cada día honran a sus ancestros y veneran los mensajes que han dejado. Uno de esos mensajes es no salir de la isla para evitar los peligros del mar, algo que funciona como una creencia limitativa a la expansión. Pero Vaiana es inquieta y su abuela también. Cuando en la isla los recursos comienzan a escasear, se prohíbe ir a buscarlos en otros sitios, para asegurar la supervivencia. Vaiana tendrá que escoger entre seguir la tradición y los deseos de su padre o arriesgarse a ser ella misma. Sigue los deseos de su corazón y así ayuda a su pueblo al conseguir reparar un asunto inconcluso del pasado.

Título: *The Woman in Gold*
Otros títulos: *La dama de oro*
País: Reino Unido
Año: 2015
Director: Simon Curtis

El mensaje: La epigenética demuestra que los genes contienen una especie de interruptor, con el que son capaces de activar o desactivar el recuerdo a partir de un simple cambio de ambiente (un trauma emocional, deficiencias nutricionales, etc.). La posición de dicho interruptor se transmite de una generación a otra. Por lo tanto, la «memoria» de un evento genético puede abarcar generaciones sin que los individuos sean conscientes.

Es lo que vemos en *La dama de oro* (2015) cuando Randy se acerca en Viena a su pasado desconocido. No se trata solo de saber qué genes heredamos, también hay que preguntarse si se activan o no. Cuando los bisabuelos o abuelos han vivido situaciones de altísimo estrés, los nietos o los bisnietos tienen un aumento del nivel de cortisol y reaccionan como si estuvieran preparados para solventar la situación de riesgo.

EL REFLEJO DE NUESTRAS EMOCIONES

Basada en una historia real, Maria Altmann, una mujer judía que huyó de Viena durante la Segunda Guerra Mundial y que perdió a toda su familia asesinada por el sistema, regresa sesenta años después para reclamar las propiedades que los nazis les confiscaron, entre las que se encuentra el «Retrato de Adele Bloch-Bauer I», de Gustav Klimt. Le pide ayuda a un joven abogado, Randy, quien la acompaña en su lucha con el gobierno austriaco y la Corte Suprema de Estados Unidos, un proceso que duró más de diez años. Al mismo tiempo, se enfrenta a los terribles recuerdos de su pasado, los *flashbacks* e imágenes del horror y el trauma. Lo interesante es que Randy, a pesar de no conocer el pasado de su familia, tiene estrés postraumático cuando visita el monumento al Holocausto. Más allá de la recuperación material de la obra se trata de la restitución de la honra de la memoria familiar. Cerrar la historia de dolor y pasar a otro capítulo.

El medio en el que se produce y reproduce la historia de cada sujeto es la familia. Esta es un espacio privilegiado en el que se realizan los movimientos, cambios y transmutaciones necesarios de todos los procesos sociales y de contextos varios en procesos psicológicos. Es el medio en el que se pueden transmitir pautas multigeneracionales. Un ejemplo es cuando en una familia ha habido varias generaciones en las que se ha producido una muerte violenta (hombre o mujer) a manos de una pareja o en varias generaciones aparece incesto. El resultado es que los descendientes tendrán dificultades para establecer relaciones o para confiar en las personas.

En otro caso una persona no sabe cómo parar de trabajar en el presente y dedica su vida a su profesión. En la visita a sus ancestros ve cuán importante fue para la familia trabajar. Solo así pudieron sobrevivir. Solo así esta persona puede sobrevivir. Solemos estar enganchados al pasado viviendo algo que ya no nos corresponde.

ÁNGELES WOLDER HELLING

Síntomas transgeneracionales

Lo no resuelto en otras generaciones a menudo se manifiesta con existencias problemáticas (no consigo tener pareja estable, no me quedo embarazada, me enfado con facilidad, las reacciones con mis hijos son desproporcionadas, obligo al resto a hacer cosas y no entiendo por qué, etc.), con las llamadas «neurosis de fracaso o de clase» (no poder superar a los que estuvieron antes), con enfermedades o accidentes. Sin embargo, el pasado no solo se repite en negativo, sino que puede funcionar como un cofre de buenos augurios. Heredamos tanto lo doloroso y no resuelto como las soluciones ganadoras. Podemos hacer buen uso del material recibido, tanto biológico como psíquico, y la mejor forma es poder acceder a esas memorias, comprenderlas y, si fuera necesario, transformarlas.

Dice el protagonista de *Las normas de la casa de la sidra* (1999), Homer Wells: «Para averiguar si seré yo el héroe de mi propia vida o si otro ocupa ese lugar habrá que leer hasta el final». Cada uno es productor de su propio destino y el cien por cien de experiencias de nuestra vida cuentan y suman para construirnos.

Un discurso de ida y vuelta: mi yo de hoy enganchado al del ayer. La inmigración es un buen reflejo de ello, unos se fueron y otros regresan en un viaje de ida y vuelta como si la tierra se mezclara y el viento la llevara del aquí para el allá. Esos vientos pueden ser de agua, el nexo para llegar a otras tierras más fecundas a las que se iba con la esperanza de una vida mejor, no sin antes renunciar a no volver a ver el terruño en el que se había nacido y, en muchos casos, a su propia familia, a unos padres que despedían a sus hijos soltándolos a la vida. Los temas para la partida podían ser varios: guerras, situaciones políticas, económicas, hambre, problemas familiares, destierros, causas abiertas con la justicia, desamores, etc. Pero también ilusión y ganas de emprender con curiosidad una nueva vida porque la vieja vida ya estaba gastada.

EL REFLEJO DE NUESTRAS EMOCIONES

Título: *Vientos de agua*
País: Argentina-España
Año: 2005
Director: Juan José Campanela

El mensaje: En la memoria inconsciente familiar queda grabado que para sobrevivir unos, otros tienen que morir, y que el dinero de otro es el que salva la vida.

A los 19 años, José Olaya, un asturiano anarquista, trabaja junto a su padre y su hermano Andrés en una mina de carbón, donde surge un escape de gas. Andrés avisa al capataz para evacuar a los trabajadores, pero este desoye la petición. Para salvarlos, vuelve y les ayuda a salir, pero queda malherido y muere en su casa. Su hermano José, indignado ante el despotismo y los abusos, hace estallar la mina, motivo por el que lo persigue la Guardia Civil. Su madre le organiza la salida, tiene que cambiar de identidad y, para salvar su vida, usa el nombre y el dinero que tenía ahorrado su hermano, del cual mantiene en secreto su muerte. Se hace llamar Andrés por su familia y sus nuevos amigos, en su exilio, por problemas políticos en Argentina.

Los hilos invisibles de la fidelidad familiar se enredan y un hijo de José-Andrés, Ernesto, pierde su dinero en 2001, época del «corralito» argentino. Decide emigrar a España, pero su dinero está bloqueado, así que la historia se repite. Tal como Andrés le dejó el suyo, su padre le presta el dinero, que alcanza para un solo billete, y viaja solo. Ernesto, arquitecto sin trabajo, conoce a Ana en Madrid, una camarera joven que le ayuda a integrarse, a encontrar piso compartido y a entender el funcionamiento del país. A pesar de todo, Ernesto ve cómo pasan los meses sin resultados debido a la lentitud de la burocracia española, a la xenofobia, a las restricciones, y se desanima, aunque le miente a su familia, diciendo que todo está progresando muy bien. Pasa por cambios en el exterior y cambios y adaptación en el interior, igual que tuvo que hacer su padre. Dos mujeres para el padre y dos mujeres para el hijo: el otro podría ser yo, y yo podría ser el otro, es un discurso de ida y vuelta.

Gabriel García Márquez[17] escribe: «Y váyase ahora que todavía es joven, porque un día será demasiado tarde, y entonces no se sentirá ni de aquí ni de allá. Se sentirá forastero en todas partes, y eso es peor que estar muerto».

Lo inacabado

La vida se puede poner cuesta arriba cuando el inconsciente no puede dar por finalizada una historia.

Bluma Zeigarnik[18] investigó los efectos que tienen las situaciones que no se han podido cerrar o que fueron interrumpidas de manera abrupta en la vida de las personas. El inconsciente detecta y nos comunica las situaciones inacabadas del pasado, y entre ellas, las que más nos afectan en la programación de vivencias, se encuentran las muertes no aceptadas por el sistema, pero también los abusos, las masacres, las torturas, que vuelven una y otra vez a la memoria: es el «efecto Zeigarnik». Por eso es tan importante cerrar ciclos, aunque el ciclo del dolor se encuentre en el pasado.

Título: *The Railway Man*
Otros títulos: *Un largo viaje*
País: Australia
Año: 2013
Director: Jonathan Teplitzky

---

[17] García Márquez, G. (1989).
[18] Zeigarnik, B. (2007).

El mensaje: Cuando la vivencia no se ha podido desenterrar, queda grabada como si la guerra aún no hubiera acabado.

Eric Lomax se sintió de niño fascinado por los ferrocarriles sin saber que años más tarde le correspondería construir uno en el río Kwait. Participó como oficial en un batallón del ejército británico durante la Segunda Guerra Mundial, fue capturado por los japoneses en la campaña de Singapur y enviado a un campo de trabajo en la línea férrea entre Birmania y Tailandia. Allí consiguió sobrevivir a pesar de las terribles condiciones de vida, pero vivió atrapado en el estrés del recuerdo de las torturas pasadas. Muchos años después, instalado en el norte de Inglaterra con su esposa, no consigue pasar página y decide regresar para cerrar lo que no ha podido acabar. Así, averigua que el soldado japonés que tanto lo maltrató sigue vivo y solo su acción podrá cambiar su pasado. Tal como él dice, «para mí la guerra no ha acabado». Es una historia basada en hechos reales.

Título: *The Lion*
Otros títulos: *Un camino a casa*
País: Australia
Año: 2016
Director: Garth Davis

El mensaje: La vida se puede completar cuando tenemos todas las piezas juntas. Los padres biológicos y los padres adoptivos son necesarios para la subsistencia de un niño perdido.

A los cinco años, Saroo Brierley se pierde en las calles de Calcuta y su vida en la India se detiene. Lo adoptan y lo llevan a Australia, hasta que una fuerza superior a él le lleva a buscar el camino a casa.

Está basada en una historia real que acaba con final feliz cerrando lo no acabado.

Los secretos familiares

Para que exista un secreto debió haber algo que provocó una herida, un dolor inmenso, por lo que se oculta, se evita o no se habla de ello (lo no dicho). El denominador común en los secretos de familia es la vergüenza y el drama de algo que no fue aceptado por el clan. La familia lo guarda por ser algo trágico o difícil, creyendo que se actúa bien. Sin embargo, el secreto siempre busca una vía de salida y la enfermedad es una de las formas que tiene de expresarse.

El secreto que se instala en la primera generación es ignorado por la segunda, pero de alguna forma sale, se escapa y se esconde en una «cripta». Luego aparece como un «fantasma» y se puede manifestar con obsesiones, búsquedas interminables, sufrimientos, pesadillas, enfermedades graves, accidentes... El secreto se manifiesta indirectamente en la tercera generación y a veces durante más de un siglo.

El contenido del secreto varía a lo largo de los siglos, ya que lo que antes era vergonzoso hoy se ha normalizado. Algunos temas dolorosos para las familias son:

- ✓ Abortos, muerte de bebés o de niños pequeños.
- ✓ Suicidios.
- ✓ Enfermedades mentales, de origen sexual o infecciosas.
- ✓ Hijos naturales, no reconocidos.
- ✓ Deshonras.
- ✓ Exclusiones (oveja negra de la familia).
- ✓ Estafas.
- ✓ Temas de dinero.
- ✓ Adulterio, infidelidad.
- ✓ Abusos, incesto, maltrato.

La lista podría continuar, así que lo más acertado es ver en cada familia qué valores son importantes y con qué temas se sufrió.

Título: *Volver*
País: España
Año: 2006
Director: Pedro Almodóvar

El mensaje: Los fantasmas reaparecen. Las historias que forman parte de los secretos buscan regresar, pero no con sábanas blancas como en los dibujos animados.

En esta película, conviven vivos y muertos hasta dejar las cosas claras. Es lo que busca el alma familiar: cerrar los temas para continuar con algo enriquecedor para el sistema familiar. Son tres generaciones de mujeres que tienen que acomodar bien los asuntos inconclusos, dentro y fuera de la familia.

Título: *Julieta*
País: España
Año: 2016
Director: Pedro Almodóvar

El mensaje: El destino familiar inevitable del que no nos podemos desprender ha tejido los hilos para que el enredo transgeneracional se siga manteniendo. ¿Cuál será el misterio que hay detrás del amor familiar para que incluso cuando voluntariamente queremos alejar de nuestras vidas los traumas y heridas del pasado estos persisten y están presentes a través de la descendencia?

La vida de Julieta, una profesora que ha guardado un secreto durante treinta años, cambia cuando lo quiere desvelar contándoselo a su hija. El problema es que no la encuentra, ya que Antía, su hija, se marchó a los 18 años de su casa y nunca más supo de ella.

Los secretos de familia actúan como elementos divisores del interior de uno mismo. En este caso, una parte suya sabe que hay un secreto y lo reconoce, y otra lo oculta creando una escisión en la personalidad del sujeto. Lo oculto intenta emerger y, como decía Freud, «aquel cuyos labios callan, conversa con la punta de los dedos. Se traiciona por todos los poros».

Claudine Vegh[19] decía que «vale más saber una verdad, aun cuando sea difícil, vergonzosa o trágica, que ocultarla, porque aquello que se calla, es subordinado o adivinado por los otros, y ese secreto se convierte en un traumatismo más grave a largo plazo».

Título: *Secretos de familia*
País: México
Año: 2009
Director: Paco del Toro

El mensaje: Uno de los momentos para activar el secreto celosamente guardado es cuando se llega a la misma edad en la que se produjo el evento traumático. Para el inconsciente, los números o fechas son datos muy importantes que actúan como activadores o despertadores del trauma.

Paulina es una niña normal, divertida, alegre y activa hasta que cambia radicalmente.

¿Qué le sucede? Aprovechando el descuido de los padres, su tío Manuel abusa de la niña. Paulina se casa, tiene una hija y cuando su hija alcanza la edad que tenía cuando fue violada, los recuerdos dolorosos, los *flashbacks* y el terror la dominan, de modo que ya no puede seguir reprimiendo tanto dolor en su interior. La salvación está en limpiar la historia y así deshacerse de su dolor.

---

[19] Vegh, C. (1980).

EL REFLEJO DE NUESTRAS EMOCIONES

El siguiente es un caso de influencia de un secreto en la vida de un hombre. Siendo adolescente, Juan se entera de que su padre biológico no es el que le ha educado. Siente que le han engañado toda su vida. Cuando consulta, lo hace para cambiar su conducta y su adicción al alcohol, que comenzó poco tiempo después de confrontar a su madre con la verdad que le fue revelada. Las dificultades en las relaciones, los secretos y la búsqueda de justificaciones solo hicieron que se sintiera más solo que nunca. El alcoholismo podría ser la forma de llenar el vacío con algo «dulce». Las reacciones violentas, como peleas con amigos, con gente en los bares, con compañeros primero de estudios y luego de trabajo, se fueron sucediendo sin arrepentimiento de su parte. La preocupación llegó cuando pasó a maltratar a su mujer y a sus hijos. Posiblemente lo hacía cuando lo dominaba un trastorno de comportamiento que se instala al vivir dos fuertes conflictos por contrariedad indigesta junto a un conflicto de identidad por falta de reconocimiento.

Hay un tipo de secreto llamado intergeneracional que es lo acallado y no dicho por las personas que son contemporáneas. Lo comparten los miembros de una familia de distintas generaciones pero que están vivos al mismo tiempo. Por ejemplo, los eventos que no se pueden mencionar han sido vividos entre padres, hijos, abuelos, tíos, sobrinos, primos, etc. La única condición para que sea intergeneracional es que todos los participantes del hecho en cuestión sean coetáneos, mientras que en el transgeneracional la persona receptora del mensaje de los ancestros está viva y la persona representada ya está muerta.

Título: *Festen*
Otros títulos: *Celebration*
País: Dinamarca
Año: 1998
Director: Thomas Vinterberg

El mensaje: Cuando la realidad molesta, es incómoda y provoca «mal olor», muchos la rociarían con un desodorante potente para no sentir la peste. Además, prefieren usar un lenguaje adaptado a sus necesidades como «perdónale», «es mayor», o justificar sus actos porque «no valen para nada más».

Los Klingenfeldt son una familia de la alta burguesía danesa y celebran una fiesta en homenaje al cabeza de familia, que ha llegado a los sesenta años. Es un hombre poderoso, un industrial del acero, de trayectoria y reputación aparentemente intachables. Sin embargo, sus tres hijos han tenido problemas con él, y una hija ya no está presente para poder hacer su aportación. A pesar de las diferencias que hay entre ellos, ha llegado la hora de decir la verdad, cueste lo que cueste. Los tres están dispuestos a aprovechar la ocasión para sacar a relucir los trapos sucios de la familia. Si bien unos han sido los «elegidos» y han tenido un lugar en la casa, en la familia y en la empresa, también lo fueron para someterse a las necesidades de su padre, quien abusó de sus hijos bajo la mirada distraída de su madre. Christian, uno de los hijos y gemelo de su hermana, que se ha suicidado, decide contar en la celebración lo que han vivido y lo hará cada vez que tenga la oportunidad de liberar la tortura que ha estado guardando hasta ese momento. Así de crudo: «Teníamos una feliz vida familiar en el salón donde jugábamos y en el baño nuestro padre nos violaba», dice Christian. «Qué culpa tengo yo, si solo servían para eso», responde el padre.

Toda la información se guarda y se oculta para justificar la vida que no se quiere cambiar. La madre quiere seguir viviendo en la casa de su vida y, si para ello tiene que mandar a su hijo al psiquiátrico o ver a su hija muerta después de suicidarse, lo hará: se trata de resistir callando.

Título: *Bloodline*
País: EE. UU.
Año: 2015
Emitida por: Netflix

El mensaje: Cuando no puede superarse el dolor del trauma, la historia continúa repitiéndose al tiempo que el peso de lo dramático aparece una y otra vez.

Así ocurre en *Bloodline* (2015). Las apariencias engañan, mientras la resistencia callada atraviesa la vida de la familia Rayburn, poseedores de un hotel en Florida Keys, un sitio paradisíaco. Un pasado oscuro y secreto de violencia, muerte y rencores se oculta bajo las aguas de la aparente felicidad familiar, hasta que Danny, la oveja negra de la familia, vuelve a casa, y los secretos y cicatrices de una familia salen a la luz.

La serie trata de un padre que esconde lo acaecido en otros tiempos y que ha descargado ira y frustración en su hijo mayor. Maltrato, abusos, palizas y acusaciones falsas, incluso sobre la muerte de su hermana, son la base de la historia. Su madre no solo no hizo algo por salvarlo, sino que permitió los abusos y convirtió en cómplices a los otros tres hijos. Es imposible dejar de programar más dolor y así es como crece Danny. En contraposición, el hijo amado, John, el buen hijo que se queda y ayuda a la familia, es agente de la ley en el municipio costero. Un día se ve obligado a hacer algo malo (y aquí no hay *spoiler* porque se presenta el tema en el primer capítulo de la serie), tan malo como matar a un hermano.

Ejercicio

Describe al menos tres situaciones que se repitan a lo largo de tres generaciones en tu familia.

Observa qué sientes en tu cuerpo al darte cuenta de las repeticiones. Deja que las sensaciones accedan a ti y se marchen cuando se hayan agotado.

Observa si hay alguna repetición en relación a las fechas en las que se producen determinados eventos como, por ejemplo, a la misma edad, determinados miembros de la familia tienen accidentes, se casan o mueren, tienen un hijo en la fecha de aniversario, de nacimiento o defunción de algún familiar, etc.

12
La muerte: un traspaso

«Si puedes aceptar que se puede morir en cualquier momento, entonces puedes ser menos ambicioso de cómo eres».

MITCH ALBOM[20]

Lo doloroso de la muerte y de no poder trascender los eventos que la rodean es cuando esta es considerada inaceptable. Que una persona que ha hecho su recorrido de vida llegue al final de sus días puede ser doloroso para sus seres queridos, pero seguramente no será inaceptable. La muerte de un bebé, un neonato, un niño, un joven, un adulto de mediana edad, una mujer en un parto, una muerte violenta, ya sea un asesinato, un atentado, un accidente o debido a la guerra, se convierte en inconcebible para el sistema familiar y para el inconsciente de las personas que lo conforman. Cuando no se consigue aceptar la situación en el proceso de la muerte, el duelo se bloquea y el dolor, a menudo, se actualiza impidiendo una vida libre de conflictos.

Título: *The Sixth Sense*
Otros títulos: *El sexto sentido*

---

[20] Albon, M. (1997).

País: EE. UU.
Año: 1999
Director: M. Night Shyamalan

El mensaje: Más allá de la vida está la muerte, aunque resulte inaceptable o deje vidas inacabadas. Y a pesar de no estar de acuerdo, el duelo permite aceptar la situación.

Esta película intenta explicar las visitas recurrentes de los fantasmas, como seres atormentados por la muerte, que no han podido marcharse totalmente y que un niño puede ver.

Cole, el protagonista de la película, dice: «En ocasiones veo muertos». Y añade: «Los fantasmas no saben que están muertos, solo ven lo que quieren ver y no se ven entre sí».

Alguien comprende lo que está sintiendo Cole y le ayuda para que él pueda acompañar a los fantasmas para que cierren un ciclo de vida.

Título: *La stanza del figlio*
Otros títulos: *La habitación del hijo*
País: Italia
Año: 2001
Director: Nanni Moretti

El mensaje: La muerte puede sorprender en cualquier momento y cambiar el curso de la vida. Aprovechemos cada instante para no arrepentirnos de lo que no hemos hecho cuando sea demasiado tarde.

Un psicoanalista reflexiona sobre lo que aún no ha podido vivir con su hijo adolescente, algo que ya no podrá hacer. Se pregunta cuántas cosas le han ocupado y distraído de lo más importante, que es la vida.

EL REFLEJO DE NUESTRAS EMOCIONES

Otro ejemplo sobre la aceptación de la muerte lo encontramos en la serie *Los Simpson*, en el menos ejemplar de sus personajes, Homer Simpson, en el capítulo «Un pez, dos peces, pez globo, pez azul». Homer ingiere una parte de un pez mortalmente venenoso y el médico le pronostica la muerte en 24 horas. Le explica las fases por las que pasará, que guardan similitud con las cinco etapas del duelo que Elizabeth Kübler-Ross describió: negación, ira, negociación, depresión y aceptación.

- ✓ Pasará por cinco fases diferentes: la primera es rechazo.
- ✓ Yo qué voy a morir, yo qué voy a morir.
- ✓ La segunda es rabia.
- ✓ Maldito matasanos, le voy a...
- ✓ La tercera es miedo.
- ✓ ¿Y después, qué viene después?
- ✓ Negociación.
- ✓ Doctor, si me salva le pondré un chalet en la sierra.
- ✓ Y la quinta, aceptación.
- ✓ Todos hemos de morir algún día.

Tras recibir la noticia, el protagonista elabora una lista de las cosas que tiene pendientes. ¿No hubiera sido más sano hacerlo antes?

Cuando es necesario respetar y honrar la muerte

Título: *Okuribito*
Otros títulos: *Despedidas*
País: Japón
Año: 2008
Director: Yojiro Takita

El mensaje: Respetar el destino es honrarlo desde la vida y tomar la existencia tal cual es.

Daigo Kobayashi es violonchelista en una orquesta que disuelven y se queda sin trabajo. No tiene con qué sobrevivir, acaba vagando por las calles sin demasiada esperanza, por lo que decide regresar a su ciudad natal en compañía de su esposa. Allí consigue un empleo como enterrador haciendo un ritual de máximo respeto para preparar la despedida. Para ello, limpia los cuerpos, los coloca en su ataúd y presencia la despedida de los familiares y amigos. Su familia y vecinos no ven con buenos ojos su trabajo, y él al principio lo detesta, hasta que descubre cómo el ritual de muerte le da sentido a su vida. Le supone el reencuentro con su propia historia de dolor y la cierra con la sanación más bonita y necesaria para alcanzar la paz interior.

Honrar significa incluir, reconocer, aceptar, legitimar, amar tal como fue y tal como es.

Ejercicio

A partir de las siguientes frases del libro *Martes con mi viejo profesor*, adaptado a la gran pantalla, te propongo que elabores una reflexión con tu opinión sobre el tema.

«Todo el mundo sabe que se va a morir, pero nadie se lo cree».
«Cuando aprendes a morir, aprendes a vivir».

13
El cine revela los dramas (conflictos) que hay detrás de un resultado (síntoma)

«Lo desconocido es el lugar donde se produce el crecimiento».

WAYNE DYER

Durante el proceso de descodificación se sigue el circuito de ir desde el síntoma al conflicto vivido que lo ha originado con el objetivo de desactivarlo. En este capítulo nos dejaremos acompañar por las películas para encontrar las historias con sus conflictos y lo haremos por etapas y capas embrionarias o, lo que es lo mismo, por formas de sufrimiento con sus necesidades descubiertas. Las capas embrionarias de las que derivan los órganos de nuestro cuerpo son endodermo, mesodermo y ectodermo. La programación la podemos encontrar en cualquier etapa de la vida de una persona y los conflictos biológicos correspondientes a cada capa son:

- Endodermo: vital para la supervivencia (respirar, alimentarse, eliminar y reproducirse).
- Mesodermo antiguo: de agresión, insulto, afrenta o ataque a la integridad de la persona.
- Mesodermo nuevo: de valor y rendimiento, para ser capaz de conseguir un determinado resultado.
- Ectodermo: sociales en el territorio, de contacto o separación.

A continuación veremos los conflictos biológicos correspondientes a cada capa.

Endodermo o las necesidades básicas para sobrevivir

La función del endodermo corresponde a la supervivencia: respirar, alimentarse, eliminar y reproducirse. Los órganos ayudan al cuerpo a atrapar el bocado, así sea el de un restaurante de cinco estrellas o el de un contenedor de basura, y no soltarlo (trabajo, comida, atención, pareja, relaciones, casa, seguridad...). Se convierte en algo indispensable para estar vivo y poder transmitir la descendencia. En otros casos, cuando es indigesto, tóxico o nocivo, es inevitable sacarse el bocado de encima. Vomitar es eliminar lo no tolerado por el cuerpo.

Hablo de bocado o de la situación que lo contenga como reales, imaginarios, virtuales o simbólicos.

Hemos visto que los códigos biológicos de los órganos endodérmicos se encuentran en aquellas partes que facilitan los procesos fisiológicos elementales para la supervivencia. La humanidad necesita continuar y seguir evolucionando, pero para llegar ahí es absolutamente necesario poder cubrir las necesidades mínimas. Cuando lo conseguimos, podemos traspasar el primer escalón en la jerarquía de las necesidades humanas e ir a por el siguiente objetivo. Cuando no conseguimos lo primordial, se pone en juego la vida y el estrés aumenta. El hambre, la sed, el cansancio o la inspiración y la espiración son, por ejemplo, algunos de los reguladores lógicos de nuestra existencia.

En este sentido, el hambre, o el miedo a la falta, es el conflicto biológico que pone en marcha las células del hígado encargadas del almacenamiento de nutrientes y las libera cuando el organismo lo requiere. Películas como *Las invasiones bárbaras* (2003) o *El tiempo que queda* (2005) abordan dos casos de enfermedad cancerígena de hígado. En el primer ejemplo, es una respuesta clara a la falta o carencia que toca la propia célula hepática, mientras que, en el segundo, el síntoma responde a la vivencia de enfado, rencor, rabia, que implica una contrariedad en las relaciones, y afecta a la zona de canales del hígado de la misma manera en que lo haría una hepatitis.

La respiración permite la llegada del oxígeno y la retirada de lo que ya no sirve. Desde el embarazo el bebé recibe alimento y oxígeno a través del cordón umbilical. Arthur Janov (2001) dice que «el oxígeno es el equivalente al amor», y la falta de oxígeno, por ejemplo en momentos de crisis o tensión de la madre embarazada, es vivida por el bebé como ausencia de amor. Esta descompensación afectiva será cubierta por la persona en la edad adulta mediante varios mecanismos, como fumar, las apneas de sueño o las actividades desarrolladas en presencia de aire, como volar o hacer paracaidismo. La enfermedad puede ser la descarga de una sensación conflictual de miedo a morir.

Título: *Les Misérables*
Otros títulos: *Los miserables: la leyenda nunca muere*
País: EE. UU.
Año: 1998
Director: Bille August

El mensaje: Una afección respiratoria, que probablemente sea la tuberculosis, lleva a la muerte. Esta enfermedad permite la reparación de los tejidos que han crecido (tumor en pulmón) cuando se vive un miedo a morir, y la función de la tuberculosis es degradar o fagocitar las células pulmonares, lo que deja zonas con cavernas o agujeros.

Adaptación del clásico de Victor Hugo, *Los miserables* pone en evidencia la pobreza y las dificultades de una madre para alimentar a su hija en la Francia posrevolucionaria. Fantine es una mujer muy humilde que trabaja hasta la extenuación y, cuando ya no consigue dinero, debe prostituirse descuidando su salud. Es una época de escasez, apuros y miedo por la inseguridad.

Cuando una enfermedad afecta a un gran número de personas y se propaga durante un tiempo por una misma región se denomina epidemia, es decir, que afecta a la población de una determinada zona. Cuando se da que en un país o en una región se viven circunstancias que han provocado mucho miedo, específicamente miedo a morir, una vez finalizo el conflicto, las personas consiguen reparar el estrés vivido. La reparación se lleva a cabo a través de una enfermedad que permita eliminar las células tumorales, como es la tuberculosis.

La tuberculosis fue un tema ampliamente tratado en diversas películas como *Boquitas pintadas* (1974), *A la sombra del puente* (1946), *Alfie* (2004), *Aurore* (2005) y *Carácter* (1997). En el artículo «Tuberculosis y cine»[21] de la revista *Medicina y Cine* se detallan 400 películas que tratan el tema.

Atrapar el bocado también puede ser conseguir dormir en un sitio seguro, caminar por una calle sintiéndose protegido o que el camino de regreso a casa esté libre de obstáculos.

Título: *Teo-neol*
Otros títulos: *El túnel*
País: Corea del Sur
Año: 2016
Director: Kim Seong-hun

El mensaje: Cuando se trata de supervivencia, el ser humano hace todo lo posible por conseguirla, hasta administrarse el contenido de una botella de agua de 500 ml para beberlo en una semana, ya que no se dispone de más. Atrapar el bocado para subsistir es algo que se ha convertido en la lucha diaria de muchos.

---

[21] García Sánchez, J., García Sánchez E., García Merino, E. (2009).

EL REFLEJO DE NUESTRAS EMOCIONES

En esta película, un padre de familia regresa a casa después de una dura jornada laboral, pero el camino le tiene preparada una jugada que retrasa su llegada. Un túnel se le cae encima y los medios de rescate tardan siete días en llegar a él. Pura resistencia.

El tema de la lucha por la supervivencia desde la infancia aparece en numerosos documentales. Entre otros, aquellos que muestran el trabajo de los niños, la búsqueda de un lugar para dormir, la pérdida de la familia, la falta de recursos y la inseguridad a la que están expuestos, y reflejan las consecuencias directas que tienen en sus vidas.

La cosecha (2011) muestra los abusos y el maltrato a menores de 18 años en los campos de Estados Unidos. *La sed del mundo* (2012) es un documental de Yann Arthus-Bertrand que se centra en la problemática que supone no disponer de un recurso vital para la supervivencia como es el agua. *En el mundo a cada rato* (2004) son cinco cortos (filmados en Senegal, Argentina, Perú, Guinea Ecuatorial e India) que hablan de la pobreza, la salud y la inmunidad, el sida, la violencia, la explotación y el desarrollo en la primera infancia. En todos estos lugares, los niños conservan una sonrisa y las ganas de divertirse.

La tumba de las luciérnagas (1988) es una película de animación que se centra en la vida de dos hermanos supervivientes de la Segunda Guerra Mundial que crecen en un entorno de pobreza extrema y miseria, hambre, crueldad e inseguridad. El filme plantea ante tales circunstancias cómo las personas consiguen dar lo mejor de sí mismas y ser buenas a pesar de lo vivido. Se trata de un canto esperanzador. Como dice Claire Fraser en *Outlander* (2014): «Eres un hombre que aún puede elegir el bien sobre el mal. Aún no es tarde para recuperar la humanidad». Siempre hay un camino distinto y hay quien se atreve a seguirlo.

Mesodermo antiguo o salvarse de los ataques

En este caso, la agresión, el insulto, las peleas, los golpes, la humillación, las burlas, la mutilación o el maltrato son ejemplos de situaciones en las que la necesidad descubierta es protegerse, resguardarse del dolor. El ataque puede provenir también de un daño autoinfligido. La reacción adaptativa proviene de que el cuerpo entiende que necesita de una coraza protectora, por lo que la armadura se genera a nivel físico, pero también puede ser psíquica. Una de ellas puede ser la profesión que sirve de evacuación de la tensión vivida.

Título: *L.A. Confidential*
País: EE. UU.
Año: 1997
Director: Curtis Hanson

El mensaje: Los programas iniciales de agresión y maltrato dejan una huella que conduce a compensar y buscar una mejor vida para otras personas.

Hay personas que han sufrido violencia familiar que se dedican a ayudar a otras en situaciones similares en asociaciones o instituciones. Quien ha vivido un trauma de agresión quiere evitarles a otros lo mismo.

En la película *L.A. Confidential* (1997) vemos en Los Ángeles de los años cincuenta a tres policías que buscan destapar los trapos sucios del Departamento. Uno de ellos es el «poli bueno» y tiene una particularidad conocida: defiende a mujeres maltratadas. Un resumen rápido y escueto de la historia de uno de ellos, Bud White, es que de niño vivió en un ambiente hostil con maltrato familiar. A la edad de doce años presenció la muerte de su madre a manos de su padre, y permaneció tres días junto al cadáver porque el padre lo había atado a un radiador del que no podía salir. Este es un programa inicial que le lleva a buscar la justicia, a encontrar a los delincuentes (su padre huyó y nunca se le encontró) y a luchar por un trato justo y de manera no violenta para las mujeres.

Título: *An*
Otros títulos: *Una pastelería en Tokio*
País: Japón
Año: 2015
Director: Naomi Kawase

El mensaje: Las agresiones vividas en la infancia dieron como resultado una enfermedad estigmatizante como la lepra, pero asimismo puede ser el origen de una resignificación de lo vivido para escapar a las repeticiones. El trabajo es la excusa para liberar el alma.

La agresión se descarga a nivel físico en la dermis. Durante la fase de estrés, la reacción es un mayor crecimiento de la piel, y durante la fase de resolución los tejidos que han aumentado decrecen mediante la micobacteria *Leprae*, dando lugar al proceso de la lepra.

Tokue es una anciana que un día llega a una pastelería a pedir trabajo, en la que el jefe, Sentaro, vive resignado en la vida y esconde un grave secreto que casi cada noche intenta ahogar con alcohol. Tokue tuvo una enfermedad considerada tabú en muchas partes del mundo, la lepra, y ha vivido desde su infancia en un leprosario. La lepra aparece en fase de resolución de un conflicto de agresión o atentado a la integridad.

Esta maravillosa anciana muestra cómo apreciar la vida a través de lo que nos toca hacer, como la preparación del *anko* (salsa dulce de alubias) para rellenar los *dorayakis* (pastelitos). Su infancia tuvo que estar cubierta de dolor, pero (o tal vez por eso) ella ama todo lo que la rodea.

ÁNGELES WOLDER HELLING

Mesodermo nuevo y el mecanismo de la desvalorización

Esta es la etapa de la embriología en la que se originan los órganos que permiten el movimiento exterior (sistema osteomuscular), así como los órganos que permiten la nutrición del organismo para que puedan desarrollar sus funciones (vasos y sangre). Para hacer un símil, es como si la estructura del cuerpo fuera un coche y, para ponerse en movimiento, requiriera estar bien provisto de combustible, es decir, de sangre.

Es la etapa del movimiento, de la acción y de conseguir resultados, lo que va a determinar si llegamos o no al rendimiento deseado. No conseguir los resultados nutre la desvalorización, la cual tiene su origen en la comparación.

Las familias son un buen caldo de cultivo, ya que se tiende a hacer comparaciones entre sus miembros. Frases como las siguientes son muy comunes en este entorno: «tu hermano hace X», «tu hermana hace Y», «tu padre/madre quisieran…», «no eres capaz como lo es…», «mira a tu amiguito qué bien se porta», «nunca lo podrás hacer como lo hace fulano o mengano». También se nutre de lo que ocurre en la escuela con el sistema de castigos y recompensas que ha establecido el sistema educativo: se valida según una cantidad de respuestas positivas y se comparan las notas, los estudios, la forma de hacer, la cantidad de lecturas, de títulos, etc. Más tarde serán los amigos, que conocen a otros amigos, los que pongan en marcha el mismo mecanismo (tal persona hace esto; esta, lo otro…). En definitiva, siempre hay a quien mirar para ver si uno está más abajo o más arriba, más gordo o más flaco, más listo o más tonto, más rápido o más lento. La lista puede continuar eternamente, pero, si le prestamos atención, solo conseguiremos sufrir más. En este sentido, la desvalorización es un aspecto muy sutil del ego. Para poder reaccionar ante esta comparación, instalamos mecanismos de compensación que pueden llevar a la enfermedad si no dan un resultado útil. Hacemos un intento desesperado

EL REFLEJO DE NUESTRAS EMOCIONES

para poder alcanzar lo que nos proponemos, aunque se sufra lo indecible en esa búsqueda de reconocimiento.

El de la desvalorización es un mecanismo que se inicia en una edad muy temprana. Es posible que el niño traiga consigo la memoria de antes del nacimiento, incluso desde su concepción. Tal mecanismo provoca el anhelo de ser lo que los otros esperan que sea para complacerlos.

En la infancia, no hay ninguna diferencia entre lo que esperan de mí, lo que yo quiero esperar de mí mismo o lo que quiero ser para los demás en función de lo que el otro espera de mí. Cada vez que mi madre o mi padre me piden algo, de manera inconsciente o consciente, tengo la necesidad de satisfacerlos.

> «El niño siempre tiene un deseo profundo de satisfacer a los padres, aunque le cueste la vida».
>
> BERT HELLINGER

Hay padres que esperan la perfección del niño, algo que puede venir dado por un proyecto parental no conseguido. Esto provoca que recaiga en la figura del niño la misión de ser lo más idóneo para las expectativas de los progenitores. Puede ocurrir cuando un padre se siente vulnerable porque no pudo llegar a donde quiso y quiere poner en el mundo un niño que haga eso que él no pudo. La idea es que, si el hijo es «inteligente», los padres son inteligentes. Así el hijo se pasa la vida haciendo aquello que los padres anhelaron.

Título: *Real Women Have Curves*
Otros títulos: *Las mujeres de verdad tienen curvas*
País: EE. UU.
Año: 2002
Director: Patricia Cardoso

El mensaje: Una madre no debería desvalorizar a su hija con tal de conseguir que la tradición familiar se perpetúe.

Ana, hija de inmigrantes mexicanos en Estados Unidos, quiere ir a la universidad, pero su testaruda madre quiere que se quede para ayudar a la familia. Dividida entre su tradición cultural y sus ambiciones personales, aprende cómo ser feliz entre tanta tensión. Con el tiempo, aprende a escuchar los mensajes que recibe de su cuerpo.

Título: *The Tree of Life*
Otros títulos: *El árbol de la vida*
País: EE. UU.
Año: 2011
Director: Terrence Mallick

El mensaje: Quizás algún día comprendamos, casi como si lo hubiera respirado cada una de nuestras células, que desde el mismo instante de la concepción somos una obra de arte, una auténtica maravilla, la perfección que contiene la imperfección, y tal vez lleguemos a amar cada parte de nuestro ser, cada momento de nuestras vidas, cada célula del cuerpo y cada fragmento de nuestra alma. Solo así, amando tanto las fortalezas como las flaquezas, la cordura como la locura, la sensatez como la debilidad, las capacidades como las incapacidades, nos sentiremos completos y podremos dejar de intentar mostrar lo que no somos.

En esta película, la vida de una familia común, con una madre amorosa y un padre autoritario y exigente, se ve trastocada por unos eventos traumáticos. La transición de la infancia a la adultez es la columna vertebral de la historia. Para poder recuperar el poder, el hombre adulto, roto y perdido en una gran ciudad, agobiado por un trabajo que le da dinero, pero no le hace feliz, sabe que tendrá que revivir los duros momentos de su infancia marcados para siempre y aceptar sus propias limitaciones. Su padre esperaba de él lo que este niño, ya adulto en la película, nunca podrá darle. Renunciar a hacer feliz al otro a costa de nuestra vida es imprescindible para poder vivir como un ser completo.

Título: *Une bonheur n'arrive jamais seul*
Otros títulos: *La felicidad nunca viene sola*
País: Francia
Año: 2012
Director: James Huth

El mensaje: Las lesiones musculoesqueléticas provienen de una falta de adaptación a las contrariedades de la vida por no llegar a un rendimiento, cuando además sentimos una profunda desvalorización.

En un formato de comedia romántica divertida y fresca, esta película refleja los nuevos modelos y enredos de familia en los que la adaptación y flexibilización de ideas es prioridad si se quiere construir una mínima relación filial. La felicidad puede ser un hecho cuando uno se adapta y, por el contrario, la infelicidad tiene su base en la rigidez. Por eso puede aparecer fácilmente una rotura en forma de fractura o esguince. Romperse significa tener una lesión musculoesquelética, ya que estos son los órganos que hablan del estrés en esta etapa de la biología.

Esta película refleja la historia de Charlotte, una mujer burguesa y separada, que saca adelante a sus tres hijos, tiene dos exmaridos y lleva una fundación de arte contemporáneo. Un buen día, se enamora de un hombre soltero que no tiene pensado formar una familia. Sacha, el soltero, es el prototipo de mezcla de Peter Pan con Casanova, al que su madre aún le lava la ropa, un hombre que adora a sus amigos, su piano, seducir chicas, es alérgico al compromiso, le apasionan las copas y salir de marcha. Dos mundos opuestos. Sin saber ni cómo ni por qué, surge una atracción irresistible y se enamoran. ¿Cuántas preguntas debieron pasar por la cabeza de Charlotte? ¿Cuánta duda ante una situación que le impide o la obliga a tomar decisiones e ir en contra de sus sentimientos? Aparentemente bastantes porque, en una de las primeras escenas, se ve el momento en el que sufre una lesión de rodilla. ¿Qué está viviendo esta mujer que la lleva a ese desencadenante? ¿A ir en una dirección que considera equivocada? Se puede aventurar la hipótesis de que siente la obligación de elegir una dirección cuando quiere ir en otra y se somete a ello. Esto es lo que indican las rodillas: sentirse obligado o impedido para decidir por uno mismo, con sensación de sumisión ante la necesidad de ceder. Además, como las piernas nos llevan de paseo por la vida, a este cóctel le agregaremos el bloqueo y la indecisión al ir en una u otra dirección. Uno de los accidentes que sufre la protagonista le ocurre al bajar las escaleras en el apartamento del «novio» cuando tiene que ir a trabajar, y el otro al salir de la oficina de su exmarido. En ambos momentos la mujer no llega al rendimiento esperado, no consigue traspasar los temas que le preocupan, momentos en los que tiene que ceder ante algo y se resiste. ¡Qué dolor cuando la vida es lo que no queremos que sea!

Título: *Le dîner de cons*
Otros títulos: *La cena de los idiotas*
País: Francia
Año: 1998
Director: Francis Veber

El mensaje: La lumbalgia de Pierre nos cuenta que hay unos cuantos conflictos de desvalorización previos en los que seguramente tuvo necesidad de sentir el apoyo de los demás, quizás salpicado de un conflicto de desvalorización frente al rendimiento sexual.

EL REFLEJO DE NUESTRAS EMOCIONES

Un grupo de amigos tienen una diversión peculiar. Se reúnen cada miércoles para cenar con el fin de ver quién lleva al invitado más idiota. Y es todo un honor conseguirlo. ¿A qué tipo de personas les hace falta reírse de alguien que consideran tonto? Seguramente a personas que sienten poco valor por sí mismos y que necesitan sentir el valor desvalorizando a otros.

Pierre Brochant, un hombre de éxito en los negocios en París, está preocupado porque no ha conseguido invitado para ese miércoles y además tiene un dolor lumbar, lo que le augura que no podrá moverse de casa. Un compañero de trabajo le sugiere que proponga como idiota a un funcionario de Hacienda. Pierre accede y el invitado le provoca varios problemas al anfitrión: se cae encima de Pierre y la lumbalgia aumenta, su mujer le deja, aparece la amante por error, así como un sinfín de despropósitos que activan la sádica costumbre de reírse de los otros.

Desde la Descodificación Biológica Original diríamos que es el resultado de sentirse desvalorizado. Si uno siente el propio valor, no le hará falta reírse de los demás. Al final, será necesario ponerse en los zapatos del otro para comprender que la vida no pasa por ser listos o estúpidos, sino por amar o no poder hacerlo.

La capa embrionaria nueva o ectodermo

Para llevar una vida sana, las relaciones son lo mejor. De ellas aprendemos del principio al fin.

La capa embrionaria más nueva surge cuando los órganos del movimiento se han desarrollado y el ser vivo sale al exterior y se encuentra con otros similares o diferentes, tiene que ponerse en contacto con ellos y relacionarse. Para ello usa la comunicación.

El ectodermo, la capa embrionaria, permite esa relación. Por un lado, la laringe nos proporciona las cuerdas vocales para hablar. Por el otro, la piel (ectodermo) nos une o nos separa a través de lo que contactamos, a través del movimiento y la gestión del territorio, la captación del exterior, los órganos de los sentidos o las relaciones sexuales, entre otros.

Por consiguiente, ¿qué nos mantiene vivos, sanos y felices? Las relaciones. Somos seres mortales, sexuados y sociales, vivimos en grupo, más grandes o más pequeños, y para sobrevivir necesitamos del grupo al que pertenecemos.

Con las conquistas y la llegada a otros territorios aparecieron «los otros», los seres diferentes. En la búsqueda de nuevos horizontes la humanidad se enriqueció en algunos aspectos y se empobreció en otros. Hoy podemos movernos a otros lugares y apreciar otras culturas, comunicarnos en distintos idiomas, aumentar la riqueza genética, respetar otras formas de hacer que son distintas a la nuestra, sentirnos uno con el otro y con los otros. Y todo ello gracias a una capa embrionaria: el ectodermo.

El primer vínculo mediante el que aprendemos a relacionarnos en la vida es el de la madre. Para un bebé o para un adulto, la necesidad de ser comprendido y de ser tomado en cuenta o acariciado es tan necesario como el alimento. Una madre, un padre o una institución pueden dar alimento sin amor, pero el desarrollo del niño será menor que si lo recibe regado de cariño, de estímulos, de mensajes de aliento o de impulso hacia la vida. Un estudio dirigido por el Dr. Rutter[22] realizado en orfanatos de Rumanía después de la época de la dictadura comunista de Ceaucescu puso en evidencia cómo la deprivación amorosa y la falta de contacto provocan menos desarrollo evolutivo aun cuando se cuente con recursos nutritivos. El alimento nutre. El alimento afectivo o amor nos ayuda a crecer como seres humanos.

---

[22] Sanuga-Barke, E. J. S., Kennedy, M., Kumsta, R., Knights, N., Golm, D., Rutter, M., *et al.* (2017).

EL REFLEJO DE NUESTRAS EMOCIONES

La relación con los padres crea un vínculo que puede ser seguro o inestable. Según cómo sea el vínculo primario, se desarrollarán las relaciones futuras. Solo podemos existir vinculados y, en las relaciones, somos nuestros vínculos.

Título: *Kirschblüten - Hanami*
Otros títulos: *Cerezos en flor*
País: Alemania
Año: 2008
Director: Doris Dörrie

El mensaje: La comunicación y la incomunicación, la rutina salvadora y a la vez inmovilizadora, las distancias y las cercanías entre las personas, la seguridad y la inseguridad, las culpas y las frustraciones, y todo el universo de elementos concernientes a los seres humanos, se ponen en escena dentro de una pareja. Sus integrantes funcionan como maestros, uno para el otro.

Cuando Trudi, madre y esposa, se entera por su médico de que su marido Rudi está gravemente enfermo de cáncer, no se lo dice a nadie y le propone hacer una visita a sus hijos y nietos, con los que tienen poco contacto porque todos viven en Berlín. Al llegar, se dan cuenta de que están muy ocupados y con poco tiempo para dedicarles. Tras ir al teatro a ver un espectáculo de danza Butoh, algo que Trudi ama, deciden marcharse y pasar unos días en un hotel en la costa del mar Báltico. Allá, la que muere es Trudi, y Rudi la homenajea yendo a ver los cerezos en flor en Japón para cumplir con el anhelo de su mujer. Ahí descubre la poca comunicación que han tenido, lo poco que la conoce y el gran hueco que ha dejado en su vida.

La mejor escuela relacional es la pareja. Una pareja es el encuentro de dos personas que aprenden una de la otra en cada momento que comparten.

Título: *Love is Strange*
Otros títulos: *El amor es extraño*
País: EE. UU.
Año: 2014
Director: Ira Sachs

El mensaje: Un conflicto de territorio es un conflicto ectodérmico, relacional y social. Un problema de territorio, como puede ser el lugar en el que vivir, puede provocar un infarto de coronarias en la etapa de epicrisis. En cambio, en fase de estrés, el cuadro será de angina de pecho. Cuando se ha luchado un tiempo sosteniendo con fuerza lo que se juzga como propiedad y, eventualmente, se pierde, la vida deja de tener sentido. ¿Para qué continuar sin un territorio? Lo mismo se preguntan los mamíferos sin territorio en el que cazar. El proceso de la enfermedad comienza cuando las arterias coronarias se ulceran y se hacen más finas para que pase más sangre con el objetivo de defender, reconquistar o mantener con fuerza un territorio que se considera propio.

En esta película se ven conflictos de pérdida e invasión del territorio que derivan en un infarto y en una bronquitis. Un repertorio de situaciones territoriales. Un descalabro altera la normalidad en la vida de Ben y George, quienes deciden casarse cuando se legaliza el matrimonio homosexual en Nueva York, después de vivir cuarenta años juntos, felices y amándose. La dirección de la escuela donde trabaja George le despide, no pueden pagar la hipoteca y pierden su piso en Chelsea. Una pareja gay de policías ampara a George, mientras que Ben se va a vivir a casa de su sobrino en Brooklyn. Tienen que enfrentar las críticas y sacar fuerzas cada día para salir adelante. George y Ben pierden territorios como la casa o el trabajo, no pueden verse y pierden su rutina, su forma de vivir, y se encuentran a expensas de la ayuda de terceros. Un día finalmente encuentran la solución, conflictolisis según las fases de la enfermedad, que consiste en poner en marcha los síntomas llamados calientes o de reparación para que los tejidos que se han desgastado se sanen. Cuando ocurre la solución aparece la enfermedad.

Otra película en la que se ve la relación de una madre con sus hijos varones, pero sobre todo con su nieto, es *Los recuerdos* (2014). La vejez es un lugar seguro si se está en el propio territorio, porque ya es conocido. Puede que las condiciones de vida no sean las mejores, pero para las personas mayores «vale más malo conocido que bueno por conocer». Los cambios inesperados e impuestos por los hijos se cobran su precio en los ancianos.

Título: *Les souvenirs*
Otros títulos: *Los recuerdos*
País: Francia
Año: 2014
Director: Jean Paul Rouve

El mensaje: La lucha por vivir los últimos días de la vida como uno anhela puede pasar a ser un conflicto de territorio. Cuando uno renuncia y decide que sea lo que tiene que ser, puede aparecer la crisis épica final o infarto, tanto de miocardio como de coronarias.

Una anciana de 85 años vive en su casa hasta que sus tres hijos varones deciden que tiene que ir a vivir a un geriátrico. Un día escapa y es su nieto, con el que siempre ha tenido confianza y ha podido compartir la historia, quien comprende lo que pasa y se acerca a ella.

Título: *Amour*
Otros títulos: *Amor*
País: Austria
Año: 2012
Director: Michael Haneke

El mensaje: Reflexionar sobre lo que nos espera cuando el final de la vida se acerca y sobre qué haríamos en una situación que nos disguste pone a prueba nuestro sentido de lo que es el amor y la vida.

La tragedia surge frente a una enfermedad incapacitante que requiere de mucha atención y pone a prueba la resistencia, el amor mutuo y el apego a la vida. Un accidente cerebrovascular deja a Anne con medio cuerpo paralizado, y como la vida continúa, tiene que adaptarse a ella. Su pareja de toda la vida y compañero de camino tendrá una dura prueba delante.

Decía Rabindranath Tagore: «Cuando mi voz calle con la muerte, mi corazón te seguirá hablando».

Ejercicio

Responde a estas preguntas por escrito:

1. ¿Qué aspectos de tu personalidad suelen estar presentes en tu vínculo con las siguientes personas?

   - Tu padre
   - Tu madre
   - Tu pareja
   - Tus amigos
   - Tus jefes y otras figuras de autoridad

2. En la actualidad, ¿qué nutre las relaciones con padres, pareja, compañeros, amigos y figuras de autoridad?

14
Cuando la enfermedad grita lo que el alma sufre: enfermedades cancerígenas

> «No hay tiempo; muy breve es la vida para disputas, disculpas, animosidades, pedidos de cuenta. Solo hay tiempo para amar, y solo un instante, por así decirlo, para eso».
>
> MARK TWAIN

La medicina alopática justifica la aparición de las patologías cancerígenas basándose en tres factores principales: la herencia genética; las causas externas o los factores causales (sustancias cancerígenas), como los ambientales (químicos tóxicos, residuos o humo del tabaco, la radiación ultravioleta de la luz solar, algunos tipos de comida, bebidas o consumos tóxicos y muchos otros); y la mala suerte.

Un grupo de genetistas de la Universidad Johns Hopkins, Cristian Tomasetti y Bert Vogelstein[23], de Bloomberg, confirmaron tras sus investigaciones que dos tercios de las mutaciones cancerosas provienen del azar durante el proceso de replicación del ADN. Confirmaron que un 67% del riesgo de cáncer en un tejido se explica por el azar, y las variables genéticas y ambientales explican el resto, es decir, el 33%. ¿Por qué esta selección? No se sabe. ¿Mala suerte? Sí.

---

[23] Tomasetti, C., Vogelstein, B. (2015).

¿Cómo se explica que numerosas personas que no están expuestas a factores de riesgo lleguen a contraer la enfermedad, así como que personas que están en el grupo de riesgo no la contraigan?

Si hubiera una relación causa-efecto que fuera directa y simple entre una sustancia nociva y la aparición de una enfermedad cancerígena, debería darse un aumento inmediato en todas las personas expuestas.

Un dato a tener en cuenta: en familias con predisposición genética, no todos los miembros la desarrollan. Solo cuando hay estrés la predisposición se activa.

Título: *Decoding Annie Parker*
Otros títulos: *Decodificando a Annie Parker*
País: EE. UU.
Año: 2013
Director: Steven Bernstein

El mensaje: Hay genes que viajan en el tiempo y un buen día se activan. ¿Será una explicación suficiente para la aparición del cáncer?

Esta película cumple con dos fines. Por un lado, cuenta la historia de Annie Parker y relata los quince años de la vida profesional de la genetista Mary-Claire King, sus dificultades para conseguir recursos e investigar las causas genéticas, y su éxito al conseguir el mapeo del gen BRCA1 en el cromosoma 17, que fue el primero en ser asociado a la predisposición hereditaria al cáncer de mama. Por el otro, cuenta la historia de la familia de Annie Parker, quien sobrevivió a tres tumores distintos.

La película retrata la vida de tres mujeres de la misma familia que tienen cáncer de pecho: dos de ellas mueren, la madre y la hermana de Annie Parker.

El mito familiar que sostenían ella y su hermana sobre la muerte de su madre y la maldición que les caía encima sin poder hacer nada, se rompe al ver que algo hay en sus células que atraía la enfermedad. El miedo irracional con el que crecieron se diluye con el diagnóstico. Le siguen los tratamientos, los momentos de dolor, la ruptura con su pareja, la falta de sostén ante el sufrimiento, la relación de amistad que surge con uno de los médicos que la acompañan, la incredulidad y el miedo de otros profesionales, que apenas le hablan, y todo lo demás que rodea a estas dos mujeres luchadoras.

A pesar de que el título nos hace creer que descodifican la vida de esta mujer, nos quedamos esperando que lo hagan. Sin embargo, tiene mucha sustancia para plantear hipótesis biológicas.

Un tumor igual a un conflicto biológico

En el paradigma de la Descodificación Biológica Original, basado en las leyes biológicas, específicamente en la Primera Ley Biológica, toda patología, incluidos los tumores o el cáncer, son consecuencia de una situación de *shock* inicial que la persona vive con una determinada coloración. Esto se da tanto si son tumores benignos o malignos, como si son primarios o con las llamadas metástasis. Cada patología pone en evidencia la manera de vivir un conflicto.

Como en cualquier otra enfermedad, el cáncer puede aparecer en personas tristes o felices, dichosas o desgraciadas, con o sin trabajo, ricas, pobres, sanas, enfermas, fumadoras o no fumadoras, y todas las combinaciones posibles. Cualquier persona puede padecerlo ya que esta enfermedad hace su entrada cuando se ha vivido un conflicto biológico intenso. A veces el terreno ha estado abonado por conflictos continuos donde la persona siente culpa, ira, tristeza, injusticia, etc., y un buen día cae la gota que colma el vaso.

El cáncer responde a un programa de supervivencia que, en el caso de órganos con origen en el endodermo y el mesodermo antiguo, siguen el patrón de generar más células en fase de estrés o activar una «mayor y mejor» función cuando la misma, biológicamente hablando, no ha sido suficiente. El Dr. Hamer[24] ha llamado a este hecho «programa turbo» de la naturaleza, que permite hacer frente a una situación que el cerebro arcaico ha interpretado como extremadamente peligrosa. Para órganos con origen en el mesodermo nuevo y el ectodermo, los llamados tumores son crecimientos celulares en fase de vagotonía o reparación en los lugares donde antes hubo necrosis o ulceración en la fase activa.

En general, se puede decir que las células cancerígenas tienen un comportamiento anárquico que no cumple, por lo tanto, con las funciones asignadas a la célula afectada. Tienen comportamientos no esperados en una célula normal, como la invasión de áreas vecinas (infiltración) o su capacidad para sobrevivir y no morir, por lo que no cumplen con la apoptosis. Es como si las células quisieran vivir como si fueran inmortales. Por ello, en Descodificación Biológica, nos hacemos la pregunta de cuál es el deseo de eternidad de la persona. ¿En qué apartado de su vida se manifiesta? ¿Con qué papel, rol o función la persona se ha «identificado»? En este sentido, nos referimos a algo de su personalidad que no puede soltar. La respuesta la encontramos en el órgano que esté afectado.

Por ejemplo, una mujer tiene un hijo de 26 años en rebeldía desde la adolescencia que ha empezado a consumir droga y, lo que es peor para ella, también la vende. Se imagina a su hijo en el peor de los casos hasta que este desaparece durante cinco días. Tal cantidad de tiempo y las circunstancias se le hicieron eternas a la mujer, tiempo en el que los canales ductales mamarios se fueron ulcerando. El sexto día el hijo aparece como si nada hubiera pasado, y la solución al conflicto llega

---

[24] Hamer, R. (1991).

junto al hijo pródigo. En ese momento se rellenan los tejidos ulcerados en función del desgaste producido en fase de estrés. Al relleno se le llamará, en este caso, tumor ductal de la mama. Para que esta mujer desarrolle ese tumor y no otro, tiene que agregarse algo más, y es el no poder soltar el rol de madre protectora. Para ella es habitual estar preocupada por su hijo, seguirle a escondidas, intentar averiguar con los amigos cómo está o lo que hace. Vive pendiente de lo que le pueda ocurrir. Si no se encontrara en la identificación de este papel de madre, podría hacer un síntoma en los senos, pero de menor intensidad.

La pregunta clave es: ¿cuál es la identificación que no se deja morir?

Joe Dispenza[25], en el libro *Deja de ser tú. La mente crea tu realidad*, dice: «Por lo visto, está en la naturaleza humana evitar cambiar hasta que las cosas se ponen tan feas y nos sentimos tan mal que ya no podemos seguir como de costumbre».

Características comunes de las personas con cáncer

Según el Dr. Hamer, las personas que tienen un tumor reúnen una serie de características psicológicas comunes:

- Tendencia durante muchos años (niñez) a reprimir las emociones tóxicas de cólera, resentimiento, ira y hostilidad.
- Tendencia a desarrollar sensaciones de soledad por considerar que su vida está privada de afecto. A menudo tienen una historia de carencia afectiva o de rechazo por uno o ambos padres.
- Incapacidad de resolver problemas emocionales profundamente arraigados, que se presentan generalmente en la niñez, pero no quieren ser conscientes de su existencia.

---

[25] Dispenza, J. (2012).

Veamos varios de estos aspectos en las siguientes películas.

Título: *My Life Without Me*
Otros títulos: *Mi vida sin mí*
País: España
Año: 2003
Director: Isabel Coixet

El mensaje: Con una vida por delante aún sin vivir y ya con fecha de caducidad, es posible sacar lo mejor de sí y dejar mensajes grabados para los seres queridos.

Una joven que ha experimentado poco en la vida recibe un diagnóstico de cáncer en condiciones poco habituales: el médico se sienta con ella en un pasillo y sin mirarla a los ojos le pregunta si algún familiar la acompaña. Es un momento de alto estrés para una persona que se encuentra sola. Su vida se viene abajo. Resulta sumamente difícil para una persona que tiene hijas pequeñas y todo por hacer en la vida.

Las consecuentes preguntas son:

- ¿Qué lección espiritual y de crecimiento personal hay tras un cáncer?
- ¿Por qué esperar a que ocurra algo grave para empezar a mirar la vida de manera saludable?

Título: *Biutiful*
País: México
Año: 2010
Director: Alejandro González Iñárritu

El mensaje: El cáncer de próstata tiene implícito un código biológico de carácter sexual feo, desagradable, o que teme por su descendencia.

EL REFLEJO DE NUESTRAS EMOCIONES

Uxbal, el protagonista, es hijo de un padre ausente al que no conoció. Es un padre de familia que cuida solo a sus dos hijos, separado de una esposa bipolar y alcohólica, que se busca la vida como puede e intenta ayudar a los inmigrantes al mismo tiempo que hace lo posible para sobrevivir a tanto dolor y mala suerte. Como aderezo posee ciertos poderes de sensibilidad hacia los espíritus y sostiene interesantes diálogos con los muertos. En él se encarnan la fuerza, la esperanza, la bondad, el amor hacia la familia y también el riesgo, la contradicción y la lucha por la supervivencia. Se entera de que tiene un cáncer de próstata y, sabiendo de lo que es responsable, busca encauzar su vida antes de morir. Comienza el juego dialéctico entre sus deseos y las obligaciones, entre lo material y lo inmaterial, entre la desesperanza y el optimismo, entre su cuerpo atado a la tierra y su alma, que busca librarse de las ataduras para encontrar la tan ansiada paz que en este planeta no ha conseguido. Es un canto a la despedida de lo material y a desprenderse de las cadenas para conseguir la liberación del espíritu.

Título: *The Bucket List*
Otros títulos: *Ahora o nunca*
País: EE. UU.
Año: 2007
Director: Rob Reiner

El mensaje: Cuando dos personas crecen con valores, creencias y pensamientos distintos, también viven de manera diferente el proceso de enfermedad. Es fácil imaginar quién sobrevive a quién.

Podemos apreciar dos formatos de personalidad completamente diferentes en esta película, en la que dos enfermos terminales de cáncer, con caracteres, identificaciones y situaciones de vida opuestas, se hacen grandes amigos cuando comparten habitación en el hospital. Uno es Edward Cole (Jack Nicholson), un multimillonario que cree tenerlo todo pero que en realidad no tiene nada más que lo material, ya que no tiene a nadie a su lado, salvo a empleados y personajes que buscan su dinero, es materialista y de trato muy difícil e histriónico. El otro es su vecino de habitación, Carter Chambers (Morgan Freeman), un humilde trabajador que tiene una familia a la que quiere y vive dentro de la rutina que le permiten sus recursos. Ambos se complementan, ya que uno tiene lo que al otro le falta en ambos sentidos, material y humano, así que entre los dos se ayudan mutuamente y tratan de vivir de forma intensa el poco tiempo que les queda de vida haciendo lo que siempre habían deseado. Para organizarse hacen una lista de deseos y, aunque la muerte se aproxima, vivir la vida como un juego les alivia la presión de ver las garras de su negrura.

Título: *Viskningar och rop*
Otros títulos: *Gritos y susurros*
País: Suecia
Año: 1972
Director: Ingmar Bergman

El mensaje: El tumor de útero responde al conflicto de pérdida en el nido o de tipo sexual desagradable o poco respetuoso, es un órgano de origen endodérmico que reacciona haciendo más células en fase de estrés.

A través de la historia de unas mujeres que se encuentran en una mansión, se pone en evidencia la fuerza de las emociones vividas y aprendidas alrededor de la madre. Combinan la frialdad con la alegría, la amargura con la comprensión, la tristeza con la soltura, la seducción, las pasiones y la superficialidad con la bondad y la entrega, y las corazas suben y bajan según se requiera protección.

EL REFLEJO DE NUESTRAS EMOCIONES

Los personajes son tres hermanas, la sirvienta y una mansión (un espacio de reflexión continua). Dos de las hermanas y la sirvienta acompañan a Agnes, la única soltera y que se ha quedado en la casa familiar como si de un útero se tratara. Ella se está muriendo de un cáncer de útero y sus hermanas la cuidan en sus últimos días. La vida de estas mujeres ha girado alrededor de la madre, que, aunque murió veinte años atrás, se mantiene presente y con fuerza. A Agnes se la representa como la mujer que se encuadra en la tipología de «la identificación con la madre», y entre ellas permanece el juego relacional máscara-sombra, en el que la hija es la sombra de la madre y la madre ha tenido tal impacto que ha fagocitado la vida de la hija. Mientras la hija manifiesta la máscara de actividad, soltura, alegría y desenfado, guarda en su interior la soledad, la melancolía, la tristeza y el dolor. Esa relación de identificación la mantiene encerrada en un personaje que no puede soltar o, lo que es lo mismo, está impedida para volar del nido. No poder cambiar la lleva a la enfermedad, que es una forma de inadaptación a los cambios.

Título: *Love Story*
Otros títulos: *Historia de amor*
País: EE. UU.
Año: 1970
Director: Arthur Hiller

El mensaje: La lucha por sentirse igual tiene un precio. La igualdad existe sin tener que luchar por ella.

En el libro *Love Story*, de Erich Segal, el personaje principal es Jennifer, una bibliotecaria de familia humilde y huérfana de madre que se enamora de un chico de familia rica, viven innumerables vicisitudes juntos y finalmente ella muere de leucemia. La historia va de dos jóvenes que están estudiando en Harvard, donde se gradúan y, a pesar de la oposición de la familia de Oliver, se casan y les sale una oportunidad de trabajo en Nueva York, adonde marchan para continuar su vida feliz. Es ahí, cuando todo va viento en popa, que aparece la enfermedad de la sangre que acaba con la vida de esta joven, un destino cruel que puede ser leído bajo muchas claves.

Desde la Descodificación Biológica Original la leucemia es la fase de reparación del tejido sanguíneo después de una reacción en el hueso que provoca un aumento significativo de los leucocitos y de sus formas más inmaduras, llamadas blastos. La fase primera de estrés aparece al vivir conflictos de no llegar a un rendimiento o de desvalorización profunda, y al solucionarlos comienza el crecimiento celular, también llamado tumor falso.

En la película *Love Story* (1970), Jenny le dice a su marido: «Amar significa nunca tener que pedir perdón».

En *Gritos y susurros* (1972), la enfermedad o Programa Biológico de Supervivencia aparece en la fase de estrés, mientras que en *Love Story* (1970) el proceso leucémico corresponde a una etapa de sanación de los tejidos. En ambos casos, las personas que tienen el tumor han pasado por procesos bloqueantes de sentimientos y emociones y por situaciones que llevan a una identificación. En el primero es la fijación en la figura de la madre, y en el segundo, en la sensación de ser menos que el otro, la desvalorización.

Título: *Le temps qui reste*
Otros títulos: *El tiempo que queda*
País: Francia
Año: 2005
Director: François Ozon

El mensaje: Continuar haciendo más de lo mismo solo puede dar el mismo resultado. Vivir siempre desde el enfado lleva al sujeto a «intoxicarse».

EL REFLEJO DE NUESTRAS EMOCIONES

Romain es un joven fotógrafo de moda que tiene un carácter difícil (de su irascibilidad no se salva nadie, ni sus padres, ni su novio, ni su hermana), y en una sesión sufre un desmayo. Visita al médico y este le diagnostica un tumor terminal de hígado con pronóstico de tres meses de vida. Ahí la pregunta es qué hacer en «el tiempo que queda». La construcción de su personalidad se ha realizado en una familia algo «descompuesta», con un padre desconcertado que no sabe que sus hijos crecen, una madre con conversaciones banales, sonrisas forzadas, secretos y silencios que maquillan sus miedos y bañan la incomprensión o la aceptación de la sexualidad de su hijo, y una hermana perfectamente alineada con las necesidades de los padres. En este cóctel, la ira, el odio y la rabia hacen mella en sus vías hepáticas y el cáncer es el resultado de no poder expresar lo que realmente queda guardado profundamente.

Una visita memorable es la que le hace a su abuela para despedirse. Es una mujer curada de espantos, que sabe cuál es la vida por la que ha optado su nieto y, aunque no la apruebe, la acepta y no le juzga. Cuando se entera del estado de su nieto le enumera la lista de medicinas y vitaminas que toma al día y acaba con un memorable «... con todo esto, podré morir con buena salud...».

Para dar sentido a su vida antes de marcharse, Romain lleva a cabo una acción altruista en el tiempo que le queda y encuentra un lado suyo desconocido cuando la vida le pone contra las cuerdas.

El Dr. Carl Simonton[26] comenzó en 1971 a trabajar con pacientes oncológicos en los que veía, igual que el Dr. Hamer, una serie de características psicológicas que hacían decantar a la persona hacia un tumor u otras patologías.

Algunas de estas características son: inflexibilidad para adaptarse a los cambios; rencor por eventos pasados, especialmente heridas de la infancia con los padres; entrega a los demás dejando de lado las

---

[26] Simonton, C., Mattwes-Simonton, S. (1988).

propias necesidades; guion de vida adaptado a la familia (hijos, pareja, padres), que en un momento queda sin función; grandes exigencias o demandas que superan las posibilidades de cumplirlas; la necesidad de la enfermedad para la toma de decisiones y obtención de beneficios.

Al respecto, León Renard[27] dice en su libro *El cáncer domesticado*:

> Estoy convencido de que la causa de la aparición de un cáncer está vinculada con un conflicto, con un desequilibrio entre lo que llamo el «yo interior» —es decir, lo que realmente somos— y el «yo exterior» —es decir, lo que dejamos ver desde fuera, tanto a los otros como incluso a nosotros mismos—. Dicho de otro modo, mientras haya armonía entre estos dos aspectos del yo no habrá problemas de salud.
>
> Cuando el yo interior es débil y se aferra a un objeto, a una situación o a un rol, lo que yo llamo «el tutor», para crecer, para justificarse, para existir, entonces el equilibrio del individuo está en peligro.

El tutor del que habla León Renard nos lleva a reflexionar si somos libres cuando escogemos la vida que llevamos.

El siguiente caso lo ejemplifica. Amanece, Maia sale del letargo de un sueño profundo, se arrastra hasta la ducha y el agua le rebota en los ojos provocándole ardor, pero así se despierta. Desde hace doce años trabaja como enfermera del turno de mañana de un hospital comarcal en Urgencias. Con mayúsculas, porque allí van los absolutamente necesitados de ayuda. Cree estar contenta con su puesto de trabajo, aunque a veces no llega a todo y se frustra; otras, no opina lo mismo que sus jefes, pero acata y se guarda bien dentro lo que no le gusta. Aplica el «no estás aquí para pensar sino para hacer» y continúa ahí día tras día.

Tuvo una pareja poco estable con la que además mantenía la relación casi a escondidas, porque era un compañero del hospital, y hace

---

[27] Renard, L. (2016).

unos ocho meses decidieron cortar la relación, insatisfactoria para ambos. Ella quiere dedicarse a un trabajo muy exigente y a sus padres. Cada sábado sale con sus amigas, las pocas que quedan sin pareja, ya que la mayoría de ellas se han ido comprometiendo y no disponen de los sábados. Maia tiene 36 años, es la hija pequeña de unos padres ya ancianos por los que se desvive para que estén bien y los visita casi cada día. Para los padres es la hija perfecta. Pero ahora la soledad de su apartamento le empieza a pesar, sobre todo los días que pasa más de dos horas en él. Su apretada agenda, repleta de compromisos como ir al gimnasio, nadar, salir con los amigos, pasar por la biblioteca del hospital general, preparar una comunicación, reuniones extras en el trabajo, hacer recados para los padres, cuidar a su sobrinita, aprender monólogos y restauración de cristales y una larga lista de más y más actividades, le dejan poco espacio para pensar. La enfermedad que le han detectado «a tiempo» pasará a ser su prioridad ahora que en su diccionario particular ha entrado la palabra *cáncer*. A pesar de su trabajo, de su profesión, de sus estudios y de todo lo que ha ido viendo en su vida cada día (su tía materna, su prima y una amiga murieron, según dijeron, de cáncer), escuchar esta palabra la dejó descolocada. ¿Por qué a ella? ¿Por qué ahora? ¿Por qué si tiene hábitos sanos y no cumple factores de riesgo? Nada de lo que aprendió le cuadra con lo que le está ocurriendo. Está en *shock* desde que el médico le confirmó un carcinoma ductal infiltrante de buen pronóstico. Mira para atrás y no entiende qué ha pasado, no encuentra respuesta. Quizás sea porque no se pregunta qué es todo lo que no ha pasado, qué es lo que la tiene tan insatisfecha, quién es ella y qué hace con su vida.

En Descodificación Biológica Original, la enfermedad es una solución a un fuerte estrés vivido sin poder expresarlo, y el cáncer es un programa ultrarrápido que viene a disminuir cuanto antes la tensión psíquica. Ocurre en personas que están identificadas con un rol o una función, a tal punto que se creen que son lo que hacen o lo que viven. Se aferran al tutor. Es la enfermedad de la confusión, del error logístico de representar un personaje, de vivir según mandatos, creencias o valores que han servido en un momento de la vida, pero que han quedado obsoletos. ¡Qué fácil sería si lo pudiéramos ver!

¿Cuál es tu personaje? ¿Cuál es tu forma de estar en la vida que crees que no puedes cambiar? ¿Cómo lo podemos reconocer? Por la enfermedad que aparece. Es el que lleva por traje la enfermedad que te viste. En el caso de Maia, su personaje es la cuidadora disfrazada de hija perfecta que continúa soltera y sin pareja para poder atender a sus padres. A pesar de que anhela, ansía y quiere vivir una vida con un compañero de camino, no lo consigue.

Maia es la que deja lo suyo para atender a los necesitados. Es la que se olvida de ponerse el vestido de flores del amor para disfrutar a plena luz la alegría de compartir los instantes de su vida con alguien especial para ella. Se olvidó de todo y vivió en automático, y esa forma de vivir es la que ahora quiere cambiar cuando las horas de vida le vienen marcando el paso detrás de sus talones. Ahora empieza a ver claro que ella fue solo una mitad, como dice la cantautora Ana Belén en la canción *Desde mi libertad* (1979). Un fragmento de la canción dice así:

> Sentada en el andén,
> mi cuerpo tiembla y puedo ver
> que a lo lejos silba el viejo tren,
> como sombra del ayer.
>
> No será fácil ser
> de nuevo un solo corazón,
> siempre había sido una mitad
> sin saber mi identidad.
>
> No llevaré ninguna imagen de aquí.
> Me iré desnuda igual que nací.
> Debo empezar a ser yo misma y saber
> que soy capaz y que ando por mi piel.

Quizás creemos que vivimos libres cuando en realidad estamos atrapados en los conflictos. Acaso en ese viejo tren Maia pueda encontrar su otra mitad para ser ella misma.

Cabe destacar la preciada reflexión a la que llega cuando se sienta en el andén y observa con cariño su vida, sin juzgarla y sin criticarla. Solo la mira para aprender de lo que le ha tocado vivir. Se da cuenta de que no se llevará nada de aquí y que se irá desnuda igual que nació. Y entonces, ¿para qué disfrazarse cada día del personaje esperado?

Es el conocimiento el que libera y el amor el que sana.

Conocer cómo nos manifestamos en la vida debería, al menos, hacernos reflexionar sobre cómo queremos vivir y permitir que nos responsabilicemos de hacer todo lo posible por llevar la vida que anhelamos y dejar de vivir como creemos que quieren los demás. Debemos salir del guion adaptado para entrar en la libertad de escoger a cada momento lo que nos hace felices. Esto es lo que se plantea mucha gente cuando se encuentra al límite de su vida: volver a vivir, pero haciendo lo que da sentido a la vida. ¿Para qué esperar al final cuando se puede ser feliz a cada momento?

Anita Moorjani, escritora espiritual, pasó por un cáncer de linfáticos terminal, tras cuatro años de lucha. Esta autora cuenta todo lo que pasó para poder soltar a su personaje, desprenderse de la máscara que usaba para ser aceptada y amada, para desidentificarse y comenzar a vivir según el anhelo de su ser. Su camino de regreso comenzó cuando estuvo a las puertas del túnel, del lado de la muerte. El libro *Morir para ser yo*[28] es una autobiografía con un mensaje claro desde el título mismo. O cambiamos o el destino sigue adelante, cada uno decide y se responsabiliza de sus decisiones.

---

[28] Moorjani, A. (2013).

Título: *Hanachan no misoshiru*
Otros títulos: *Hana's Miso Soup*
País: Japón
Año: 2015
Director: Tomoaki Akune

El mensaje: La vida continúa más allá del eslabón que conforma nuestro propio momento histórico.

Chie es una joven que disfruta de la vida junto a su novio Shingo, hasta que un día le diagnostican un cáncer de pecho. Él le propone casarse y, a pesar del duro tratamiento que está recibiendo, deciden tener descendencia y llega Hanna, una niña que le da vida y a la que enseña a sobrevivir sabiendo que algún día tendrá que marchar. El aprendizaje se hará alrededor de la sopa de miso, un plato elaborado con amor por las protagonistas. Si el lector me lo permite, es una película muy recomendable que habla sobre la belleza del amor fraterno.

Título: *Stepmom*
Otros títulos: *Quédate a mi lado*
País: EE. UU.
Año: 1998
Director: Chris Colombus

El mensaje: Aferrarse al tutor o a una manera estricta de hacer las cosas puede enfermar y no conduce a buen puerto en las relaciones. Por encima del odio está el amor, no es el otro el que me hace algo, sino mi interpretación. Para descansar hay que soltar y perdonarse; irse queriendo y siendo querido.

Jackie es una mujer divorciada que está muy enfadada con la vida, por lo que no le pondrá las cosas fáciles a nadie. Seguramente, el divorcio llegó por varios motivos. Para completar el panorama, enferma de cáncer. El mundo se le desdibuja cuando su exmarido, Harris, y una mujer más joven, Isabel, se enamoran. Los dos hijos del matrimonio, Anna y Ben, viven como pelotas de pimpón entre su madre y su padre, a lo que se suma un tercer personaje, Isabel, que lo tendrá muy difícil para ganarse el cariño de los niños.

Si, más allá del conflicto biológico, formulamos una hipótesis sobre lo que le ocurre a Jackie, vemos que está aferrada a un rol al que definitivamente no quiere renunciar y que la hace sufrir enormemente. No puede renunciar a su matrimonio y se lo recuerda a Isabel y a Harris acusándolos y culpándolos. No puede renunciar a ser la única madre para sus hijos y que otra mujer los pueda criar. No puede renunciar a la vida que llevaba y que cambió. Hay que recordar que la enfermedad es una forma de resistencia al cambio, y aquí se ve de manera muy clara.

A medida que enferma, se topa con una cruda realidad y tiene que modificar su carácter. Poco a poco va calmando sus ataques e Isabel se convierte en alguien de gran ayuda. Jackie renuncia a seguir peleando para pasar a contarle cómo son sus hijos, cómo vivieron en el pasado, lo que disfrutan, y esto ayuda a tener una relación de amor y no de guerra. Trasciende los bloqueos para poder marcharse en paz. No siempre es posible quedarse por más tiempo, pero al menos el tiempo que se vive que sea con armonía.

Ejercicio

Responde a estas preguntas por escrito:

- ¿Quién creo que soy?
- ¿Quién soy para mi padre, mi madre, mi pareja o mis hijos?
- ¿Con qué estoy identificado? (Trabajador/a, ser padre o madre, protector/a, cuidador/a, sacrificada/o, etc.).
- Si hoy mi vida cambiara completamente, ¿cómo podría continuar viviendo si ya no tengo X o si ya no soy X?

15
Cuando el diagnóstico genera un conflicto

«Cuando se sentó a mi lado supe que era algo grave, ya que los médicos no suelen hacerlo habitualmente. ¿No hay alguien que me diga lo mismo, pero mirándome a los ojos?».

Mi vida sin mí (2003)

Una vez que se ha producido un síntoma y este ha sido diagnosticado, queda continuar viviendo con el menor estrés posible para evitar alterar el funcionamiento interno celular. El estrés activa procesos que una persona con cáncer debe evitar porque, en fase activa (simpaticotonía), ocurren procesos a nivel celular que tienen un fuerte impacto y guardan relación con el miedo que ha generado el diagnóstico o el pronóstico. En la segunda fase de la enfermedad se producirá la reparación de tejidos, y cuanto más daño haya en la primera fase, más actividad habrá en la segunda.

Los humanos pensantes solemos usar en demasía nuestra cabeza y no siempre de manera apropiada, es decir, pensar para sentirnos felices. Por el contrario, pasamos mucho tiempo gastando una gran energía en pensar en negativo. Seguimos el patrón de pensar en lo peor, porque si lo mejor llega, será aún con más alegría.

Cuando notamos algo diferente en nuestro cuerpo se aproximan grandes nubarrones a nuestra mente y ya no hay quien los desaloje.

En ocasiones, la tormenta llega cuando estamos ante el médico y su actitud o su cara nos expresan que algo no va como esperábamos. Nosotros, los humanos pensantes, como no estudiamos medicina, entregamos el poder absoluto sobre el control de nuestros cuerpos. Dejamos de pensar y permitimos que otro lo haga por nosotros. Así es como puede aparecer o aumentar el conflicto.

Ante un diagnóstico, y si el miedo asalta a la persona, es casi seguro que perdamos nuestro centro, que nos desequilibremos y tengamos que volver a la tranquilidad. ¿Cómo hacerlo? Retomando el poder sobre lo que nos ocurre tanto cuando enfermamos como para sanar; sintiendo la certeza de que cada uno de nosotros es el cien por cien de su propia estadística; liberando las sensaciones que se han grabado en ese instante para desactivar miedos y angustias.

Título: *50/50*
País: EE. UU.
Año: 2011
Director: Jonathan Levine

El mensaje: El diagnóstico debería ser lo menos alarmante posible. El paciente requiere de un cuidado especial ante noticias que le pueden desestabilizar y generar miedo o confusión.

El estado de confusión que aparece ante una situación de inestabilidad como es recibir un diagnóstico médico alarmante está magníficamente registrado en la película *50/50* (2011), en la escena en la que el protagonista se encuentra con el médico, prácticamente al inicio del filme (minuto 7). Muestra cómo el mundo se mueve debajo de sus pies, se desconecta del exterior, deja de percibir, siente un bullicio interior y un desconcierto. Es el instante mismo de una gran descarga química en el cuerpo en el que la lluvia de sensaciones genera un caos interior. Es el momento en que el fotograma correspondiente se cae en el fondo del inconsciente para quedarse agazapado, intentando alejar el dolor de la realidad. Ante situaciones consideradas demasiado duras, la negación de la experiencia es un mecanismo muy útil. En la vida, a mayor dolor, mayor profundidad en el inconsciente tendrá el evento. Es un sistema arcaico de protección que permite sobrevivir. Además, esta película es una buena representación de una relación médico-paciente muy poco sana y de una comunicación poco humana en un caso de diagnóstico de un tumor.

El conocimiento libera o ata. Cada uno sabe cómo usar ese conocimiento en beneficio propio o dejarse atar por las ideas de otros con el conocimiento limitado que hay hasta este momento.

El capítulo 3 de la serie *Cosmo*s, titulado «Cuando el conocimiento conquistó al miedo» (2013), nos muestra cómo la curiosidad es un buen antídoto para neutralizar el miedo y superar las limitaciones. Tener interés en encontrar respuestas que superen la caída de la daga del diagnóstico ayuda a la persona a salir del círculo vicioso.

Nullius in verba es una locución latina que significa «en la palabra de nadie». Dicho de otro modo, insta a mirar por uno mismo, sin dejar que las opiniones cieguen nuestra propia verdad. Hay quien toma la palabra del otro como sentencia cuando no hay nada en la naturaleza de los humanos que podamos asegurar al cien por cien. ¡Recuperemos el poder!

Doctor, ¿qué tengo?

Por favor, un diagnóstico y que sea ¡YA! Sea el que sea, sea lo que sea... pero dígalo ya.

El ser humano se ha vestido con los trajes de la seguridad y la estabilidad y es reacio a aceptar los cambios que plantea la vida. La incertidumbre agota, estresa y genera más enfermedad. Debemos saber, conocer y poder poner palabras para colocar cada cosa en su lugar. Desde tiempos lejanos, inmemoriales diría, se busca la explicación fuera de lo que ocurre dentro. Las personas necesitamos saber para calmar la ansiedad del miedo al futuro o de lo que el futuro depara si se está enfermo, por ejemplo. Con buena imaginación, solemos temer lo peor, quizás para que cuando aparezca lo mejor se disfrute dos veces.

Se llega a un diagnóstico por distintas circunstancias, algunas esperadas y otras no. Esperado es que, si se ha tocado el pecho y se percibe un bulto, el diagnóstico de patología de mama sea una evidencia. Pero podemos ir al médico por un tema y que sorpresivamente aparezca algo diferente. O la persona que no ha tenido ningún síntoma decida hacerse un chequeo y se detecte algo totalmente asintomático.

Título: *Funny People*
Otros títulos: *Hazme reír*
País: EE. UU.
Año: 2009
Director: Judd Apatow

El mensaje: La enfermedad trae la propuesta de cambio asociada a los síntomas que se presentan. Es un «si quieres vivir, cambia; sé otro/otra».

Esta película comienza con la secuencia de la visita al médico de George Simmons, un famoso monologuista muy gracioso, que va a consulta por insomnio y sale con un confuso diagnóstico de cáncer de sangre muy agresivo para el que no hay posibilidades. No lo esperaba, es una sorpresa dramática. Sale de la consulta con la vista perdida, flota al caminar, conduce en automático y entra en un maremágnum de inestabilidad. Llega a un estado de incomprensión y negación tal ante las palabras que no consigue aceptar, que le dice al médico: «No entiendo lo que me dice. ¿No puede hablar más claro?».

EL REFLEJO DE NUESTRAS EMOCIONES

Ante la aparición de la enfermedad, se ve obligado a cambiar de vida y tiene una segunda oportunidad que puede aprovechar si cambia, pero para ello deberá comenzar a revisar cómo ha vivido y tendrá que decidir si sigue cometiendo los mismos errores del pasado o apuesta por lo que de verdad importa en la vida. Es así como se replantea los temas existenciales fundamentales. Día y noche se pregunta qué es lo que da sentido a su vida. «Odio esta vida, no tengo nada, era un maldito, un estúpido idiota», dice de sí mismo.

Sin amigos, sin pareja, sin contacto con sus padres, ya mayores, ni con su hermana («fuiste un hermano terrible, nos abandonaste y te importó un carajo cómo estábamos»), e intentando reprimir lo que siente sin decirle a nadie lo que está viviendo, trata de limpiar lo que puede antes de marchar. Difícil tarea para este rígido George. Su asistente, Ira, le dice: «Eres la única persona que no aprendió nada estando al borde de la muerte. Jamás serás feliz porque solo piensas en ti. Hasta que no puedas escapar de ti serás un infeliz».

El cinismo ha sido el común denominador de su vida personal, social y profesional. Ácido y más ácido a medida que avanza la enfermedad. Un diálogo con un médico lo pone de manifiesto: «Su sistema inmunológico está en medio de una seria batalla entre las medicinas que provocan un daño y la enfermedad», dice el médico. «Su acento es muy empático. ¿Nota que las cosas pueden oírse peor de lo que son? ¿Cuántos pacientes asusta al día?», responde George.

Además, George gira alrededor de la enfermedad, que es lo que hace que se activen otras situaciones de estrés: «Estoy enfermo y pienso todo el tiempo en ello».

Cuanto más estrés haya, más posibilidades habrá de que aparezcan otros síntomas, y cuando la situación de estrés es específica como, por ejemplo, sentir miedo a morir, puede aparecer una enfermedad en los pulmones, que en realidad es la respuesta orgánica a un nuevo conflicto.

En el caso de patologías cancerígenas se llamará metástasis a un nuevo tumor. Aparece como consecuencia de la reproducción o extensión de una enfermedad o de un tumor a otra parte del cuerpo. Médicamente, se dice que una metástasis (del griego μετάστασις, «mudarse de lugar o transferencia») es el proceso de propagación de un foco canceroso a un órgano distinto de aquel en que se inició. Desde la Descodificación Biológica Original damos una explicación diferente, en la que cada síntoma da respuesta a un conflicto previo y por eso un nuevo síntoma es consecuencia de un nuevo conflicto. Según cómo sea la vivencia del nuevo conflicto, será el tipo de enfermedad o metástasis que aparecerá. Por ejemplo, si la persona siente miedo a morir se activará un programa en sus pulmones.

Título: *The Doctor*
Otros títulos: *El doctor*
País: EE. UU.
Año: 1991
Director: Randa Haines

El mensaje: Ante un diagnóstico y un tratamiento, las personas se sienten vulnerables, por lo que hay que cuidarles en consecuencia.

Un momento de cambio en la vida de un médico cirujano, quien se esconde detrás de un estilo frío e insensible, surge cuando le diagnostican una enfermedad tumoral. Jack MacKee (William Hurt) pasa de médico a paciente sintiendo en sus propias carnes la parte más dura y sombría de un sistema sanitario sobresaturado.

Esto supone un gran cambio de paradigma y de relación con los otros para un médico encargado de enseñar a jóvenes residentes. Les ayudará a ver el lado más compasivo y empático de la medicina, pero para ello tendrá que experimentar bajar al foso y remontar como se pueda.

Le llega un diagnóstico muy directo: «Doctor, tiene usted un bulto». No hay más explicaciones, pero principalmente se resalta que no existe ningún acercamiento emocional al dolor del otro, como si acercarse a ese punto débil pudiera ser contagioso. El médico es casi inmune al dolor. El paciente se queda ahí, solo, atónito y sin palabras. Una vez más sucumbe a la confusión, la fragilidad, la vulnerabilidad, el miedo, la indefensión y el estrés.

El Dr. MacKee aprenderá lo que sienten los enfermos en carne propia probando su propia medicina: hacer trámites sintiéndose un número más, recibir una atención despótica y sin ningún reconocimiento humano, sufrir descuidos humillantes, errores en la prescripción o en la realización de pruebas, esperas en salas abarrotadas, falta de información, recibir órdenes y cumplir sin rechistar. En definitiva, un trato frío y distante. De todo ello aprende a ser un humano más en contacto con las historias de otras personas que comparten la gravedad de sus síntomas. Una vez comprendido el mensaje, el Dr. MacKee enseñará a sus alumnos que las personas que asisten al sistema médico y depositan su confianza en él deben recibir como contraprestación un trato humano: «Han pasado mucho tiempo aprendiendo nombres en latín de las enfermedades que sus pacientes puedan tener. Ahora van a aprender algo muy sencillo. Los pacientes tienen nombre. Sienten miedo y vergüenza, y se sienten vulnerables, pero sobre todo están enfermos y ponen su vida en nuestras manos».

¿Hay comunicación sana entre médico y paciente?

Sí. Un rotundo sí. La hay. Y cuando existe, el acompañamiento es un bálsamo. Antes que paciente, uno es persona.

Me gustaría compartir una película donde el médico aborda una patología cancerígena con sumo cuidado y delicadeza, y se ocupa de manera integral de atender (en todo el sentido de la palabra *atender*) a la persona que tiene delante.

Título: *Ma ma*
País: España
Año: 2015
Director: Julio Medem

El mensaje: Acompañar, escuchar, dar confianza, seguridad, tener paciencia e ir al ritmo del otro, explicar y asegurarse de que se ha comprendido, tienen que ser algunos de los ejes de la relación médico-paciente.

Ma ma (2015), protagonizada por Penélope Cruz, narra la historia de fuerza y valentía de una mujer ante un diagnóstico y posterior tratamiento de cáncer de mama, que es acompañada médicamente por un excelente y cuidadoso profesional que la ayuda de forma delicada a pasar por el proceso.

Es una maestra en paro, de nombre Magda, que se acaba de separar y tiene que cuidar de su hijo. La vida se le ha llenado de eventos difíciles de asimilar y un gran estrés ha hecho mella en su cuerpo. «Dicen que la crisis y el paro están afectando a la salud». Así es como Magda pasa al lado malo de las estadísticas.

La medicina puede ser un excelente confesionario de todo aquello que nunca se pudo sacar de dentro. Para ello, los profesionales tienen que saber comunicar. Para poder comunicar desde el amor es necesario trabajar al ser humano que hay dentro de la bata blanca. Las limitaciones surgen cuando el exterior estresa el interior, cuando un diagnóstico se le hace difícil al médico. Las dificultades pueden ser supervisadas y el camino terapéutico estará mucho más despejado.

Como dijo Séneca, «no puede el médico curar bien sin tener presente al enfermo».

Quizás no todos los profesionales puedan tener la capacidad de Hunter Doherty Adams, un médico activista estadounidense abanderado de la «terapia de la risa» y fundador del Instituto Gesundheit en la ciudad de Washington. Fue un ser maravilloso, entregado a la tarea de convertir el acto médico en un acto humano. Todos pueden intentarlo y, lo que es mejor, ¡hacerlo!

Título: *Patch Adams*
País: EE. UU.
Año: 1998
Director: Tom Shadyac

El mensaje: Todos podemos hacer feliz al otro comunicándonos con amor y una sonrisa. Ante la enfermedad, buena cara.

Esta es una muestra perfecta de lo que debería ser la vocación profesional de los médicos y otros profesionales sanitarios y una lección magistral de humanidad, delicadeza, humildad y generosidad.
Cuando Patch Adams habla ante el tribunal médico, dice:

> La muerte no es un enemigo, señores. Si vamos a luchar contra alguna enfermedad, hagámoslo contra la peor de todas: la indiferencia.
> ¿Qué hay de malo en la muerte, señores? ¿A qué le tenemos tanto miedo? ¿Por qué no tratar la muerte con cierta humanidad, dignidad y decencia y, Dios perdone, hasta con humor?
> Un doctor tiene la misión no solo de prevenir la muerte, sino también de mejorar la calidad de vida. Si tratan una enfermedad, ganan o pierden; si tratan a una persona, les garantizo que siempre ganarán sin importar las consecuencias. Todos ganan cuando se trabaja con amor y respeto.

Ejercicio

Si piensas en una enfermedad que no quisieras tener ni tú ni los tuyos, ¿qué sientes?

Te propongo que escribas el nombre de la enfermedad en un papel y dejes que se activen en ti sentimientos, emociones y sensaciones corporales sin intentar modificarlos. Solo hay que vivirlos y dejar que se vayan modificando solos.

Una vez realizado este paso, vuelve a pensar en la enfermedad y observa qué sientes ahora. ¿Qué ha cambiado?

16
Una trampa: la percepción o el error de nuestra interpretación del mundo

«No temas cometer errores. El truco está en aprender de ellos».

El beso de Valentine (2015)

Ahora sabemos qué es un conflicto biológico y cómo se han instalado las heridas en nuestra alma o se han programado las fragilidades de nuestro ser. Hemos visto cuáles son los conflictos de distintas tonalidades que dan lugar a comportamientos adaptativos o síntomas. Y ahora te pregunto: ¿crees que tienes que seguir viviendo tu vida con obstáculos? Si tu respuesta es no, tendrás el trabajo de cambiar tu percepción del mundo, tu manera de instalarte ante los eventos, y cambiar te permitirá reasignar un nuevo significado a tu historia, ya que esta es la que es y solo varía la manera de mirarla e interpretarla. Todo es cuestión de percepción, que a veces no coincide con la realidad.

¿Cuántas veces suponemos algo que no tiene nada que ver con lo que ocurre? ¿Cuántas veces la percepción está errada?

La respuesta es «muchas». Interpretar o percibir otra realidad puede generar mucho dolor y hacer que la persona encamine la vida hacia lugares de infelicidad y malestar cuando el objetivo del ser humano es todo lo contrario, paz y felicidad.

En *Más allá del odio* (2005), la vida de Terry Wolfmeyer cambia radicalmente cuando se despierta un día y su marido ha desaparecido sin decirle nada después de ser despedido del trabajo. Ella supone que se ha ido a Suecia con su secretaria, a la que imagina como amante. Pasa por un momento de *shock*, de confusión, de no poder pensar con claridad, de un gran estrés que la mantiene fuera de combate, y se da a la bebida para soportar la vida. La imposibilidad de asumir y asimilar lo que se ha producido después de este hecho inesperado, dramático y sin solución hace que los sentimientos de esta mujer sean de dolor, rabia y odio, unos sentimientos que no puede canalizar hacia nada en la vida. El enorme cambio que vive la lleva a enfrentarse a sus cuatro hijas, con las que tenía una relación cariñosa y saludable; a hablar mal de su marido; a alcoholizarse para escapar de la realidad y a volverse colérica, amargada y odiosa. No soporta que el marido se haya marchado, porque la ha dejado a cargo de todos los gastos, y menos que esté con otra mujer. Estas son las condiciones con las que se encuentra Denny, un vecino, exjugador de béisbol y locutor de radio, que siempre ha estado enamorado de ella y ahora aprovecha la oportunidad e intenta seducirla. Poco a poco entra en su vida y la de su familia, lo que representa para todos una gran ayuda. Denny, a pesar de que lleva una vida desorganizada y bebe un poco más de la cuenta, aprecia la vida familiar que él no ha tenido y, de manera natural, intenta equilibrar la relación entre Terry y sus hijas porque ve que se está yendo todo a pique. Es un objetivo difícil en el momento en que todo arde en esa casa, algo que quema profundamente el corazón de Terry.

Pasan tres años y de a poco la vida vuelve a su cauce, aunque la herida no cicatrice hasta que una circunstancia permite cerrar página y reinvertir en la vida. Es ese el momento en el que la protagonista vuelve a la realidad y se da cuenta del gran error de percepción con el que ha vivido los últimos años.

Muchas realidades

Son tantas las vivencias que nos han ido construyendo, que el cóctel tan especial que somos da resultados muy diversos y la forma de vivir solo depende de tus gafas, es decir, de tu mapa mental y de la realidad que te has construido. El mismo acontecimiento es interpretado de muchas maneras, incluso por uno mismo, dependiendo del momento histórico en el que nos encontremos.

Abraham Maslow[29], que describió la jerarquía de las necesidades, usaba una metáfora muy clara para la construcción de significados: «Supongo que es tentador tratar todo como si fuera un clavo, si la única herramienta que tienes es un martillo».

Título: *Now Is Good*
Otros títulos: *Ahora y siempre*
País: Reino Unido
Año: 2012
Director: Ol Parker

El mensaje: Los padres reaccionan con sus hijos según sus realidades. Se exploran las relaciones, los sentimientos en situaciones de crisis, las diferencias de reacciones personales, los mapas mentales tan distintos y las muchas realidades que cada uno ve.

A Tessa, una joven que lleva cuatro años de tratamiento por una leucemia linfoblástica aguda, los médicos le dicen que su enfermedad es terminal y que ya no pueden hacer nada más por ella. Sus padres están divorciados y tienen puntos de vista muy diferentes sobre muchos aspectos de la vida y se enfrentan a la decisión de Tessa de disfrutar al máximo el lado peligroso de la vida antes de morirse. Para

---

[29] Maslow, A. (2014).

no enfrentarse a la realidad, el padre usa como mecanismo la negación, la timidez para ocultarse y la sobreprotección, como si así pudiera conseguir retener a su hija. La madre es cariñosa, comprensiva y amorosa, y le divierte, dentro de la gravedad, la idea de su hija, a la que entiende en sus deseos. Mientras el padre pasa horas en el ordenador buscando información de nuevos tratamientos por si pudieran salvarla, su madre se da cuenta de que la hija ha dejado de vivir para tratarse.

Además, hay un tercer personaje muy diferente a los anteriores: Cal, el hermano de Tessa. Él tiene una honestidad aplastante y no filtra sus sentimientos cuando habla de la enfermedad o de la muerte de su hermana. Entra en escena una amiga, Zoey, junto a la que crean una lista de cosas pendientes por hacer antes de morir, incluyendo los comportamientos de riesgo a los que Tessa aún no ha accedido y que no se quiere perder. También quiere saber qué es el amor, algo que tendrá de la mano de un vecino, quien cuida a su madre enferma desde la muerte de su padre. En esa búsqueda y satisfacción hace irrupción un embarazo, circunstancia que no habían previsto.

Podemos reasignar un nuevo significado a nuestras experiencias para que sean aprendizajes en lugar de que nos pesen. Podemos liberar cargas y dolor dándole una nueva interpretación a lo que vivimos. Podemos darnos permiso para pensar de forma diferente. Y recordad que es el contexto el que provee y fija el significado que damos a las vivencias. Cambiar el contexto permitirá cambiar el significado. Si estoy viendo una montaña y baja el nivel del mar quizás me encuentre enfrente de dos islas. ¿Qué cambió? Desde dónde miro y el significado que le otorgo.

William James dijo, antes que los creadores del poder de la atracción: «El gran descubrimiento de mi generación es que los seres humanos pueden alterar sus vidas al alterar sus actitudes mentales».

Título: *Maktub*
País: España
Año: 2011
Director: Paco Arango

El mensaje: Un buen ejemplo de resignificación de la enfermedad y del sentido de la vida es la de un joven que acepta su destino. Si aceptamos lo escrito en la ley divina, lo aceptado otorga un significado con el que podemos sentir que vivir es alegría.

En el encuentro de Manolo, un cuarentón decepcionado con la vida y sin ilusión por la pareja, con un adolescente, Antonio, que está en tratamiento de cáncer en fase terminal, se produce una magia especial que lleva a que todos los que les rodean puedan saborear mejor los momentos de cada día. Antonio ha llegado a la aceptación de las circunstancias, quita peso a lo inevitable, le pone una dosis de humor y se dedica a lo que realmente le interesa: ser feliz. A la pregunta de si cree en el destino, responde con la sabiduría de alguien que, aunque haya vivido poco tiempo, lo ha hecho de manera intensa: un sí gigante. Sabe que solo en conexión con el destino divino, con Maktub, estará en paz, y bromea con los que están cerca de él para hacerles sentir que todo puede tener el sentido que le queramos dar.

Entonces, le habla a Elena, hija de Manolo, y le explica su enfermedad y la posible marcha como si de un cuento se tratara:

> Elena, ¿qué te pasa?
> Estás muy malito.
> Sí, pero eso no es nada nuevo. Te voy a contar un secreto. Estoy aquí en una misión secreta. Mi jefe es Dios y me mandó a la tierra a ayudar, pero tenía que enfermarme y eso era parte del trato.
> ¿Tu jefe es Dios? ¿Entonces eres un ángel?
> Bueno, más que un ángel soy un diablillo…

Maktub es una palabra árabe que significa «estaba escrito» y por ello representa lo que los hilos sutiles del «destino» nos proporcionan, guiando el camino y los pasos adecuados, las experiencias, los logros o los fracasos, todo en un orden según lo que tengamos que escribir en el gran libro de la vida del ser.

Cuando es posible mirar la historia de otra manera

Saltemos el dolor resignificando, viendo la vida de otra forma. La creatividad para atravesar momentos difíciles salva vidas y promueve la estabilidad ante situaciones desestabilizantes. ¿Cómo hizo el personaje de Guido Orefice en *La vida es bella* (1997) para construirle a su hijo Giosué un mundo soportable? Mediante la imaginación y la creatividad que usó con enorme eficiencia y con unas cuantiosas dosis de entusiasmo. Reírse y desdramatizar para cambiar el sentido de lo penoso y transformarlo en un recurso interior nos da fuerza para la existencia, que queda para siempre como una fortaleza.

La película *Kamchatka* (2002) narra la historia de una familia que huye de la persecución de la dictadura militar argentina de los ochenta e intenta iniciar una nueva vida creando una imagen de normalidad aparente, algo bastante difícil de conseguir, para que los hijos puedan desarrollarse. Los horrores de la dictadura militar planean sobre ellos con cierta dosis de estremecimiento, lo que no permite la relajación.

Viktor Frankl[30], en *El hombre en busca del sentido,* narra su estrategia para sobrevivir, la capacidad de trascender con una mente abierta que sabe que es posible el cambio. En *Trilogía de la noche: la noche, el alba, el día,* Elie Wiesel[31] explica el uso de la prudencia y la persis-

---

[30] Frankl, V. (2005).
[31] Wiesel, E. (2008).

tencia como sus mayores mecanismos para afrontar el drama vivido en el Holocausto y escapar del programa de dolor. Otras personas materializan el dolor y lo sacan de dentro mediante una forma de expresión compartida como una canción, un libro, un dibujo, un cuadro, una escultura o una película. Todo es bienvenido como vía hacia la salud física y mental.

Título: *The Sider House Rules*
Otros títulos: *Las normas de la casa de la sidra*
País: EE. UU.
Año: 1999
Director: Lasse Hallström

El mensaje: Otra interpretación de los recuerdos es posible cuando la fuente de seguridad, confianza y protección está presente en la infancia, a pesar de que las circunstancias sean difíciles.

Un joven es el veterano del grupo de niños del orfanato St. Cloud. Es Homer Wells, un adolescente que se pregunta qué más podría encontrar fuera de ese recinto en el que ha crecido y se ha construido con la fuerza y el valor que aportan unas figuras que potencian lo mejor de cada ser humano, unos tutores que sustituyen a unos padres inexistentes que por diversos motivos no han podido dar lo indispensable para la supervivencia: la base para la autonomía. En la vida siempre hay posibilidades y aquí están el Dr. Larch y sus ayudantes para inculcar en los chicos el valor y la fuerza para una vida digna. Abrir alas y dejar volar como hacen los padres que quieren ver a sus hijos triunfar.

Si ampliamos la vista dejaremos entrar nuevas posibilidades y la vida será más rica. Es lo que le explica un maestro a su discípulo en el siguiente cuento:

Un maestro observa a un discípulo que se lamenta de sus limitaciones y le dice:

—Naturalmente que eres limitado. Pero ¿no has caído en la cuenta de que hoy puedes hacer cosas que hace quince años te habrían sido imposibles? ¿Qué es lo que ha cambiado?

—Han cambiado mis talentos —responde el monje más joven.

—No, has cambiado tú —dice el maestro.

—¿Y no es lo mismo? —dice el discípulo.

—No, tú eres lo que tú piensas que eres. Cuando cambia tu forma de pensar, cambias tú.

Ejercicio

Reasigna un nuevo significado a las siguientes frases:

- Siempre tienes que estropearlo todo...
- Todo lo que haces es hablar de más...
- Cueste lo que cueste debo estar feliz...
- Ante este cambio hay posibles resultados y mis expectativas son...
- Me esfuerzo para que todo siga igual...
- Lo desconocido me...

Ejemplo: «Siempre tienes que estropearlo todo para aprender otra forma de hacerlo. ¡Eres un genio!».

Ahora sigue cambiando el primer significado que viene a tu cabeza en el resto de las frases.

17
Atención, ¡spoiler! Destripemos juntos una película y el libro

«Escoge el camino voluntario y soberano hacia la alegría. Si perdemos la alegría, el camino consiste en proceder con alegría, actuar y hablar con alegría, como si esa alegría estuviera ya con nosotros».

WILLIAMS JAMES

La adaptación cinematográfica del libro *El juego de Gerald*, de Stephen King[32], ha sido por demás acertada. El director toma y saca lo necesario para no pasarse de sangriento, al tiempo que se puede entender la historia de Jessie y su salvación como ser humano.

Los protagonistas son Jessie y Gerald, un matrimonio acomodado, sin hijos, que se va desgastando y van perdiendo el interés el uno por el otro. Jessie es una mujer en torno a los cuarenta, y Gerald, un hombre maduro que necesita de estímulos y pastillas para mantener su vida sexual activa frente a su mujer, unos cuantos años más joven. El noventa por ciento de la película transcurre en una habitación, en la que, como un monólogo interior, asistimos a la vida completa de Jessie, uniendo fotogramas mediante *flashbacks* que se van sucediendo mientras lucha por sobrevivir, y consigue sanar la imagen que tiene de

---
[32] King, S. (2005).

su pasado, resignificándolo y aportando un sentido a su futuro. Es un proceso de Descodificación Biológica Original del principio al fin.

Todo comienza cuando el matrimonio se va de fin de semana a una casa alejada del mundanal ruido, aislada en una zona de descanso playero y con todo preparado para no ser molestados. Su intención es recuperar la pasión y para ello Gerald le propone juegos sexuales a su mujer. El personal no volverá por tres o cuatro días.

Gerald quiere comenzar con sus juegos, pero para poder hacerlo necesita de una pastilla para su falta de vigor sexual. Jessie acepta a regañadientes ser esposada a la cama por su marido porque les cuesta excitarse. Hay que dar algo de sustancia a la vida aburrida y un juego erótico viene bien, pero discuten y él se enfada porque espera que ella finja y grite como si fuera violada y ella no lo hace. La acción se interrumpe cuando Gerald muere de un infarto ante la sorpresa y el desconcierto de Jessie, que se encuentra esposada, sin poder moverse más allá de los límites de las cadenas y sin posibilidades de llamar a nadie.

La lucha por la supervivencia comienza y solo ella puede hacer lo imposible para poder escapar de la situación. A su angustia se añade otra circunstancia: al entrar en la casa olvidaron cerrar la puerta y un perro salvaje entra al oler la carne fresca de Gerald muerto y se da un banquete durante unos días.

El primer momento para Jessie es la confusión, está en estado de *shock* y no puede pensar claramente. A partir de aquí, se enfrenta a un bloqueo real y otro metafórico que revive en paralelo. De ambos tiene que escapar para conservar la vida. Tiene tanto grilletes reales como metafóricos que le fueron colocados mucho tiempo atrás. Van unidos a sus propios temores, los del presente y los del pasado, que vienen a visitarla los días que está sin comer ni beber y sin conseguir salir de esa cama en la que está atrapada.

En ese contexto de terror, dos fantasmas adquieren protagonismo al hablar con Jessie. Uno representa su propio ego, y otro, el de Gerald, ya muerto. Los fantasmas resultan ser una gran ayuda al permitirle revivir un pasado de inseguridades, miedos, situaciones dolorosas y traumas para superarlos. Es necesario que atraviese los *flashbacks* para acabar comprendiendo su historia. Así visitamos a Jessie en su infancia. Creció en el seno de una familia de tres hijos, con un cuarto en camino. Jessie es la hija mayor, la preferida del padre, lo que provoca los celos de la madre. Un día la madre y sus hermanos se van en la barca de paseo y ella se queda en un banco frente al mar para ver un eclipse de sol. Aparece su padre, que, al ver a una «jovencita» de diez años con vestido corto, se excita y abusa de ella sentándola en su regazo. La historia podría haber cerrado el capítulo funesto ahí, pero el padre la visita en la habitación y la manipula para obligarla a callar, así entierra para siempre el momento. Vive una situación dramática y no la puede expresar. Durante la cena de ese día, la niña, que después del abuso ya ha dejado de serlo, se da cuenta de que el matrimonio de sus padres no es feliz y que solo puede esperar a escapar de la oscuridad en la que se ha sumido su vida en el instante de la oscuridad del eclipse.

Un monstruo aparece para hacerle sentir que todo es demasiado grande cuando se sufre en la infancia.

Resultado según la Descodificación Biológica

Jessie, con diez años, vive una situación de conflicto biológico. Un evento inesperado, dramático, sin solución y sin expresión que la desestabiliza. Su equilibrio de niña se perturba y se construye un mecanismo adaptativo en el que huirá del contacto cercano, de sentir, de vivir las emociones ocultando el dolor en una personalidad evasiva que ha coloreado bajo la imagen de una mujer bella, atractiva y conquistadora.

La acción del padre programa un tipo de vivencias que se refuerzan en la vida cuando se encuentra con las relaciones más apropiadas para repetir el programa una y otra vez porque es lo conocido. Su problema queda en *stand by,* en espera de su comprensión y revisión. No se compromete hasta no entrar en los cuarenta, quizás por miedo a las relaciones o por sentir que todos los hombres son iguales a papá.

Ella, al acordarse del momento del eclipse, se dice a sí misma: «Esa tarde nunca acabó». Es el mecanismo de «la guerra no ha acabado», lo que implica desarrollar una vida en base al trauma vivido sin poder escapar a las garras del recuerdo. Hasta que no se elabora, metaboliza e integra el evento no se puede pasar página.

Se convierte en una mujer un poco triste, sexi y sumisa, que acepta la violencia física y psíquica como parte del juego de relaciones. Se supone que está sola hasta cerca de los cuarenta. Se casa con un exitoso abogado casi de la edad de su padre con el que no tiene hijos. Gerald, bajo su perfil inquisitivo, la acusa de que nunca ha tenido instinto maternal.

En este viaje de reconocimiento, Jessie es consciente de lo que sucedió con su padre y asume que se casó con Gerald no porque lo amara o la hiciera feliz, sino simplemente por su dinero y la comodidad de la vida.

Gerald es un hombre exitoso con una personalidad agresiva y dominante que piensa que las mujeres son simplemente unos seres destinados a satisfacer su apetito sexual y colmar sus fantasías. Jessie, una mujer hermosa y sexi, es el compendio de lo que él considera una mujer ideal para ser su compañera, ya que en conclusión representa una «esposa trofeo» para alguien de su edad. Él actúa como un diablillo patético cuando está vivo y pasa factura mediante reproches cuando está muerto.

¿Qué relaciones podemos establecer entre el padre de Jessie y Gerald?

Varias. Ambos son abogados, se parecen físicamente, tienen una edad similar y los dos, mediante sus actitudes y manipulaciones, restringieron de manera irremediable la libertad de Jessie. Su padre lo hizo obligándola a callar, y Gerald, ofreciéndole dinero y comodidades, a cambio del sometimiento psíquico y la rendición a su voluntad sexual y control. Los dos colocaron grilletes más terribles que los que tienen a Jessie encadenada a la cama. Los dos socavaron su voluntad para su propia satisfacción. Los dos la ataron espiritualmente.

¿Qué la ayuda a salir?

Revisar su vida. Comprender cada momento de conflicto biológico.

Podemos barajar algunas opciones como hipótesis biológicas y encontraremos un abuso antes de la menarquia, lo que da lugar a una primera menstruación tardía. Luego, un conflicto de pérdida en la relación padre-hija, que en fase de resolución provoca una mayor actividad ovárica, por lo que aumentan los estrógenos y físicamente la mujer se presenta más bella, sexi, con ropa ajustada y escotada. Podría ser que la misma actividad conflictual de pérdida diera un resultado de quistes ováricos y dificultad para tener hijos.

Diversas heridas primarias como las de humillación, traición, sometimiento, injusticia, agresión, contrariedad de movimiento (en el instante mismo que se da cuenta de lo que hace su padre y se queda bloqueada) o separación.

Entiende que su madre miraba para otro lado cuando el padre la miraba a ella con ojos de hombre y no de padre. Todo el sistema se sostiene para estar en equilibrio.

Se da cuenta de la repetición. Se casa con alguien muy similar a su padre. Por encima de eso, en el momento en que ella reconoce lo retorcidas y peligrosas que resultaron ambas acciones, se da cuenta de la forma de liberarse.

Se empodera ante el hombre que ve como patriarcado y machismo.

Ve que su opción de no tener hijos era para que nadie más sufriera lo mismo que le tocó vivir.

Se libera y ve que «los monstruos» son más grandes en nuestra cabeza que en la realidad y les puede hacer frente. El monstruo es el hombre de Luz de Luna, a quien Jessie asoció con la muerte mientras estaba esposada a la cama. Era un hombre con macrocefalia, quien se convirtió en asesino y practicaba necrofilia con hombres muertos. Fue esa preferencia sexual la que le permitió continuar con vida hasta conseguir escapar, no fue producto de su imaginación. La asociación con este personaje viene hacia el final de la película, cuando se da cuenta de todo lo ocurrido con el llamado monstruo y de que puede superar las historias resignificando el dolor.

En resumen

La película usa el viaje de ida y vuelta desde el presente angustioso al pasado similar, junto al juego de escapar de la muerte al tiempo que se escapa de los bloqueos existenciales dolorosos para poder convertirse en una auténtica mujer y un ser humano libre. Las cadenas que la retienen en la cama son las mismas que la retienen en la vida. Se trata de esposas reales y metafóricas. Salir de ellas de manera real es doloroso, pero lo logra.

Aceptar el origen de los miedos y luchar para no enloquecer en la completa soledad.

Liberarse y vivir.

18
Objetivo: la felicidad

«—¿Viste toda esa gente que se mata por una vida 5 estrellas?
»—Yo me quedo con mi vida mil estrellas».

En *Macanudo*, de Liniers

Cada uno viene a la vida con una mochila llena de historias. Además, cada día se nos presentan oportunidades frente a las experiencias vividas que, cuando son molestas o dolorosas, las llamamos dificultades. Ante todo ello, tenemos dos opciones: cogemos las historias y las empujamos para que vayan avanzando, y nosotros con ellas, al tiempo que podemos ir soltando lastre, o las arrastramos luchando con el peso mientras nos sentimos víctimas de todo y de todos.

Cada uno decide en la medida de sus posibilidades. Los límites se pueden mover a cada instante, solo depende de uno mismo. Podemos ver una oportunidad de mejora y aprendizaje o sentirnos víctimas de los otros. Poner excusas respecto a la dificultad que supone cambiar o la imposibilidad de modificar el carácter es una forma de seguir siendo víctimas, algo que le gusta al ego porque lo alimenta.

El dolor no es ausencia de amor sino desconocimiento de él.

Título: *Collateral Beauty*
Otros títulos: *Belleza oculta. Belleza inesperada*
País: EE. UU.
Año: 2016
Director: David Frankel

El mensaje: La búsqueda de la felicidad es innata al ser humano y para ello, en este paso por la tierra, aprende a abrirse camino hacia ese resultado. Cueste más o menos, esa es la intención.

El protagonista, Howard, es un directivo de una agencia de publicidad en la que dejó de trabajar cuando murió su hija de seis años y el dolor lo superó. No encuentra la forma de hacer el duelo y continuar con su vida. No consigue articular palabra y reflexiona acerca de tres temas conocidos en Oriente como «los sellos de la existencia», que son el amor, el tiempo y la muerte. Les escribe una carta como si fueran tres elementos abstractos. La primera escena y la frase siguiente definen sus pensamientos y sus necesidades, seguramente descubiertas: «Todos deseamos amor, queremos más tiempo y le tememos a la muerte. Eso nos conecta a todos los seres humanos». Sus socios en la empresa ven que con su ausencia se compromete la viabilidad y continuidad del trabajo. Deciden contratar a tres actores que representen a las abstracciones a las que Howard ha escrito para ayudarle a encontrar algo que lo conecte a la vida. Su sorpresa es mayúscula cuando las entidades se le aparecen encarnadas en personas para dialogar con él.

En la vida se presentan dificultades y sucesos inesperados que etiquetamos de agradables o desagradables, tristes o felices, pero todo lo que nos acontece, independientemente del tono con el que lo interpretamos, tiene una *belleza oculta*. Está ahí para mostrarnos algo que no solemos ver porque estamos muy ocupados en nuestras rutinas y no nos cambiamos las gafas. Según las experiencias, el hecho de levantarte cada día puede pesar más o menos. Hay instantes en los que deseamos que el amor, el tiempo o la muerte tengan un sentido, y otros en los que no encontramos cómo alinearlos porque estamos muy enfadados con el mundo. Quizás sean los instantes en los que tengamos que volver a nacer y reconectar con la sabiduría de cada experiencia, porque existe amor en todo, hasta en el dolor. Sí, es posible encontrar la esencia del amor que late en todo a pesar del sufrimiento porque trasciende la experiencia. No va de fuera hacia dentro, sino de dentro hacia fuera. Es decir que, estando en nosotros, crece, sale al exterior y lo inunda. En esa salida, empatizamos y sentimos compasión ante el dolor del otro.

En la mencionada película, quizás los compañeros de trabajo dejaron que primaran los intereses por la empresa sobre el estado de Howard. Una frase que muestra ese estado de falta de empatía es: «Tal vez deberías dejar de forzar que vea tu realidad y entrar en mi realidad».

A menudo, nuestra manera de ver la vida se convierte en un obstáculo en las relaciones, ya que todo encuentro requiere compartir la intimidad de nuestras experiencias y tener una buena comunicación. Si no estamos abiertos a escuchar lo que hay del otro lado, la relación se convierte en violencia.

El amor, te guste o no, está dentro de ti.

En otra película, *En busca de la felicidad* (2006), vemos un intento desesperado de ser feliz, un objetivo difícil cuando todo deja de funcionar como se espera. Aparecen dos mundos paralelos en una misma ciudad. Pobreza e indigencia frente a la felicidad que proviene de la riqueza y que solo el exterior puede llenar.

Título: *The Persuit of Happyness*
Otros títulos: *En busca de la felicidad*
País: EE. UU.
Año: 2006
Director: Gabrielle Muccino

El mensaje: La superación, la confianza, la fuerza para salir adelante, el uso de nuestros recursos interiores consolidados bajo la seguridad y el amor por uno mismo y por los otros, junto con valores como la generosidad, la honradez y el respeto, surgen a pesar de todas las contrariedades si la actitud es la acertada.

Puede pasarte lo peor, pero la actitud que tomes es tu aliada.

Chris es un vendedor talentoso al que despiden del empleo. Sin recursos no puede cubrir lo básico para él y su hijo de cinco años, pero, a pesar de las dificultades, ambos sueñan con una vida mejor y los sueños pueden convertirse en una realidad si con ellos vibra nuestro ser. Según cómo sean vividas y reconducidas, las adversidades fortalecen y, con paciencia, perseverancia, optimismo y asumiendo internamente lo propio sin asignar al exterior sus «desgracias», se puede crecer.

Este es el caso de este padre, quien siempre tuvo palabras de cariño para su hijo, se comportó como un educador libre, contenedor, afectuoso, cercano, amoroso, optimista y estimulante, lo que facilitó en el niño un apego seguro y una base sólida para la vida en la que le tocase jugar. Le dice: «Nunca dejes que nadie te diga que no puedes hacer algo, ni siquiera yo, ¿vale? Si tienes un sueño, tienes que protegerlo. Las personas que no son capaces de hacer algo te dirán que tú tampoco puedes. Si quieres algo, ve por ello y punto».

Los llamados defectos o las virtudes son solo señales de lo que fuimos y de lo que vamos cambiando en cada existencia. Los fallos no están para ser atacados, sino para comprender qué parte nuestra necesita un cambio importante. El ego, que solemos ver en los defectos, es una herramienta de avance en nuestra evolución que nos permite reconocer el carácter, las capacidades y la personalidad, y que también contiene el potencial para hundirnos o permitir el crecimiento.

El trabajo del ser humano es conseguir trascender su historia. Quizás le toque atravesar sus propias miserias para abrir el espacio de vida y habitar en paz su propio ser. Es sanar y legar la sanación a las futuras generaciones. Cambiar es renacer y permitir que la vida sea más sabia.

Para cerrar, recordemos un fragmento de la película *10 razones para odiarte* (1999): «No dejes nunca que alguien te haga sentir como si no te merecieras lo que quieres».

Ejercicio

Te propongo el siguiente ejercicio para expresarte con una canción de película.

1. Siéntate a solas, en un lugar tranquilo, y tómate un tiempo para ponerte en contacto con tu propio cuerpo, ahora mismo...

    Cuando estés cómodo/a, comienza a entonar una canción de alguna película. Hazlo muy suavemente y sin intentar hacer otra cosa que no sea seguir tu propia voz, la entonación, el tono, la armonía. Identifícate con ella y déjala conducirte a alguna parte. ¿Adónde te lleva?

2. Centra la atención en lo que ocurre en el interior de tu cuerpo. Ten en cuenta la entonación (sentimientos y cualidades) y permítele a la canción cambiar por su cuenta...

    Solo tienes que darte cuenta de cómo es y qué hace a medida que cambia de tono y volumen. No trates de cambiarla tú.

    La entonación puede fluir en un tono que reconoces y tal vez lleguen a ti algunas palabras. Identifícate con lo que sea que te llegue, y céntrate en los sentimientos, en el tono y el sentido de las palabras, para ver qué se te revela.

3. Apunta el título de la canción y los personajes o la trama.
   Escribe lo que sientes con respecto al ejercicio.
   Establece alguna vinculación particular con los ejercidos anteriores de este libro.

Cuento: *La flor de loto*

Flor de loto.
Sabiduría natural.
Vienes del barro.
Flotas en el agua.
Nunca estás embarrada ni mojada.
Sabes cómo vivir en tu medio y muestras tu belleza a pesar de tu origen y tu entorno.

* * *

«Con un profundo amor y con el deseo de que seas el constructor y el conductor de tu propia película».

Ángeles Wolder

«Después de todo, mañana será un nuevo día».

Rhett Butler en *Lo que el viento se llevó*

Bibliografía

Albom, M. (1997). *Martes con mi viejo profesor*. Océano.
Bowlby, J. (1993). *El apego (El apego y la pérdida I)*. Barcelona, España: Paidós Ibérica.
Cyrulnik, B. (2009). *Los patitos feos: la resiliencia. Una infancia feliz no determina la vida*. España: Gedisa.
Dispenza, J. (2012). *Deja de ser tú. La mente crea tu realidad*. España: Ediciones Urano.
Frankl, V. (2005). *El hombre en busca de sentido*. España: Herder.
Gabás, L. (2012). *Palmeras en la nieve*. Barcelona: Temas de Hoy.
García Márquez, G. (1989). *El general en su laberinto*. Alfred A. Knopf.
García Sánchez, J., García Sánchez, E., García Merino, E. (2009). *Tuberculosis y cine. Una aproximación a través de la fantasía de más de 400 películas*. Recuperado de: http://revistas.usal.es/index.php/medicina_y_cine/article/view/13817/14259.
Gurbeng, R. (2014). *Historia del cine*. Barcelona: Anagrama.
Hamer, R. (1991). *La génesis del cáncer*. ASAC France.
Hellinger, B. (2012). *Cuentos de vida*. Argentina: Alma Lepik.
Hernández, I. (16 de marzo de 2015). *Así empezó todo*. Recuperado el 30 de agosto de 2018 de: http://www.elmundo.es/cultura/2015/03/16/5505bb-4d22601d574f8b4579.html.
Janov, A. (2001). *La biología del amor*. Barcelona: Apóstrofe.
Jodorowsky, A. (2014). *La danza de la realidad: Psicomagia y psicochamanismo*. Debolsillo.
Jung, C. G. (1999). *Obras completas*. España: Editorial Trotta.
King, S. (2005). *El juego de Gerald*. España: Debolsillo
Levine, P. (2013). *Sanar el trauma*. Madrid: Neo-Person.
Maslow, A. (2014). *Motivación y personalidad*. España: Díaz de Santos.
Mattews-Simonton, S., y Carl Simonton (1988). *Recuperar la salud*. Editorial Sirio.
Meurois-Givaudan, D. (2003). *El no deseado: El niño que no pudo venir*. Barcelona, España: Luciérnaga.
Meurois-Givaudan, D. (2005). *Aquel clavo que clavé*. Barcelona, España: Vedrá, S. L.

Moorjani, A. (2013). *Morir para ser yo.* España: Gaia.

Obras completas de Sándor Ferenczi: Reflexiones sobre el traumatismo. (s.f.). Recuperado el 30 de agosto de 2018 de Biblioteca S. Firenczi: www.psicoanalisis.org/ferenczi/165.doc.

Pedreira Massa, J. (2011). Texto incluido en el DVD de la película *No tengas miedo* de Montxo Armendáriz.

Punset, E. (2010). *Viaje a las emociones. Las claves que mueven el mundo: la felicidad, el amor y el poder de la mente.* Barcelona, España: Editorial Destino.

Sanuga-Barke, E. J. S., Kennedy, M., Kumsta, R., Knights, N., Golm, D., Rutter, M., *et al.* (2017). «Child-to-adult neurodevelopmental and mental health trajectories after early life deprivation: the young adult follow-up of the longitudinal English and Romanian Adoptees study». *The Lancet*, 389, 1539-1548. http:// dx.doi.org/10.1016/S0140-6736(17)30045-4.

Sontang, S. (1977). *La enfermedad y sus metáforas.* Epublibre. Disponible en: http://ceiphistorica.com/wp-content/uploads/2016/04/Susan-Sontag-La-enfermedad-y-sus-met%C3%A1foras.-El-sida-y-sus-met%C3%A1foras.pdf.

Tomasetti, C., Vogelstein, B. (2015). «Variation in cancer risk among tissues can be explained by the number of stem cell divisions». *Science* , 02 Jan 2015, 78-81.

Vegh, C. (1980). *Je ne lui ai pas dit au revoir: Des enfants de déportés parlent.* París, Francia: Gallimard.

Waddington, C. H. (1953). «Epigenetics and evolution». *Symposia of the Society for Experimental Biology*, 7, 186-199.

Watzlawick, P. (1989). *El arte de amargarse la vida.* Barcelona, España: Editorial Herder.

Wiesel, E. (2008). *Trilogía de la noche: la noche, el alba, el día.* Barcelona, España: El Aleph.

Wolder, M. A. (2017). *El arte de escuchar el cuerpo. Descodificación Biológica Original.* España: Gaia.

Yehuda, R., Bierer, L. (2008). «Transgenerational transmission of cortisol and PTSD risk». *Progress in Brain Research* (167), 121-135.

Zeigarnik, B. (2007). «Bluma Zeigarnik: A Memoir». *Gestalt Theory* , 3, 256-268.

Listado de películas

10 razones para odiarte (Título original: *10 Things I Hate about You*) [Película]. (1999). Lazar, A., Chernov, J. (Productores), & Junger, J. (Dirección). Estados Unidos: Buena Vista International Spain / Touchstone Pictures.

12 años de esclavitud (Título original: *12 Years a Slave*) [Película]. (2013). Pitt, B., Gardner, D., Kleiner, J., Pohlad, B. E. (Productores), & McQueen, S. (Dirección). Estados Unidos: Summit Entertainment / Plan B Entertainment / River Road Entertainment / New Regency Pictures / Film4. Distribuida por Fox Searchlight.

28 días (Título original: *28 Days*) [Película]. (2000). Topping, J., Costas, C. (Productores), & Thomas, B. (Dirección). Estados Unidos: Columbia Pictures.

50/50 [Película]. (2011). Rogen, S., Goldberg, E. (Productores), & Levine, J. (Dirección). Estados Unidos: Summit Entertainment / Mandate Pictures / Relativity Media / Point Grey Pictures / IWC Productions.

A la sombra del puente [Película]. (1946). Noriega, J. (Productor), & Gavaldón, R. (Dirección). México: Ramex Films.

Acné [Película]. (2008). Gutman, L. (Productor), & Veiroj, F. (Dirección). Uruguay: Control Z / Avalon Productions / Rizoma Films.

Addiction (Título Original: *Levottomat 3*) [Película]. (2004). Selín, M. (Productor), & Virtanen, M. (Dirección). Finlandia: Solar Films.

Addiction [Documental]. (2007). Hoffman, J., Froemke, S. (Productores), & AA.VV. (Dirección). Estados Unidos: HBO.

Ahora y siempre (Título original: *Now Is Good*) [Película]. (2012). Broadbent, G. (Productor), & Parker, O. (Dirección). Reino Unido: Goldcrest Pictures / BBC Films / Blueprint Pictures / Lipsync Productions / UK Film Council.

Alejandro Magno (Título original: *Alexander*) [Película]. (2004). Stone, S. (Dirección). Estados Unidos: Warner Bros. Pictures / Intermedia Films.

Alfie [Película]. (2004). Pope, E., Shyer, C. (Productores), & Shyer, C. (Dirección). Estados Unidos: Paramount Pictures / Patalex Productions.

Alicia en el País de las Maravillas (Título original: *Alice in Wonderland*) [Película]. (2010). Roth, J., Todd, J., Todd, S., Zanuck, R. (Productores), & Burton, T. (Dirección). Estados Unidos: Walt Disney Pictures / Tim Burton Productions / Zanuck Company, The / Roth Films / Team Todd.

Amazing Grace [Película]. (2006). Gruffudd, I. (Productor), & Apted, M. (Dirección). Reino Unido: Samuel Goldwyn Films / Roadside Attractions / Bristol Bay Productions.

Amigos de Jesús – Judas (Título original: *Gli amici di Gesù - Giuda*) [Película]. (2001). Mertes, R., & Marchetti, E. (Dirección). Italia: Epsilon TV Production / Lux Vide.

Amor (Título original: *Amour*) [Película]. (2012). Heiduschka, V., Arndt, S. (Productores), & Haneke, M. (Dirección). Austria: Golem Distribucion / Parts and Labor / Charlie Guidance / Mm...Buttered Panini Productions / Sony Pictures Classics.

Amor sin control (Título original: *Thanks for Sharing*) [Película]. (2012). De Pencier, M., Koplan, D., Migliore, W., Urdang, L., Vanech, D. (Productores), & Blumberg, S. (Dirección). Estados Unidos: Class 5 Films / Olympus Pictures.

Amy, la chica detrás del nombre (Título original: *Amy*) [Documental]. (2015). Gay-Rees, J., Pank, G., Bell, P. (Productores), & Kapadia, A. (Dirección). Reino Unido: On The Corner Films / Film4.

Angel-A [Película]. (2005). Besson, L. (Productor), & Besson, L. (Dirección). Francia: Europacorp / TF1 Films Production.

Arrugas [Película]. (2011). Aguirrezabala, E., Cristóbal, M., Ivern, O. (Productores), & Ferreras, I. (Dirección). España: Perro Verde Films / Cromosoma.

Así nos va (Título original: *And So It Goes*) [Película]. (2014). Greisman, A., Damon, M., Reiner, R. (Productores), & Reiner, R. (Dirección). Estados Unidos: Castle Rock Entertainment / ASIG Productions / Envision Entertainment / Foresight Unlimited / Clarius Entertainment.

Aurore [Película]. (2005). Louis, D., Robert, D. (Productores), & Dionne, L. (Dirección). Canadá: Cinémaginaire Inc. / Alliance Atlantis Vivafilm.

Bajo la misma estrella (Título original: *The Fault in Our Stars*) [Película]. (2014). Bowen, M., Godfrey, W. (Productores), & Boone, J. (Dirección). Estados Unidos: Fox 2000 Pictures / Temple Hill Entertainment.

Balada triste de trompeta [Película]. (2010). Frédiani, V., Herrero, G., Ribière, F. (Productores), & De la Iglesia, A. (Dirección). España: Canal+ España / Castafiore Films / La Fabrique de Films / Televisión Española (TVE) / Tornasol Films.

Belleza americana (Título original: *American Beauty*) [Película]. (1999). Cohen, B., Dan, J. (Productores), & Mendes, S. (Dirección). Estados Unidos: DreamWorks SKG.

EL REFLEJO DE NUESTRAS EMOCIONES

Belleza inesperada (Título original: *Collateral Beauty*) [Película]. (2016). Dorros, B., Sugar, M., Loeb, A., Bregman, A., Frakes, K. (Productores), & Frankel, D. (Dirección). Estados Unidos: Warner Bros. Pictures.
Big Fish [Película]. (2003). Cohen, B., Jinks, D., Zanuck, R. (Productores), & Burton, T. (Dirección). Estados Unidos: Columbia Pictures.
Billy Elliot: Quiero bailar (Título original: *Billy Elliot*) [Película]. (2000). Brand, C. (Productor), & Daldry, S. (Dirección). Reino Unido: Working Title Films / BBC Films / The Arts Council / WT² Production.
Biutiful [Película]. (2010). Bovaira, F., González Iñárritu, A., Kilik, J. (Productores), & González Iñárritu, A. (Dirección). México: Universal Pictures International Spain.
Bloodline [Serie de TV]. (2015). Kessler, T., Kessler, G., & Zelman, D. (Productores). Estados Unidos: Netflix / KZK Productions / Sony Pictures Television.
Blue Jasmine [Película]. (2013). Aronson, L., Tenenbaum, S., Walson, E. (Productores), & Allen, W. (Dirección). Estados Unidos: Sony Pictures Classics (EE. UU.) / Warner Bros. Pictures (Internacional).
Blue Valentine [Película]. (2010). Howell, L., Orlovsky, A., Patricof, J. (Productores), & Cianfrance, D. (Dirección). Estados Unidos: Weinstein Company.
Boquitas pintadas [Película]. (1974). Jusid, J., Torre Nilsson, L. (Productores), & Torre Nilsson, L. (Dirección). Argentina: Directores Asociados S.A. / Facets Multimedia Distribution.
Boulevard [Película]. (2014). Aguirre Diez Barroso, M., Belenzon, R., Chang, M., Gelber, J. (Productores), & Montiel, D. (Dirección). Estados Unidos: Starz Digital Media.
Boyhood (Título en epañol: *Momentos de una vida*) [Película]. (2014). Linklater, R., Sehring, J., Sutherland, C., Sloss, J. (Productores), & Linklater, R. (Dirección). Estados Unidos: IFC Films.
Buscando a Nemo (Título original: *Finding Nemo*) [Película]. (2003). Walters, G. (Productor), Stanton, A., & Unkrich, L. (Dirección). Estados Unidos: Walt Disney Pictures / Pixar Animation Studios.
Camino a la perdición (Título original: *Road to Perdition*) [Película]. (2002). Mendes, S., Zanuck, D., Zanuck, R. (Productores), & Mendes, S. (Dirección). Estados Unidos: Zanuck Company. Distribuida por DreamWorks SKG / 20th Century Fox.
Carácter (Título original: *Karakter*) [Película]. Geels, L., Post, N., Cerulus, S. (Productores), & Van Diem, M. (Dirección). (1997). Países Bajos: First Floor Features / Almerica Film / Sony Pictres Classics.

Carrie [Película]. (1976). De Palma, B., Monash, P. (Productores), & De Palma, B. (Dirección). Estados Unidos: United Artists.
Casablanca [Película]. (1942). Wallis, B. (Productor), & Curtiz, M. (Dirección). Estados Unidos: Warner Bros. Pictures.
Casino [Película]. (1995). De Fina, B. (Productor), & Scorsese, M. (Dirección). Estados Unidos: Universal Pictures / Légende Entreprises / Syalis DA / De Fina-Cappa.
Celebración (Título original: *Festen*) [Película]. (1998). Hald, B. (Productor), & Vinterberg, T. (Dirección). Dinamarca: Danmarks Radio (DR) / SVT Drama / Nordisk Film / Nimbus Film Productions.
Cerezos en flor (Título original: *Kirschblüten - Hanami*) [Película]. (2008). Kügler, H., Von Fürstenberg, M., Pope, G. (Productores), & Dörrie, D. (Dirección). Alemania: Wanda Visión.
Cisne negro (Título original: *Black Swan*) [Película]. (2010). Franklin, S., Medavoy, M., Messer, A., Oliver, B. (Productores), & Aronofsky, D. (Dirección). Estados Unidos: Fox Searchlight.
Cleopatra [Película]. (1963). Wanger, W. (Productor), & Mankiewicz, J. (Dirección). Estados Unidos: 20th-Century-Fox.
Cleopatra [Película]. (2003). Bossi, P. (Productor), & Mignogna, E. (Dirección). Argentina: Patagonik Film Group / Telefe / Alquimia Cinema.
Coco [Película]. (2017). Anderson, D. (Productor), Unkrich, L., & Molina, A. (Dirección). Estados Unidos: Pixar Animation Studios / Walt Disney Pictures.
Como agua para chocolate [Película]. (1992). Arau, A. (Productor), & Arau, A. (Dirección). México: Arau Films Internacional / IMCINE.
Con la magia en los zapatos (Título original: *The Cobbler*) [Película]. (2015). McCarthy, T., Skalski, M. (Productores), & McCarthy, D. (Dirección). Estados Unidos: Entertainment One Films Spain.
Copying Beethoven [Película]. (2006). Kimmel, S., Rivele, S., Taylor, M., Wilkinson, C. (Productores), & Holland, A. (Dirección). Estados Unidos: Myriad Pictures / Sidney Kimmel Entertainment / VIP 2 Medienfonds / Eurofilm Stúdio / Anomaly Entertainment.
Criadas y señoras (Título original: *The Help*) [Película]. (2011). Columbus, C., Green, B., Lunsford, S., Barnathan, M. (Productores), & Taylos, T. (Dirección). Estados Unidos: DreamWorks SKG.
Cuando el conocimiento conquistó al miedo (Título origina: *When Knowledge Conquered Fear*). *Cosmos* [Serie de TV]. (2013). Hanich, L., Holtzman, S., & McFarlane, S. (Productores). Estados Unidos: Saga Films / Fuzzy Door Productions / National Geographic Channel.

EL REFLEJO DE NUESTRAS EMOCIONES

Cuando un hombre ama a una mujer (Título original: *When a Man Loves a Woman*) [Película]. (1994). Avnet, J., Kerner, J. (Productores), & Mandoki, L. (Dirección). Estados Unidos: Touchstone Pictures / Walt Disney Studios Motion Pictures.

De la calle a Harvard (Título original: *Homeless to Harvard: The Liz Murray Story*) [Película]. (2003). Birch, T., Kern, R., Page, E. (Productores), & Levin, P. (Dirección). Estados Unidos: Barnet Bain Films / Metafilmics / Patriarch Pictures Inc.

De padres e hijas (Título original: *Fathers and Daughters*) [Película]. (2015). Chartier, N., Clark, S., Flores, C. (Productores), & Muccino, G. (Dirección). Estados Unidos: Andrea Leone Films / Busted Shark Productions / Fear of God Films.

Decodificando a Annie Parker (Título original: *Decoding Annie Parker*) [Película]. (2013). Bernstein, S., Kjarval, K., Peterson, C., Senkowski, R., Vernieu, M. (Productores), & Bernstein, S. (Dirección). Estados Unidos: Media House Capital / Ozymandias Productions.

Déjame salir (Título original: *Get Out*) [Película]. (2017). McKittrick, S., Blum, J., Hamm, E., Peele, J. (Productores), & Peele, J. (Dirección). Estados Unidos: Blumhouse Productions / QC Entertainment.

Del revés (Título original: *Inside Out*) [Película]. (2015). Rivera, J. (Productor), & Docter, P. D. (Dirección). Estados Unidos: Pixar Animation Studios / Walt Disney Pictures.

Descubriendo Nunca Jamás (Título original: *Finding Neverland*) [Película]. (2004). Bellflower, N., Gladstein, R. (Productores), & Forster, M. (Dirección). Estados Unidos: Miramax Films.

Despedidas (Título original: *Okuribito*) [Película]. (2008). Nakazawa, T., Nobukini, I., Watai, T. (Productores), & Takita, Y. (Dirección). Japón: Amuse Soft Entertainment.

Días de vino y rosas (Título original: *Days of Wine and Roses*) [Película]. (1962). Manulis, M. (Productor), & Edwards, B. (Dirección). Estados Unidos: Warner Bros. Pictures.

Difícil elección (Título original: *Second Best*) [Película]. (1993). Radclyffe, S. (Productor), & Menges, C. (Dirección). Reino Unido: Alcor Films / Fron Film Production / Regency Enterprises.

Difret [Película]. Mehari, Z., Demoz, L., Mandefro, M. (Productores), & Mehari, Z. (Dirección). (2014). Etiopía: Haile Addis Pictures.

Ejecutivo agresivo (Título original: *Anger Management*) [Película]. (2003). Bernardi, B., Giarraputo, J. (Productores), & Segal, P. (Dirección). Estados Unidos: Columbia Pictures.

El ala oeste de la Casa Blanca (Título original: *The West Wing*) [Serie de TV]. (1999-2006). Schlamme, T. (Productor). Estados Unidos: Warner Bros. Television / John Wells Productions.

El amor es extraño (Título original: *Love is Strange*) [Película]. (2014). Sachs, I., Knudsen, L., Van Hoy, J., Joaquin, L., Baron Sherman, J. (Productores), & Sachs, I. (Dirección). Estados Unidos: Golem Distribucion / Parts and Labor / Charlie Guidance / Mm...Buttered Panini Productions / Sony Pictures Classics.

El árbol de la vida (Título original: *The Tree of Life*) [Película]. (2011). Gardner, D., Green, S., Hill, G., *et al.* (Productores), & Malick, T. (Dirección). Estados Unidos: Fox Searchlight Pictures / Riverroad Entertainment / Plan B Entertainment / Brace Cove Productions.

El beso de Judas (Título original: *Judas Kiss*) [Película]. (1998). Dysinger, E., Gugin, C., Flynn, B., *et al.* (Productores), & Gutierrez, S. (Dirección). Estados Unidos: Key Entertaiment / Bandeira Entertainment.

El beso de Valentine (Título original: *Rosamunde Pilcher: Valentine's Kiss*) [Miniserie de TV]. (2015). Purdie, R., Von Gagern, R. (Productores), & Harding, S. (Dirección). Reino Unido: Gate Television Productions.

El chico (Título original: *The Kid*) [Película]. (2000). Turteltaub, J., Steinberg, C. (Productores), & Turteltaub, J. (Dirección). Estados Unidos: Walt Disney Pictures.

El cielo no puede esperar (Título original: *Delivering Milo*) [Película]. (2001). Bertino-Clarke, A., Levitt, H., Nayar, D., Shoeffer, H. (Productores), & Castle, N. (Dirección). Estados Unidos: Columbia TriStar /Europa Films.

El club de la lucha (Título original: *Fight Club*) [Película]. (1999). Grayson, R., Chaffin, C., Linson, A. (Productores), & Fincher, D. (Dirección). Estados Unidos: Fox 2000 Pictures / Regency Enterprises / Linson Films.

El discurso del rey (Título original: *The King's Speech*) [Película] (2010). Abalos, J., Sherman, E., Unwin, G. (Productores), & Hooper, T. (Dirección). Reino Unido: UK Film Council / The Weinstein Company / Momentum Pictures / Aegis Film Fund / Molinare London / Filmnation Entertainment / See-Saw Films / Bedlam Productions.

El doctor (Título original: *The Doctor*) [Película]. (1991). Ziskin, L., Feldman, E. (Productores), & Heines, R. (Dirección). Estados Unidos: Warner Bros. Pictures España / Touchstone Pictures / Silver Screen Partners IV.

El gladiador (Título original: *Gladiator*) [Película]. (2000). Wick, D., Franzoni, D., Lustig, B. (Productores), & Scott, R. (Dirección). Coproducción Estados Unidos-Reino Unido: Universal Pictures / DreamWorks SKG / Scott Free Productions / Mill Film / C&L / Red Wagon Entertainment.

El gran Gatsby (Título original: *The Great Gatsby*) [Película]. (2013). Fisher, L., Knapman, C., Luhrmann, B., Martin, C. W. (Productores), & Luhrman, B. (Dirección). Australia: Warner Bros. Pictures.

El Havre (Título original: *Le Havre*) [Película]. (2011). Kaurismäki, A. (Productor), & Kaurismäki, A. (Dirección). Finlandia: Janus Films / Pandora Filmproduktion / Pyramide Productions / Sputnik.

El hijo de la novia [Película]. (2001). Suar, A. (Productor), & Campanella, J. (Dirección). Argentina: Pol-Ka Producciones / Jempsa / Patagonik Film Group / Tornasol Films.

El imperio del sol (Título original: *Empire of the Sun*) [Película]. (1987). Spielberg, S., Kennedy, K., Marshall, F. (Productores), & Spielberg, S. (Dirección). Estados Unidos: Warner Bros.

El indomable Will Hunting (Título original: *Good Will Hunting*) [Película]. (1997). Bender, L., Moore, C. (Productores), & Van Sant, G. (Dirección). Estados Unidos: Lawrence Bender Productions / Miramax International.

El juego de Gerald (Título original: *Gerald's Game*) [Película]. (2017). Macy, T., Nishioka, M., Levin, M., Lumpkin, D., Bricke, I. (Productores), & Flanagan, M. (Dirección). Estados Unidos: Intrepid Pictures. Distribuida por Netflix.

El juez (Título original: *The Judge*) [Película]. (2014). Downey, S., Gambino, D., Dobkin, D. (Productores), & Dobkin, D. (Dirección). Estados Unidos: Warner Bros. Pictures.

El lobo de Wall Street (Título original: *The Wolf of Wall Street*) [Película]. (2013). Riza Aziz, A., McFarland, J., DiCaprio, L., Favreau, J., Scorsese, M., Koskof, E. (Productores), & Scorsese, M. (Dirección). Estados Unidos: Paramount Pictures / Red Granite Pictures / Appian Way.

El médico (Título original: *The Physician*) [Película]. (2013). Bauer, W., Hofmann, N. (Productores), & Stölzi, P. (Dirección). Alemania: Universal Pictures.

El niño con el pijama de rayas (Título original: *The Boy in the Striped Pajamas*) [Película]. (2008). Heyman, D., Alison, R. (Productores), & Herman, M. (Dirección). Reino Unido: Heyday Films / BBC Films / Miramax.

El niño que gritó puta (Título original: *The Boy who Cried Bitch*) [Película]. (1991). Tancredi, L., Levin, C. (Productores), & Campanella, J. (Dirección). Estados Unidos: Pilgrims 3 Corporation.

El otro lado de la esperanza (Título original: *Toivon tuolla puolen*) [Película]. (2017). Kaurismäki, A. (Productor), & Kaurismäki, A. (Dirección). Finlandia: Sputnik.

El padrino (Título original: *The Godfather*) [Película]. (1972). Ruddy, A. (Productor), & Coppola, F. (Dirección). Estados Unidos: Paramount Pictures.
El padrino: Parte II (Título original: *The Godfather: Part II*) [Película]. (1974). Coppola, F. (Productor), & Coppola, F. (Dirección). Estados Unidos: Paramount Pictures.
El padrino: Parte III (Título original: *The Godfather: Part III*) [Película]. (1990). Coppola, F. (Productor), & Coppola, F. (Dirección). Estados Unidos: Paramount Pictures.
El pianista (Título original: *The Pianist*) [Película]. (2002). Polanski, P., Benmussa, R., Sarde, A., Gutowski, G. (Productores), & Polanski, P. (Dirección). Reino Unido: R.P. Productions / Heritage Films / Studio Babelsberg / Runteam Ltd.
El puente sobre el río Kwai (Título original: *The Bridge on the River Kwai*) [Película]. (1957). Spiegel, S. (Productor), & Lean, D. (Dirección). Reino Unido: Columbia Pictures.
El sexto sentido (Título original: *The Sixth Sense*) [Película]. (1999). Kennedy, K., Marshall, F., Mendel, B. (Productores), & Night Shyamalan, M. (Dirección). Estados Unidos: Hollywood Pictures / Spyglass Entertainment / The Kennedy / Marshall Company. Distribuida por Buena Vista Pictures.
El silencio de los corderos (Título original: *The Silence of the Lambs*) [Película]. (1991). Bozman, R., Saxon, E., Utt, K. (Productores), & Demme, J. (Dirección). Estados Unidos: Orion Pictures.
El tambor de hojalata (Título original: *Die Blechtrommel*) [Película]. (1979). Seitz, F., Dauman, A. (Productores), & Schlöndorffm, V. (Dirección). Alemania (RFA): United Artists / Coproducción Alemania-Francia.
El tiempo que queda (Título original: *Le temps qui reste*) [Película]. (2005). Delbosc, O., Missonnier, M. (Productores), & Ozon, F. (Dirección). Francia: Vértigo Films España / Fidélité Productions / Studio Canal / France 2 Cinéma / Canal+ / TPS Star / Banque Populaire Images 5.
El túnel (Título original: *Teo-neol*) [Película] (2016). Acumen, B., Taek-dong, L., Jeong-hun, Y. (Productores), & Seong-hun, K. (Dirección). Corea del Sur: Another Sunday / BA Entertainment / History E&M.
El último asalto (Título original: *Resurrecting the Champ*) [Película]. (2007). Yari, B., Lurie, R., Medavoy, M., Frydman, M. (Productores), & Lurie, R. (Dirección). Estados Unidos: Phoenix Pictures / Yari Film Group Releasing.
Electricity [Película]. (2014). Duggan, C., Higgins, B. (Productores), & Higgins, B. (Dirección). Reino Unido: Stone City Films / British Film Institute (BFI).

En busca de la felicidad (Título original: *The Persuit of Happyness*) [Película]. (2006). Black, T., Blumenthal, J., Lassiter, J., Smith, W., Tisch, S., Zee, T. (Productores), & Muccino, G. (Dirección). Estados Unidos: Sony Pictures Releasing de España / Columbia Pictures / Overbrook Entertainment / Escape Artists.

En el mundo a cada rato [Documental]. (2004). García Romero, R., García Serrano, L. (Productores), Corcuera, J., & Ferreira, P. (Dirección). España: Tus Ojos S.L.

Espartaco (Título original: *Spartacus*) [Película]. (1960). Lewis, E. (Productor), & Kubrick, S. (Dirección). Estados Unidos: Bryna Productions / Universal Pictures.

Estación central de Brasil (Título original: *Central do Brasil*) [Película]. (1998). Cohn, A., Redford, R., Salles, W., Clermont-Tonnerre, M. (Productores), & Salles, W. (Dirección). Brasil: MACT Productions / VideoFilmes.

Extraordinario (Título original: *Wonder)* [Película]. (2017). Hoberman, D., Lieberman, T. (Productores), & Chbosky, S. (Dirección). Estados Unidos: Lionsgate / Mandeville Films / Participant Media.

Frente al mar (Título original: *By the Sea*) [Película]. (2015). Pitt, B. (Productor), & Jolie, A. (Dirección). Estados Unidos: Jolie Pas / Plan B Entertainment / Universal Pictures.

Furia de Titanes (Título original: *Clash of the Titans*) [Película]. (2010). De La Noy, K., Iwanyk, B. (Productores), & Leterrier, L. (Dirección). Estados Unidos: Warner Bros. Pictures / Legendary Pictures.

Generación robada (Título original: *Rabbit-Proof Fence*) [Película]. (2002). Noyce, P., Olsen, C., Winter, J. (Productores), & Noyce, P. (Dirección). Australia: Rumbalara Films / Showtime Australia Production / Miramax.

Gente corriente (Título original: *Ordinary People*) [Película]. (1980). Schwary, R. (Productor), & Redford, R. (Dirección). Estados Unidos: Paramount Pictures.

Gritos y susurros (Título original: *Viskningar och rop*) [Película]. (1972). Bergman, I., Carlberg, L. (Productores), & Bergman, I. (Dirección). Suecia: New World Pictures / SFI Filmkonsulent / Cinematograph AB.

Hana's Miso Soup (Título original: *Hanachan no misoshiru*) [Película]. (2015). Sakamoto, K. (Productor), & Akune, T. (Dirección). Japón: Tokyo Theatre K.K.

Handia [Película]. (2017). Berzosa, X., Gómez, I., Obeso, I. (Productores), Garaño, J., & Arregi, A. (Dirección). España: Irusoin / Kowalski Films / Moriarti Produkzioak.

Harry, el sucio (Título original: *Dirty Harry*) [Película]. (1971). Siegel, D. (Productor), & Siegel, D. (Dirección). Estados Unidos: Malpaso Company / Warner Bros. Pictures.

Hasta los huesos (Título original: *To the Bone*) [Película]. (2017). Miller, K., Lynn, J., Curtis, B. (Productores), & Noxon, M. (Dirección). Estados Unidos: Sparkhouse Media / Netflix.

Hazme reír (Título original: *Funny People*) [Película]. (2009). Apatow, J., Townsend, C., Mendel, B., Weinstock, N. (Productores), & Apatow, J. (Dirección). Estados Unidos: Universal Pictures International Spain.

Hércules (Título original: *Hercules*) [Película]. (2014). Ratner, B., Levine, B., & Flynn, B. (Productores). Estados Unidos: Paramount Pictures / MGM / Film 44 / Nimar Studios / RatPac Entertainment.

Hilary and Jackie [Película]. (1998). Paterson, A. (Productor), & Tucker, A. (Dirección). Reino Unido: British Screen / Channel Four Films / The Arts Council.

Historia de amor (Título original: *Love Story*) [Película]. (1970). Minsky, H. (Productor), & Hiller, A. (Dirección). Estados Unidos: Paramount Pictures.

House of Cards [Serie de TV]. (2013-). Fincher, D., Spacey, K., Roth, E., & Donen, J. (Productores). Estados Unidos: Netflix / Media Rights Capital (MRC) / Panic Pictures / Trigger Street Productions.

I Am David [Película]. (2004). Belling, D., Levine, L., Parsons, C. (Productores), & Feig, P. (Dirección). Estados Unidos: Lions Gate Films.

Incomprendida (Título original: *Incompresa*) [Película]. (2014). Gianani, M., Heumann, E., Mieli, L. (Productores), & Argento, A. (Dirección). Italia: Wildside / Paradis Films.

Jamón, jamón [Película]. (1992). Gómez, A. (Productor), & Luna, B. (Dirección). España: Academy Entertainment / Transeuropa Video Entertainment (TVE).

Jappeloup: De padre a hijo (Título original: *Jappeloup*) [Película]. (2013). Judelewicz, P., Boeken, L., Le Grand, R. (Productores), & Duguay, C. (Dirección). Francia: Pathé Distribution, A Contracorriente Films, Koch Media Gmbh.

Jesucristo Superstar (Título original: *Jesus Christ Superstar*) [Película]. (1973). Jewison, N., Stigwood, R. (Productores), & Jewison, N. (Dirección). Estados Unidos: Universal Pictures.

Joseph Friztl: Historia de un monstruo (Título original: *Monster: The Josef Fritzl Story*) [Documental]. (2010). Notman-Watt, D. (Productor), & Notman-Watt, D. (Dirección). Estados Unidos: Back2Back Productions.

Juego de honor (Título original: *Coach Carter*) [Película]. (2005). Gale, D., Tollin, M., Robbins, B. (Productores), & Carter, T. (Dirección). Estados Unidos: Paramount Pictures / MTV Films.
Julieta [Película]. (2016). García, E., Almodóvar, A., Almodóvar, P. (Productores), & Almodóvar, P. (Dirección). España: El Deseo, Warner Bros. Pictures España.
Julio César (Título original: *Julius Caesar*) [Película]. (1953). Houseman, J. (Productor), & Mankiewicz, J. (Dirección). Estados Unidos: MGM / UA.
Juno [Película]. (2007). Halfon, L., Malkovich, J., Novick, M., Smith, R. (Productores), & Reitman, J. (Dirección). Estados Unidos: Fox Searchlight Pictures / Mandate Pictures / Mr. Mudd.
Kamchatka [Película]. (2002). Ramos, F., Kramer, F., Bossi, P. (Productores), & Piñeyro, M. (Dirección). Argentina: Twentieth Century Fox España / Coproducción Argentina-España; Patagonik Film Group / Alquimia / Oscar Kramer S.A. / Televisión Española.
Kids [Película]. (1995). Woods, C., Chambers, M., Panzarella, P., Van Sant, G. (Productores), & Clark, L. (Dirección). Estados Unidos: Miramax.
L.A. Confidential [Película]. (1997). Milchan, A., Hanson, C., Nathanson, M. (Productores), & Hanson, C. (Dirección). Estados Unidos: Regency Enterprises / The Wolper Organization / Warner Bros.
La cena de los idiotas (Título original: *Le dîner de cons*) [Película]. (1998). Poiré, A. (Productor), & Veber, F. (Dirección). Francia: Sherlock Films / Gaumont International / Gaumont / EFVE / TF1 Films Production / TPS Cinéma.
La cinta blanca (Título original: *Das weisse Band*) [Película]. (2009). Arndt, S., Heiduschka, V., Ménégoz, M., Occhipinti, A. (Productores), & Haneke, M. (Dirección). Alemania: Les Films du Losange / Wega Film / X-Filme Creative Pool.
La cosecha (Título original: *The Harvest*) [Documental]. (2011). Romano, R., Longoria, E., O'Connor, R. (Productores), & Romano, R. (Dirección). Estados Unidos: Shine Global / Globalvision / Romano Film.
La dama de hierro (Título original: *The Iron Lady*) [Película]. (2011). Jones, D. (Productor), & Lloyd, P. (Dirección). Reino Unido: Pathé / Film4 / UK Film Council / Canal+ / Cinecinema / Goldcrest Films / DJ Films.
La dama de oro (Título original: *The Woman in Gold*) [Película]. (2015). Thompson, D., Thykier, K. (Productores), & Curtis, S. (Dirección). Reino Unido: BBC Films / Origin Pictures.
La delgada línea amarilla [Película]. (2015). Del Toro, G., Navarro, B., Springall, A. (Productores), & García, C. (Dirección). México: Corazón Films / Syldavia Cinema.

La delgada línea roja (Título original: *The Thin Red Line*) [Película]. (1998). Geisler, R., Hill, G., Roberdeau, J. (Productores), & Malick, T. (Dirección). Estados Unidos: FOX International Productions / Phoenix Pictures.

La felicidad nunca viene sola (Título original: *Une bonheur n'arrive jamais seul*) [Película]. (2012). Grandpierre, R. (Productor), & Huth, J. (Dirección). Francia: DeAPlaneta / Captain Movies / Eskwad.

La guerra de las galaxias. Episodio I: La amenaza fantasma (Título original: *Star Wars. Episode I: The Phantom Menace*) [Película]. (1999). McCallum, R., Lucas, G. (Productores), & Lucas, G. (Dirección). Estados Unidos: Distribuida por 20th Century Fox.

La guerra de los Rose (Título original: *The War of the Roses*) [Película]. (1989). Brooks, J., Milchan, A. (Productores), & DeVito, D. (Dirección). Estados Unidos: 20th Century Fox presenta una producción Gracie Films.

La habitación (Título original: *Room*) [Película]. (2015). Gross, D., Guiney, E. (Productores), & Abrahamson, L. (Dirección). Irlanda: Film4 / Irish Film Board / Telefilm Canada / Filmnation Entertainment / Element Pictures / No Trace Camping.

La luz entre los océanos (Título original: *The Light between Oceans*) [Película]. (2016). Clifford, J., Heyman, D. (Productores), & Cianfrance, D. (Dirección). Estados Unidos: DreamWorks SKG / Heyday Films / Participant Media.

La pianista (Título original: *La pianiste*) [Película]. (2011). Heiduschka, V. (Productor), & Haneke, M. (Dirección). Francia: Wega-Film / MK2 / Les Films Alain Sarde.

La sed del mundo (Título original: *La soif du monde*) [Documental]. (2012). Arthus-Bertrand, Y., Stanimirovic, M., Robin, J. (Productores), Plantanida, T., & Luchaire, B. (Dirección). Francia: Hope Production.

La sonrisa de Mona Lisa (Título original: *Mona Lisa Smile*) [Película]. (2003). Goldsmith-Thomas, E., Schiff, P., Schindler, D. (Productores), & Newell, M. (Dirección). Estados Unidos: Columbia Pictures / Revolution Studios.

La tierra y la sombra [Película]. (2015). Forero, J., Pérez, P., Bustamante, D. (Productores), & Acevedo, C. (Dirección). Colombia: Pyramide Distribution.

La tumba de las luciérnagas (Título original: *Hotaru no Haka*) [Película]. (1988). Del Río, D., Hara, T., Shalofsky, S. (Productores), & Takahata, I. (Dirección). Japón: Studio Ghibli.

La víbora negra (Título original: *The Black Adder*) [Serie de TV]. (1983). Lloyd, J. (Productor). Reino Unido: BBC.

La vida es bella (Título original: *La vita è bella*) [Película]. (1997). Braschi, G., Davis, J., Ferri, E. (Productores), & Benigni, R. (Dirección). Italia: Melampo Cinematografica / Cecchi Gori Group Tiger Cinematografica.
La vida secreta de las abejas (Título original: *The Secret Life of Bees*) [Película]. (2008). Lassiter, J., Smith, W. (Productores), & Prince-Bythewood, G. (Dirección). Estados Unidos: Fox Searchlight.
La zona gris (Título original: *The Grey Zone*) [Película]. (2001). Koffler, P., Vachon, C. (Productores), & Nelson, T. (Dirección). Estados Unidos: Millenium Films / Killer Films / Goatsinger Films Production.
Las elegidas [Película]. (2015). Cruz, P. (Productor), & Pablos, D. (Dirección). México: Canana / Manny Films.
Las hermanas de la Magdalena (Título original: *The Magdalene Sisters*) [Película]. (2002). Higson, F. (Productor), & Mullan, P. (Dirección). Irlanda: PFP Films / Temple Films.
Las invasiones bárbaras (Título original: *Les invasions barbares)* [Película]. (2003). Louis, D., Robert, D. (Productores), & Arcand, D. (Dirección). Canadá: Flach Pyramide International.
Las mujeres de verdad tienen curvas (Título original: *Real Women Have Curves*) [Película]. (2002). Brown, E., LaVoo, G. (Productores), & Cardoso, P. (Dirección). Estados Unidos: HBO Films / Newmarket Films.
Las normas de la casa de la sidra (Título original: *The Sider House Rules*) [Película]. (1999). Gladstein, R. (Productor), & Hallström, L. (Dirección). Estados Unidos: FilmColony / Miramax International. Distribuida por Alliance Atlantis Communication.
Leaving Las Vegas [Película]. (1995). Cazés, L. (Productor), & Figgis, M. (Dirección). Estados Unidos: United Artists.
Lo que queda del día (Título original: *The Remains of the Day*) [Película]. (1993). Calley, J., Merchant, I., Nichols, M. (Productores), & Ivory, J. (Dirección). Reino Unido: Columbia TriStar.
Los miserables: la leyenda nunca muere (Título original: *Les Misérables*) [Película]. (1998). Radclyffe, S., Gorman, J. (Productores), & August, B. (Dirección). Estados Unidos: Mandalay Entertainment / TriStar Pictures.
Los niños de San Judas (Título original: *Song for a Raggy Boy*) [Película]. (2003). McDonnell, J., Wright, D., Byron-Murphy, K., Lynch, T. (Productores), & Walsh, A. (Dirección). Irlanda: Irlanda-España-GB-Dinamarca.
Los olvidados [Película]. (1950). Dancigers, O., Kogan, S., Menasce, J. (Productores), & Buñuel, L. (Dirección). México: Ultramar Films.

Los recuerdos (Título original: *Les souvenirs*) [Película]. (2014). Delauney, M., Rousseau, R. (Productores), & Rouve, J. (Dirección). Francia: Filmax / Nolita Cinema / TF1 Droits Audiovisuels / Union Générale Cinématographique (UGC).
Loving [Película]. (2016). Doherty, G., Firth, C., Buirski, N., Green, S., Turtletaub, M., Saraf, P. (Productores), & Nichols, J. (Dirección). Estados Unidos: Big Beach / Raindog Films.
¡Lumière! Comienza la aventura (Título original: *Lumière! L'aventure commence*) [Documental]. (2006). Frémaux, T., Tavernier, B., Arnaud, M. (Productores), & Frémaux, T. (Dirección). Francia: CNC.
Ma ma [Película]. (2015). Cruz, P., Longoria, A., Medem, J. (Productores), & Medem, J. (Dirección). España: Entertainment One Films Spain / Morena Films / Ma Ma Peliculas AIE / Mare Nostrum Production.
Maktub [Película]. (2011). Miqel, L. (Productor), & Arango, P. (Dirección). España: Sonrisas que Hacen Magia Producciones / Antena 3 Films.
Manderlay [Película]. (2005). Windeløv, V. (Productor), & Von Trier, L. (Dirección). Dinamarca: Zentropa Entertainments / Isabella Films B.V.
Mandingo [Película]. (1975). De Laurentiis, D. (Productor), & Fleischer, R. (Dirección). Estados Unidos: Dino De Laurentiis Company / Paramount Pictures.
Marie Curie [Película]. (2016). Noëlle, M., Pokromski, M., Zimmermann, R. (Productores), & Noëlle, M. (Dirección). Alemania: P'Artisan Filmproduktion / Pokromski Studio / Glory Film / Climax Films / Schubert Music Publishing.
Más allá del odio (Título original: *The Upside Anger*) [Película]. (2005). Binder, J., Gartner, A., Lee, S. (Productores), & Binder, M. (Dirección). Estados Unidos: Tripictures / New Line Cinema.
Matilda [Película]. (1996). DeVito, D., Dahl, L., Shamberg, M., Sher, S. (Productores), & DeVito, D. (Dirección). Estados Unidos: TriStar Pictures / Jersey Films.
Medianoche en París (Título original: *Midnight in Paris*) [Película]. (2010). Aronson, L., Roures, J. (Productores), & Allen, W. (Dirección). Estados Unidos: Sony Pictures Classics.
Merlí [Serie de TV]. (2015-2018). Montánchez, A. (Productor). España: Nova Veranda.
Mi hijo y yo (Título original: *Le fils à Jo*) [Película]. (2010). Cyril Colbeau, J., Dupont, J. B., Marchal, O. (Productores), & Guillard, P. (Dirección). Francia: Gaumont / Savor / uDream.

Mi nombre es Harvey Milk (Título original: *Milk*) [Película]. (2008). Cohen, B., Jinks, D. (Productores), & Van Sant, G. (Dirección). Estados Unidos: Focus Features.
Mi padre y mi hijo (Título original: *Babam ve Oğlum*) [Película]. (2005). Sükrü, A. (Productor), & Çağan, I. (Dirección). Turquía: Maxximum Film und Kunst GmbH.
Mi vida sin mí (Título original: *My Life Without Me*) [Película]. (2003). García, E., Ruben, M. (Productores), & Coixet, I. (Dirección). España: Warner Bros. Pictures España /Coproducción España-Canadá; El Deseo S.A / Milestone Entertainment / Antena 3 Televisión / Vía Digital.
Miles el grande (Título original: *Miles Ahead*) [Película]. (2015). Barnum, R., Cheadle, D., D., W., Zerman, L. (Productores), & Cheadle, D. (Dirección). Estados Unidos: Sony Pictures Classics.
Million Dollar Baby [Película]. (2004). Eastwood, C., Haggis, P., Rosenberg, T., Ruddy, A. (Productores), & Eastwood, C. (Dirección). Estados Unidos: Warner Bros / Laskeshore Entertainment / Malpaso Productions.
Mis tardes con Margueritte (Título original: *La tête en friche*) [Película]. (2010). Becker, J. (Productor), & Becker, J. (Dirección). Francia: CE3 / K.J.B. Production / France 3 Cinéma / Studio Canal / DD Productions.
Mudbound [Película]. (2017). Effenson, C., Effenson, S., Elwes, C., King, C. (Productores), & Rees, D. (Dirección). Estados Unidos: Armory Films / Black Bear Pictures / Elevated Films / MACRO / Zeal Media / ArtImage Entertainment / MMC Joule Films. Distribuida por Netflix.
Muerte de un viajante (Título origina: *Death of a Salesman*) [Miniserie de TV]. (1985). Colesberry, R. (Productor), & Schlöndorff, V. (Dirección). Estados Unidos: Punch Productions / Roxbury Productions.
Muros [Documental]. (2015). García, I. (Productor), Iraburu, P., & Molina, M. (Dirección). España: Arena Comunicación / Txalap.Art.
Nader y Simin: una separación (Título original: *Jodaeiye Nader az Simin*) [Película]. (2011). Farhadi, A. (Productor), & Farhadi, A. (Dirección). Irán: Memento Films / Sony Pictures Classics / Asghar Farhadi.
No se aceptan devoluciones [Película]. (2013). Derbez, E., O'Brien, L. (Productores), & Derbez, E. (Dirección). México: Alebrije Cine y Video / Fulano, Mengano y Asociados. Distribuida por Pantelion Films.
No sos vos, soy yo [Película]. (2004). Cervi, N. (Productor), & Taratuto, J. (Dirección). Argentina: Rizoma Films.
Nymphomaniac [Película]. (2013). Vesth, L. (Productor), & Von Trier, L. (Dirección). Dinamarca: Zentropa Entertainments.

Oliver Twist [Película]. (1948). Neame, R., Havelock-Allan, A. (Productores), & Lean, D. (Dirección). Reino Unido: Cineguild.
Outlander [Serie de TV]. (2014). Roberts, M., Brown, D., Fewell, S., & Komárek, A. (Productores). Estados Unidos: Starz! / Sony Pictures Home Entertainment / Netflix / Axn.
Palmeras en la nieve [Película]. (2015). Fernanfez Veiga, I., Gamero, M., Guerra, A., Lejarza, M. (Productores), & González Molina, F. (Dirección). España: Nostromo Pictures / Atresmedia Cine / Warner Bros. Pictures International.
Papá por sorpresa (Título original: *The Game Plan*) [Película]. (2007). Gray, G., Ciardi, M. (Productores), & Fickman, A. (Dirección). Estados Unidos: Walt Disney Pictures.
Patch Adams [Película]. (1998). Farrell, M., B., K., Minoff, M., Newirth, C. (Productores), & Shadyac, T. (Dirección). Estados Unidos: Universal Pictures.
Pequeña Miss Sunshine (Título original: *Little Miss Sunshine*) [Película]. (2006). Friendly, D., Saraf, P., Turtletaub, M. (Productores), Dayton, J., & Faris, V. (Dirección). Estados Unidos: Fox Searchlight / Big Beach.
Philomena [Película]. (2013). Coogan, S., Tana, G., Seaward, T. (Productores), & Frears, S. (Dirección). Reino Unido: BBC Films / Pathé / Baby Cow Productions / British Film Institute / Magnolia Mae Films.
Precious (Título original: *Precious: Based on the Novel Push by Sapphire*) [Película]. (2009). Daniels, L., Cortes, L., Siegel-Magness, S. (Productores), & Daniels, L. (Dirección). Estados Unidos: Lee Daniels Entertainment / Smokewood Entertainment Group.
¿Qué fue de Baby Jane? (Título original: *What Ever Happened to Baby Jane?*) [Película]. (1962). Aldrich, R. (Productor), & Aldrich, R. (Dirección). Estados Unidos: Warner Bros.
¿Qué hacemos con Maisie? (Título original: *What Maisie Knew*) [Película]. (2012). Teitler, W., Weinstock, C., Taplin, D., Crown, D. (Productores), McGehee, S., & Siegel, D. (Dirección). Estados Unidos: Red Crown Productions / Weinstock Productions / 10th Hole Productions.
Quédate a mi lado (Título original: *Stepmom*) [Película]. (1998). Barnathan, M., Columbus, C., Finerman, W., Radcliffe, M. (Productores), & Columbus, C. (Dirección). Estados Unidos: Columbia TriStar Films de España S.A.
Raíces (Título original: *Roots*) [Miniserie de TV]. (1977). Margulies, S. (Productor). Estados Unidos: Emitida por ABC; Warner Bros. Television.
Rain Man [Película]. (1988). Johnson, M. (Productor), & Levinson, B. (Dirección). Estados Unidos: United Artists.

EL REFLEJO DE NUESTRAS EMOCIONES

Ratatouille [Película]. (2007). Lewis, B. (Productor), & Bird, B. (Dirección). Estados Unidos: Pixar Animation Studios / Walt Disney Pictures.

Ray [Película]. (2004). Baldwin, K., Baldwin, H., Benjamin, S., Hackford, T. (Productores), & Hackford, T. (Dirección). Estados Unidos: Universal Pictures.

Recuérdame (Título original: *Remember Me*) [Película]. (2010). Engelson, T., Osborne, N. (Productores), & Coulter, A. (Dirección). Estados Unidos: Summit Entertainment / Independent Films / Eagle Pictures / Long Shong Entertainment Multimedia Company.

Relatos salvajes [Película]. (2014). Almodóvar, P., Almodóvar, A., Sigman, H., García, E., *et al.* (Productores), & Szifrón, D. (Dirección). Argentina: Kramer, Sigman Films / El Deseo / Telefé / ICAA / Instituto Nacional de Cine y Artes Audiovisuales (INCAA).

Réquiem por un sueño (Título original: *Requiem for a Dream*) [Película]. (2000). Watson, E., West, P. (Productores), & Aronofsky, D. (Dirección). Estados Unidos: Artisan Entertainment / Thousand Words.

Rita [Serie de TV]. (2012-). Morthorst, J., & Leth, K. (Productores). Dinamarca: SF Film Production.

Rounders [Película]. (1998). Demme, T., Stillerman, J. (Productores), & Dahl, J. (Dirección). Estados Unidos: Miramax.

Salida de los obreros de la fábrica (Título original: *La sortie de l'usine Lumière à Lyon*) [Documental, Cortometraje]. (1895). Lumière, L. (Productor), & Lumière, L. (Dirección). Francia: Lumière.

Salvar al soldado Ryan (Título original: *Saving Private Ryan*) [Película]. (1998). Bryce, I., Gordon, M., Levinsohn, G., Spielberg, S. (Productores), & Spielberg, S. (Dirección). Estados Unidos: DreamWorks SKG / Paramount Pictures / Amblin Entertainment.

Scandal [Serie de TV]. (2012-). Howard, M., Collins, S., Byrne, M., & Mitchell, H. (Productores). Estados Unidos: CBS Television Studios / ShondaLand.

Secretos de familia [Película]. (2009). Del Toro, P. (Dirección). México: Armagedon Producciones.

Secretos y mentiras (Título original: *Secrets and Lies*) [Película]. (1996). Channing-Williams, S. (Productor), & Leigh, M. (Dirección). Reino Unido: Thin Man Films / Film4 Productions / Ciby 2000.

Selma [Película]. (2014). Gardner, D., Kleiner, J., Colson, C., Winfrey, O. (Productores), & DuVernay, A. (Dirección). Estados Unidos: Paramount Pictures / Cloud Eight Films / Celador Films / Harpo Films / Pathé / Plan B Entertainment.

Señor Manglehorn (Título original: *Manglehorn*) [Película]. (2014). Conners, M., Gordon Green, D., Muskat, L., Tseng, D., Woodrow, C. (Productores), & Gordon Green, D. (Dirección). Estados Unidos: IFC Films / A Contracorriente Films.

Shoah [Documental]. (1985). Faure, B. (Productor), & Lanzmann, C. (Dirección). Francia: Les Films Aleph / Historia / Ministère de la Culture de la Republique Française.

Sí, primer ministro (Título original: *Yes, Prime Minister*) [Serie de TV]. (1986-1987). Lotterby, S., & Whitmore, P. (Productores). Reino Unido: BBC.

Siempre Alice (Título original: *Still Alice*) [Película]. (2014). Brown, J., Koffler, P., Lutzuz, L. (Productores), Glatzer, R., & Westmoreland, W. (Dirección). Estados Unidos: Big Indie Pictures / Killer Films / Sony Pictures Classics.

Sin destino (Título original: *Sorstalanság*) [Película]. (2005). Koltai, L., Hamori, A., Kemey, I., Olsberg. (Productores), & Koltai, L. (Dirección). Hungría: ThinkFilm.

Sonata para violonchelo [Película]. (2015). Bofarull, A. (Productor), & Bofarull, A. (Dirección). España: KaBoGa.

Steve Jobs [Película]. (2015). Boyle, D., Casady, G., Gordon, M., Colson, C. (Productores), & Boyle, D. (Dirección). Estados Unidos: Mark Gordon Company / Scott Rudin Productions / Universal Pictures / Legendary Entertainment / Scott Rudin Productions.

Submarino (Título original: *Submarine*) [Película]. (2010). Kaufmann, M. (Productor), & Vinterberg, T. (Dirección). Dinamarca: Sandrew Metronome.

Tanguy [Película]. (2001). Gassot, C. (Productor), & Chatiliez, E. (Dirección). Francia: Téléma / Les Productions Du Champ Porier / TF1 Films Production.

Taxi Driver [Película]. (1976). Phillips, J., Phillips, M. (Productores), & Scorsese, M. (Dirección). Estados Unidos: Columbia Pictures.

Tenemos que hablar de Kevin (Título original: *We Need to Talk About Kevin*) [Película]. (2011). Fox, J., Roeg, L., Salermo, R. (Productores), & Ramsay, L. (Dirección). Reino Unido: Independent / BBC Films / Artina Films.

Thelma & Louise [Película]. (1991). Scott, R., Polk Gitlin, M. (Productores), & Scott, R. (Dirección). Estados Unidos: MGM.

Todo sobre mi madre [Película]. (1999). Almodóvar, A., Berri, C., Ruben, M. (Productores), & Almodóvar, P. (Dirección). España: Warner Sogefilms S.A.

Tomates verdes fritos (Título original: *Fried Green Tomatoes*) [Película]. (1991). Avnet, J., Kerner, J. (Productores), & Avnet, J. (Dirección). Estados Unidos: Universal Pictures / Act III Communications / Electric Shadow Productions / Avnet/Kerner Productions.

Trainspotting [Película]. (1996). Mcdonald, A., Figg, C. (Productores), & Boyle, D. (Dirección). Reino Unido: Channel Four Films / Figment Film / The Noel Gay Motion Picture Company.

Tres anuncios en las afueras (Título original: *Three Billboards Outside Ebbing, Missouri*) [Película]. (2017). Broadbent, G., McDonagh, M., Czernin, P. (Productores), & McDonagh, M. (Dirección). Reino Unido: Blueprint Pictures. Distribuida por Fox Searchlight.

Un camino a casa (Título original: *The Lion*) [Película]. (2016). Canning, I., Fielder, A., Sherman, E. (Productores), & Davis, G. (Dirección). Australia: See-Saw Films / Screen Australia / Sunstar Entertainment / Weinstein Company.

Un día de furia (Título original: *Falling Down*) [Película]. (1993). Kopelson, A., Weingrod, H., Harris, T. (Productores), & Schumacher, J. (Dirección). Estados Unidos: Warner Bros. Pictures.

Un largo viaje (Título original: *The Railway Man*) [Película]. (2013). Brown, C., Curbishley, B., Paterson, A. (Productores), & Teplitzky, J. (Dirección). Australia: Latitude Media / Archer Street Productions / Pictures in Paradise / Silver Reel / Thai Occidental Productions. Distribuida por Lionsgate.

Un lugar en el mundo [Película]. (1992). Aristarain, A., Papaleo, O. (Productores), & Aristarain, A. (Dirección). Argentina: Coproducción Argentina-España.

Un papá genial (Título original: *Big Daddy*) [Película]. (1999). Covert, A., Simonds, R., Giarraputo, J. (Productores), & Dugan, D. (Dirección). Estados Unidos: Columbia Pictures.

Un pez, dos peces, pez globo, pez azul (Título original: *One Fish, Two Fish, Blowfish, Bluefish*). *Los Simpson* [Serie de TV]. (1991). Adamson, L., Kogen, J., & Sakai, R. (Productores). Estados Unidos: Gracie Films, 20th Century Fox Television.

Una historia casi divertida (Título original: *It's Kind of a Funny Story*) [Película]. (2010). Misher, K., Browning, B. (Productores), Boden, A., & Fleck, R. (Dirección). Estados Unidos: Focus Features / Wayfare Entertainment / Misher Films / Journeyman Pictures / Gowanus Projections.

Una mente maravillosa (Título original: *A Beautiful Mind*) [Película]. (2001). Howard, R., Grazer, B. (Productores), & Howard, R. (Dirección). Estados Unidos: Dreamworks / Universal Pictures / Imagine Entertainment.

Una pastelería en Tokio (Título original: *An*) [Película]. (2015). Sawada, M., Ohyama, Y., Fukushima, M. (Productores), & Kawase, N. (Dirección). Japón: Comme des Cinemas / Nagoya Broadcasting Network / Twenty Twenty

Vision Filmproduktion / ZDF/Arte / MAM / Aeon Entertainment / The Asahi Shimbun Newspaper.

Una segunda oportunidad (Título original: *En chance til*) [Película]. (2014). Graum Jørgensen, S. (Productor), & Bier, S. (Dirección). Dinamarca: Zentropa Entertainments / Danmarks Radio / Det Danske Filminstitut / Film Fyn / Film i Väst / Svenska Filminstitutet / Sveriges Television / Zentropa International Sweden.

Vaiana (Título original: *Moana*) [Película]. (2016). Hearon, N., Lesseter, J., Shurer, O. (Productores), Musker, J., Clementis, R., Hall, D., & Williams, C. (Dirección). Estados Unidos: Walt Disney Pictures.

Vida de este chico (Título original: *This Boy's Life*) [Película]. (1993). Linson, A. (Productor), & Caton-Jones, M. (Dirección). Estados Unidos: Warner Bros.

Vientos de agua [Serie de TV]. (2005). Freixa, R. (Productor), Campanella, J., Pivotto, S., Stagnaro, B., & Hernández, P. (Dirección). Argentina: 100 bares producciones / Tele 5.

Volver [Película]. (2006). García, E., Almodóvar, A. (Productores), & Almodóvar, P. (Dirección). España: El Deseo, Warner Bros Pictures España.

¿Y tú quién eres? [Película]. (2007). Menéndez, M. (Productor), & Mercero, A. (Dirección). España: Mono Films / Irusoin / Buena Vista Internacional.

Yo, Daniel Blake (Título original: *I, Daniel Blake*) [Película]. (2016). O'Brien, R. (Productor), & Loach, K. (Dirección). Reino Unido: BBC / BFI / Sixteen Films.

Emocionario

Vivencia / Sentimiento

Abandono
- *Incomprendida (Pág. 114)*
- *Matilda (Pág. 115)*
- *Los olvidados (Pág. 115)*
- *Million Dollar Baby (Pág. 116)*

Adicciones
- *Amy, la chica detrás del nombre (Págs. 142-43)*
- *Rounders (Pág. 145)*
- *Nymphomaniac (Pág. 145)*
- *Addiction (Pág. 145)*
- *El lobo de Wall Street (Pág. 145)*
- *Una segunda oportunidad (Pág. 145)*
- *Ray (Pág. 145)*
- *Trainspotting (Pág. 145)*
- *Kids (Pág. 145)*
- *Réquiem por un sueño (Pág. 145)*
- *Amor sin control (Pág. 145)*
- *Submarino (Pág. 145)*
- *Miles el grande (Pág. 145)*

Agresión
- *Una pastelería en Tokio (Págs. 96, 197)*
- *Gladiator (Pág. 97)*
- *Rita (Pág. 97)*
- *Merlín (Pág. 97)*
- *El silencio de los corderos (Pág. 112)*
- *La cinta blanca (Pág. 112)*
- *Los niños de San Judas (Pág. 112)*
- *Las hermanas de la Magdalena (Pág. 113)*
- *Cisne negro (Pág. 113)*
- *Mudbound (Pág. 113)*
- *Acné (Pág. 137)*

Aislamiento
- *La luz entre los océanos (Págs. 68-69)*
- *Rain Man (Pág. 97)*

Alegría y Resiliencia
- *Patch Adams (Págs. 133, 235)*

Alcoholismo
- *Frente al mar (Págs. 88-89)*
- *Cuando un hombre ama a una mujer (Pág. 145)*
- *Leaving Las Vegas (Pág. 145)*
- *28 días (Pág. 145)*
- *Amor sin control (Pág. 145)*
- *Submarino (Pág. 145)*

- *Blue Valentine (Pág. 145)*
- *Días de vino y rosas (Pág. 145)*
- *Miles el grande (Pág. 145)*

Alejamiento de la realidad
- *Blue Jasmine (Págs. 146-49)*
- *Medianoche en París (Pág. 146)*
- *Precious (Pág. 149)*

Aplanamiento emocional
- *El silencio de los corderos (Pág. 112)*

Asco
- *Precious (Pág. 149)*

Atrapada en la vida
- *Sonata para violonchelo (Págs. 73-74)*
- *Frente al mar (Págs. 88-89)*
- *Electricity (Pág. 101)*

Autoataque e inseguridad
- *Acné (Pág. 137)*

Autoestima
- *Tomates verdes fritos (Págs. 71-72)*
- *Angel-A (Págs. 87-88)*

Autoritarismo
- *American Beauty (Págs. 78, 81)*
- *El discurso del rey (Pág. 127)*
- *Hilary and Jackie (Págs. 127-28)*
- *¿Qué fue de Baby Jane? (Págs. 124, 128)*

Carencia, falta, hambre
- *Las invasiones bárbaras (Pág. 192)*

- *El tiempo que queda (Págs. 192, 218-19)*

Comportamientos inadaptados
- *El tambor de hojalata (Págs. 141-42)*

Conflictos relacionales
- *El amor es extraño (Págs. 206-7)*
- *Los recuerdos (Pág. 207)*
- *Amor (Págs. 207-208)*

Creencias familiares
- *Vaiana (Págs. 173-74)*

Culpa
- *La luz entre los océanos (Págs. 68-69)*
- *No se aceptan devoluciones (Págs. 94, 123)*

Dependencia emocional
- *De padres e hijas (Págs. 144, 150)*

Desatención
- *¿Qué hacemos con Maisie? (Pág. 128)*
- *De la calle a Harvard (Pág. 129)*
- *Estación central de Brasil (Pág. 129)*
- *Oliver Twist (Pág. 129)*
- *Una segunda oportunidad (Págs. 129, 145)*

Destrucción y autodestrucción
- *Tenemos que hablar de Kevin (Pág. 111)*

Desvalorización
- *Love story (Págs. 96, 217-18)*

- Mis tardes con Margueritte (Págs. 96, 98)
- Big fish (Pág. 96)
- Taxi driver (Pág. 96)
- Juego de Honor (Pág. 97)
- Bajo la misma estrella (Pág. 97)
- Million Dollar Baby (Pág. 116)

Duda, vacilación
- Juno (Pág. 105)

Duelos inconclusos
- Belleza inesperada (Págs. 162-252)

Emociones y sentimientos
- Del revés (Págs. 54-56)

Enfermedades cancerígenas
- Mi vida sin mí (Págs. 214, 227)
- Biutiful (Págs. 214-15)
- Ahora o nunca (Págs. 215-16)
- Gritos y susurros (Págs. 216-18)
- Love Story (Págs. 96, 217-18)
- El tiempo que queda (Págs. 192, 218-19)
- Hana's Miso Soup (Pág. 224)
- Quédate a mi lado (Pág. 224)

Enredos familiares
- La felicidad nunca viene sola (Págs. 201-2)

Estrés biológico
- El Chico (Págs. 58-59)
- La luz entre los océanos (Págs. 68-69)
- I Am David (Pág. 140)

Exclusión
- Vida de este chico (Pág. 118)
- Mi hijo y yo (Págs. 152-53)

Exigencia
- Cisne negro (Pág. 113)

Falta de límites
- Réquiem por un sueño (Págs. 129, 145)
- Tres anuncios en las afueras (Págs. 129-30)
- Tanguy (Pág. 129)
- Un papá genial (Pág. 129)
- Papá por sorpresa (Pág. 129)

Honrar el destino
- Despedidas (Págs. 189-90)

Humillación
- El pianista (Pág. 118)
- El niño del pijama de rayas (Pág. 118)
- Precious (Págs. 118, 149)
- El puente sobre el río Kwai (Pág. 118)
- El imperio del sol (Pág. 118)
- Un largo viaje (Págs. 118, 178)
- La delgada línea roja (Pág. 118)
- Sin destino (Pág. 118)
- La zona gris (Pág. 118)
- Shoah (Pág. 118)
- Vida de este chico (Pág. 118)

Humillación racial
- Mudbound (Págs. 113, 119)
- Selma (Pág. 119)
- Criadas y señoras (Pág. 119)
- Déjame salir (Pág. 119)

- *Loving (Pág. 119)*
- *El último asalto (Pág. 119)*
- *La vida secreta de las abejas (Pág. 119)*
- *Manderlay (Pág. 119)*
- *Mandingo (Pág. 119)*
- *12 años de esclavitud (Pág. 119)*
- *Raíces (Pág. 119)*
- *Amazing Grace (Pág. 119)*
- *Generación robada (Pág. 119)*

Incesto, abuso sexual, violación
- *Josef Fritzl: Historia de un monstruo (Pág. 110)*
- *La habitación (Pág. 110)*
- *Los niños de San Judas (Pág. 112)*
- *Las hermanas de la Magdalena (Pág. 113)*
- *Precious (Págs. 118, 149)*
- *Secretos de familia (Pág. 182)*
- *Celebration (Pág. 183)*
- *El juego de Gerald (Pág. 245)*

Incomunicación
- *La guerra de los Rose (Págs. 89-91)*
- *Cerezos en flor (Pág. 205)*

Injusticia
- *Muerte de un viajante (Pág. 124)*
- *¿Qué fue de Baby Jane? (Págs. 124, 128)*
- *Hilary and Jackie (Págs. 124, 127-28)*
- *Camino a la perdición (Pág. 124)*
- *Yo, Daniel Blake (Pág. 124)*
- *Muros (Pág. 124)*
- *Las elegidas (Pág. 124)*
- *Difret (Pág. 124)*
- *El Havre (Pág. 124)*
- *El otro lado de la esperanza (Pág. 124)*

Infarto
- *Un lugar en el mundo (Pág. 139)*

Insomnio
- *El club de la lucha (Págs. 138-39)*

Intolerancia familiar
- *Las mujeres de verdad tienen curvas (Págs. 199-200)*
- *El árbol de la vida (Págs. 200-1)*

Ira, enojo, rabia
- *American Beauty (Págs. 78, 126)*
- *Un día de furia (Pág. 81)*

Lealtad familiar
- *Marie Curie (Págs. 171-73)*
- *Vaiana (Págs. 173-74)*
- *Vientos de agua (Pág. 177)*
- *Un camino a casa (Pág. 179)*
- *Julieta (Pág. 181)*

Mandatos familiares
- *Balada triste de trompeta (Págs. 105-6)*
- *El juez (Pág. 150)*
- *La tierra y la sombra (Pág. 150)*
- *El médico (Pág. 150)*
- *Jappeloup: De padre a hijo (Págs. 150-151)*
- *El padrino (Págs. 28, 150)*
- *Con la magia en los zapatos (Pág. 150)*

EL REFLEJO DE NUESTRAS EMOCIONES

- *Mi padre y mi hijo (Págs. 151-52)*
- *Coco (Pág. 165)*
- *Las mujeres de verdad tienen curvas (Págs. 199-200)*

Maltrato
- *L.A. Confidential (Pág. 196)*
- *Una pastelería en Tokio (Págs. 96, 197)*

Megalomanía
- *Alejandro Magno (Pág. 96)*
- *Espartaco (Pág. 96)*
- *Cleopatra (Págs. 72-73, 96)*
- *Julio Cesar (Págs. 96, 283)*
- *Merlín (Pág. 97)*
- *Hércules (Pág. 97)*
- *Furia de Titanes (Pág. 97)*

Menosprecio
- *La cena de los idiotas (Págs. 202-3)*

Mentiras
- *No se aceptan devoluciones (Págs. 94, 123)*
- *Muerte de un viajante (Pág. 124)*
- *Blue Jasmine (Págs. 146-47, 149)*

Miedos
- *El cielo no puede esperar (Págs. 158-59)*
- *Boyhood, Momentos de una vida (Págs. 161-62)*
- *Señor Manglehorn (Pág. 162)*
- *Boulevard (Pág. 163)*
- *Lo que queda del día (Pág. 163)*
- *La delgada línea amarilla (Pág. 164)*

- *Todo sobre mi madre (Págs. 165-66)*
- *Coco (Pág. 165)*

Miedo al diagnóstico
- *50/50 (Pág. 228)*
- *Hazme reír (Págs. 230-32)*
- *El doctor (Pág. 232)*

Miedo a la diferencia
- *Jamón, Jamón (Pág. 160)*

Miedo a morir
- *Los miserables: la leyenda nunca muere (Pág. 193)*
- *Boquitas pintadas (Pág. 194)*
- *A la sombra del puente (Pág. 194)*
- *Alfie (Pág. 194)*
- *Aurore (Pág. 194)*
- *Carácter (Pág. 194)*

Miedo a la existencia
- *El túnel (Págs. 194-95)*
- *La cosecha (Pág. 195)*
- *La sed del mundo (Pág. 195)*
- *En el mundo a cada rato (Pág. 195)*
- *La tumba de las luciérnagas (Pág. 195)*

Muerte: cierre inconcluso
- *El sexto sentido (Págs. 187-88)*
- *La habitación del hijo (Pág. 188)*

Narcisismo
- *Copying Beethoven (Pág. 97)*

Negación
- *Una historia casi divertida (Pág. 125)*

- *Mi nombre es Harvey Milk* (Pág. 126)
- *Harry, el sucio* (Pág. 126)
- *El árbol de la vida* (Pág. 126)
- *Blue Jasmine* (Págs. 146-47, 149)

No estar a la altura
- *Handia* (Pág. 46)

Percepción de la realidad
- *Más allá del odio* (Pág. 238)
- *Ahora y siempre* (Pág. 239)

Programación traumática
- *El juego de Gerald* (Págs. 245, 248-49)

Proteger al otro
- *Ma Ma* (Pág. 234)

Reacciones instintivas: la sombra
- *American Beauty* (Págs. 78, 126)
- *Un día de furia* (Pág. 81)
- *Un monstruo de mil cabezas* (Págs. 82-83)
- *Recuérdame* (Pág. 83)
- *La guerra de los Rose* (Págs. 89-91)

Recuerdo sensorial o raíl
- *Como agua para chocolate* (Págs. 62-64)
- *Ratatouille* (Pág. 99)

Recuperación del poder personal
- *Tomates verdes fritos* (Págs. 71-72)
- *Cleopatra* (Págs. 72-73, 96)

Rechazo
- *Philomena* (Pág. 110)
- *Secretos y mentiras* (Pág. 110)
- *Steve Jobs* (Pág. 110)
- *La habitación* (Pág. 110)
- *Wonder* (Pág. 111)
- *Billy Eliot: Quiero bailar* (Pág. 111)

Represión de sentimientos
- *La dama de hierro* (Págs. 53, 121)
- *Nise, el corazón de la locura* (Pág. 61)
- *El club de la lucha* (Pág. 138)

Resignificar el sentido de la vida
- *Maktub* (Pág. 241)
- *Kamchatka* (Pág. 242)
- *Las normas de la casa de la sidra* (Págs. 176, 243)

Revalorización
- *Pequeña Miss Sunshine* (Pág. 117)
- *En busca de la felicidad* (Págs. 253-54)

Rutina
- *Cerezos en flor* (Pág. 205)

Secretos de familia
- *Volver* (Pág. 181)
- *Julieta* (Pág. 181)
- *Secretos de familia* (Pág. 182)
- *Celebration* (Págs. 183-84)
- *Bloodline* (Pág. 185)
- *El juego de Gerald* (Pág. 245)

Segunda oportunidad
- *Difícil elección* (Pág. 102)

Separación
- *El hijo de la novia (Pág. 121)*
- *¿Y tú quién eres? (Pág. 121)*
- *La dama de hierro (Pág. 121)*
- *Arrugas (Pág. 121)*
- *Nader y Simin: Una separación (Pág. 121)*
- *Siempre Alice (Pág. 121)*

Situaciones inacabadas
- *Un largo viaje (Pág. 178)*
- *Un camino a casa (Pág. 179)*

Sobreprotección
- *Tres anuncios en las afueras (Págs. 129-30)*

Soledad
- *I Am David (Págs. 140-41)*
- *La delgada línea amarilla (Pág. 164)*

Sorpresa
- *Ejecutivo agresivo (Págs. 30, 57-58)*
- *No sos vos, soy yo (Pág. 68)*

Superación personal
- *Wonder (Pág. 111)*

Traición
- *La pianista (Pág. 121)*
- *El niño que gritó puta (Pág. 122)*
- *El beso de Judas (Pág. 122)*
- *Amigos de Jesús – Judas (Pág. 122)*
- *Jesucristo Superstar (Pág. 122)*
- *Scandal (Pág. 123)*
- *El ala oeste de la casa blanca (Pág. 123)*
- *La víbora negra (Pág. 123)*
- *Si, primer ministro (Pág. 123)*
- *House of Cards (Pág. 123)*
- *Gladiator (Pág. 97)*

Transmisión genética
- *Decodificando a Annie Parker (Pág. 210)*

Traumas familiares
- *La dama de oro (Pág. 174)*
- *Vientos de agua (Pág. 177)*
- *Secretos de familia (Pág. 182)*

Tristeza
- *Secretos de familia (Pág. 182)*
- *Celebration (Págs. 183-84)*

Vergüenza
- *El gran Gatsby (Pág. 153)*
- *El Chico (Pág. 154)*

De la misma autora

EL ARTE DE ESCUCHAR EL CUERPO
Descodificación Biológica Original
ÁNGELES WOLDER HELLING

En esta obra, Ángeles Wolder Helling nos invita a relacionarnos con el cuerpo para comprender los mensajes que hay detrás de cada enfermedad. La autora tiene la virtud de describir el modelo de trabajo terapéutico de la DBO de manera didáctica, divulgativa y clara, y no solo propone entender la enfermedad desde otra perspectiva, sino comprender lo que implica la curación. La propuesta es aprender a escuchar los mensajes ocultos que hay detrás de los síntomas físicos, de las trabas existenciales o de las repeticiones desagradables para así evolucionar hacia la verdadera curación. Todos podemos aprender a hacerlo. En ello consiste El *Arte de Escuchar el Cuerpo*.

Gaia ediciones

ESTE DOLOR NO ES MÍO
Identifica y resuelve los traumas familiares heredados
MARK WOLYNN

Mark Wolynn, fundador y director del Instituto de Constelaciones Familiares (FCI) y pionero en el estudio de los traumas familiares heredados, presenta en "Este dolor no es mío" un enfoque transformador que permite resolver problemas crónicos que no han podido ser aliviados mediante la terapia tradicional, los medicamentos u otras medidas.

AMAR SIN SUFRIR
El libro de los hijos
VIRGINIA BLANES

Amar sin sufrir aborda los obstáculos y las inercias personales y familiares que se repiten generación tras generación y, a la vez que ilumina nuestras heridas emocionales más antiguas, nos ayuda a liberarnos de la tendencia o la necesidad de juzgar sus causas.

EL ARTE DE PARAR EL TIEMPO
Mindfulness práctico para gente ocupada
PEDRAM SHOJAI

El secreto de lo que Pedram Shojai denomina *abundancia de tiempo* radica sencillamente en aprender a pararlo. En este libro descubriremos prácticas espirituales ancestrales y destrezas para la vida cotidiana que nos ayudarán a detener el paso del tiempo mediante la conexión con nuestra sabiduría interior, el control de nuestro propio calendario y el desarrollo de límites sanos alrededor del compromiso con el tiempo.